ドナルド・
トランプの
危険な兆候

精神科医たちは敢えて告発する

THE DANGEROUS CASE OF DONALD TRUMP
ドナルド・トランプの危険な兆候

精神科医たちは敢えて告発する

バンディ・リー 編
BANDY X. LEE, M.D., M.Div.

村松太郎 訳
TARO MURAMATSU, M.D., Ph.D.

岩波書店

THE DANGEROUS CASE OF DONALD TRUMP
27 Psychiatrists and Mental Health Experts Assess a President
edited by Bandy X. Lee, M.D., M.Div.

First published 2017 by St. Martin's Press, New York.

This Japanese edition published 2018
by Iwanami Shoten, Publishers, Tokyo
by arrangement with
St. Martin's Press, New York
through The English Agency (Japan) Ltd., Tokyo.

臨床医学には常に社会的責任が伴うという信念を持っていた私の祖父グニョン・リー博士、そしてその信念を受け継いだ私の母インミュン・リー博士に、本書を捧げる。

FOREWORD: Our Witness to Malignant Normality
Robert Jay Lifton, M.D.

はじめに　悪性の正常を暴く専門家証人

ロバート・ジェイ・リフトン（M.D.）

コロンビア大学精神医学講師、ジョン・ジェイ・カレッジ名誉教授、ニューヨーク市立大学大学院センター名誉教授。精神歴史学の権威として、ナチスの戦争犯罪を支援した医師の研究と、広島の原爆被災者との仕事でよく知られている。政府が認可する拷問への米国心理学会の支援を強く批判しており、また、核兵器廃絶を強く主張している。戦争と政治的暴力の心理的な原因と影響、洗脳の理論についての研究にも従事している。

いま、私たちアメリカの精神科医や心理学者のテーマは二つの言葉に集約できる。コンセプトと呼んでもいい。第一は「悪性の正常」である。アメリカ社会全体に広まって定着しつつある状況。正常でないのに正常とされてしまっている状況。それを私は「悪性の正常」と呼んでいる。第二は、私たちには「専門家証人」[訳注＊1]としての重大な責務があるはずだということである。

物の見方も、考え方も、行動も、望ましいと考えられているもの、「正常」と考えられているものが、その社会の主流となるのが常である。この場合の正常の基準は、その時代の政治的・軍事的潮流に大きく影響される。影響されること自体は健全だが、時には本来は悪とみなされるべきものが正常の基準内に入れられることがある。それが「悪性の正常」である。

私が悪性の正常という概念に思い至ったのは、ナチスの医師の研究に携わっていた時だった。アウシュヴィッツ勤務の医師は、犠牲者の選別と殺戮を担当させられても、淡々と与えられた業務をこなしていたのである。もちろん中には忌避した者もいた。おぞましいと感じた者もいた。だがカウンセリングが彼らを変えた。非道精神療法とも呼ばれているその手法は、非常に経験豊かな専門家によるカウンセリングで、ともに大いに飲んだり、援助や支持を保証するといったプロセスを経ることで、不安を解消し、殺人という業務を実行させたのである。これはいわば「邪悪への適応」にほかならない。こうしたプロセスによって、人はどんな状況にも適応できるようになるのだ。そして何より、そこでは「邪悪の正常化」がなされていた。アウシュヴィッツの「業務」を「正常」な既成事実であると医師たちに認めさせることが、殺戮という戦慄の行為への適応を促進したのである。

現代のアメリカにも悪性の正常の実例がある。それは、医師(精神科医を含む)や心理学者らの、拷問への協力である。その最たる例は、CIAの拷問プロトコルの開発に二人の心理学者が加わっていたことが判明したという事実である[*2]。さらにはこの悪性の正常を、何と米国心理学会が事実上支持したのである。いわゆる「強化尋問」と呼ばれる、拷問と紙一重の技術の開発に心理学者が協力することを容認する声明を発表したのだ[*3]。

私は米国心理学会とナチスを同列に論ずるつもりはない。ただ、悪性の正常が様々な形を取り得ることを指摘しているのである。そして、悪性の正常の維持には、専門家の集団による支持が最も有効であることも指摘しておきたい。

トランプ大統領と彼の政権が作り出した空気も、悪性の正常の一つの形である。ジュディス・ハーマンと私は、二〇一七年三月の「ニューヨーク・タイムズ」への手紙で、トランプの心理パターンが危険であることを強く訴えた。トランプは空想と現実の区別がつかない。アメリカ大統領が必ず直面する危機を管理する能力がない。しかも彼はアメリカの法も掟も尊重せず、民主主義の存続を脅かしている。しかしトランプが大統領として行動している以上、彼の行動はアメリカ民主主義にそったもの、すなわち、政治的にも倫理的にも正常であるとみなされがちである。このようにして、危険な大統領が正常扱いされるようになった結果、悪性の正常がアメリカを席捲しつつあるのだ。

しかしだからといって絶望することはない。アメリカ社会は開いている。アメリカには、人を生かし、真実を尊重する社会制度がある。ナチスの医師とは異なり、アメリカの精神医学・心理学の専門家は、堂々と発言することができるし、現にそうしてきた。そして社会の腐敗を暴いてきた。専門家集団の腐敗さえ暴いてきた。ジャーナリストや人権団体もそれに大きく貢献してきた。

精神医学・心理学の専門家として私たちは、手に手を取って、トランプとトランプ政権の悪性の正常に対抗する行動を取ることができる。そのためには怒りの気持ちを結集し、同時に専門家としての知識と経験を最大限に用いることが必要である。

そこで私が挙げた第二のテーマ、「専門家証人」が浮上する。活動家としての専門家証人と言ってもいいだろう。ほとんどの専門家は、ほとんどの場合において、その専門家社会の規範の中で仕事をしている(その規範がまさに正常の基準である)ものだが、しばしばその規範を打ち破らなければ社会に貢献できない場合がある。だがそれには痛みも伴う。

あまり知られていないことだが、冷戦初期には、精神科医が議長を務める特殊な政府委員会が活動していた。医師や社会学者らがそのメンバーで、アメリカ国民を核兵器の備蓄に賛成させることがその委員会のミッションであった。外国からの核攻撃に備える気持ちを煽ることで、核戦争による人類滅亡のリスクを懸念するよりも、核兵器でアメリカを守ることが優先だと考える方向に世論を誘導したのである。これはアメリカ国民に核兵器備蓄という悪性の正常を受け入れさせることにほかならない。同様の例は現代にもある。地球温暖化を認めないことが正常であるかのように煽る専門家の存在がそれである。

しかし、専門家はこれらの悪性の正常の促進に加担する義務はない。逆に、知識と技術を活用して、その悪性さを曝露することができる。悪性を証明することができる。すなわち、専門家証人になることができるのである。

私はかつて、広島の被爆者についての研究を行ったことがある。一九六二年のことだ。その際私は、できる限り科学的に正確に、被爆者の心理・身体について明らかにしようと努力した。だが私は単なる中立的な観察者ではいられなかった。研究を進めていくにつれて私は、自分が専門家証人の立場にあることに気づいたのである。原爆が都市に何をもたらすのか。広島とその住民に何が起きたのか。それらを世界に伝える使命があることに気づいたのである。「飛行機一機、爆弾一個、都市一個」、広島の物語はこれに尽きる。私は広島の物語を伝えるという仕事を一種のアドボカシー研究であると考えるようになった。それは科学者としての研究と証人としての倫理的責務の融合であり、アカデミズムと社会運動の融合であった。

いま私たちに必要なのはこのアプローチであると私は強く考えている。トランプ政権がもたらしている新しいバージョンの悪性の正常を無批判に受け入れてはならない。知識と経験を結集して悪性さを曝露しなければならない。そのためには、わかっている事実について正確に把握し、わかっていないことについては発言を控えなければならない。現代は緊急事態であるという認識も必要である。世界で最も強力な人物が驚くほど不安定で不誠実なのだから。精神医学・心理学の専門家として、私たちは倫理感に燃えて行動する。最も危険なものとは何か、逆に、人間にとって真に大切なものとは何かを明らかにする。私たちを取り巻く悪性の正常に惑わされてはならない。

最後に、私たちの行動倫理に触れなければならない。私たちは専門家として患者に対する責任がある。専門領域特有の規律がある。こうした倫理的問題はいくら強調してもしすぎることはない。

しかし私はより広い観点からの倫理があることを指摘したい。それは、あまり語られることはないことだが、私たちが誰のために、そして誰と、仕事をしているのか、そして、私たちの仕事が社会の進んでいる方向を肯定するのか疑問視するのかという問題である。さらに、現代においては、私たちが直面している悪性の正常をどう扱うかという問題が加わっている。このような広い観点からの倫理は、他の領域の専門家にも意識することが求められよう。「警告する義務」を持つすべての専門家が、このことを考えなければならない。

私は決して専門家の知識と技術の重要性を矮小化するつもりはない。だが専門家はえてして技術偏重になりがちである。すると気づいたときには正常について極端にひどい認識を持っているスポンサーに雇われた御用学者同様になりかねない。

私たちの力は、より良い使い方ができる。活動家としての専門家証人として、広い倫理的観点を持つことができる。バンディ・リー氏は専門家の責任をテーマとするイェールカンファレンスの開催という形でそれを実現し[1]、出席者の賛同を得た。私たちは現代社会の救世主になったわけではないが、私たちの経験と知識が、人々を脅かす脅威に、そして人々の思想を改悪する圧力に、対抗する力になり得るのである。

アメリカの詩人セオドア・レトキの一節が、私がこの序文で言おうとしていることを見事に言い表している。

「暗い時、目は見え始める」

原　注

（1）イェールカンファレンスの詳細については「訳者あとがき」の注（4）のリンク参照。

訳　注

＊1　法廷で、専門的立場から意見を述べる証人。例として、精神鑑定、法医鑑定の結果を説明する医師などがある。

＊2　睡眠剝奪、水責めなどを、アメリカ政府高官の一部は「拷問」と呼ばず「強化尋問」と呼んでいる。ジョージ・W・ブッシュ政権がテロ容疑者に対してこれを行ったことは広く知られている。

＊3　米国心理学会の現在のホームページには、強化尋問とそれに類するいかなる手法への協力も厳重に禁止することが明確に表明されている。http://www.apa.org/news/press/statements/interrogations.aspx

PROLOGUE: Professions and Politics
Judith Lewis Herman, M.D., and Bandy X. Lee, M.D., M.Div.

プロローグ
専門家と政治

ジュディス・ルイス・ハーマン(M.D.)

ハーバード大学医学部精神医学教授。専門は暴力によるトラウマ。今や古典となった名著 *Trauma and Recovery*(邦題『心的外傷と回復』)の著者として有名。ケンブリッジ・ヘルス・アライアンス精神科の暴力被害者プログラム創始者の一人。米国精神医学会の生涯名誉会員。国際外傷ストレス研究協会のライフタイム・アチーブメント賞など、受賞多数。

バンディ・X・リー(M.D.)

神学修士。イェール大学医学部法と精神医学講師。イェール大学ロースクール講師。同大学の「暴力と健康」研究グループ創始者の一人。WHOの暴力予防アライアンス共同研究者プロジェクトを主導。これまで一〇〇本以上の医学論文を執筆、一一冊の学術書を編集、教科書『暴力』著者。

孤立した個人と遠い政府との間では、倫理をテーマとする議論をすることは不可能だが、専門家が手を貸せば可能になる。専門家が自らに課せられたルールを遵守しつつ集団として機能すれば、信頼され、ある種の力を持つことができる。

(ティモシー・スナイダー『暴政──20世紀の歴史に学ぶ20の教訓』[*1])

二〇一六年の大統領選挙からまもなく、トランプ大統領の明白な精神不安定に危機感を持った我々二人は、懸念を記した手紙を精神科医や心理学者に出して署名を求めたが、返事の大部分は署名拒否であった。政府からの無形の報復が心配なので拒否するとはっきり述べた人も複数いた。トランプの権力を恐れる空気が急速に広まっていたのだ。我々がターゲットにされることを心配し、法的な防衛策を考えておいたほうがいいとアドバイスしてくれた人もいた。恐怖という空気のために、人々がいかに口をつぐむようになるかを、我々は思い知るところとなった。

署名を拒否した人の中には、職業倫理原則を理由に挙げる人もいた。精神医学は政治とは明確に一線を画さなければならないと我々は警告を受けた。政治にかかわれば、結局は倫理原則違反になるというのだ。過去にも実例がある。最もよく挙げられる例は旧ソビエト連邦の精神科医が、秘密警察と結託して反体制の人間を精神障害者であると診断し、表向きは病院と名づけられた監獄に幽閉したという史実である(Medvedev and Medvedev, 1971)。

たしかにこれは深刻な考慮事項だった。国境の外に目を向けなくても、政治に絡んだ専門家の倫理違反の例はもっと身近にある。ごく最近、米国心理学会という完全な専門家組織が行った実に恥ずべき行為がその一つである。学会の主要メンバーが米軍、CIA、ブッシュ政権と共同で学会の倫理ガイドラインを書き替え、強制的尋問についての政府の秘密プログラムと、軍の心理学者の拷問への関与を合法化したのだ(Hoffman et al., 2015; Risen, 2014)(1)。

このあまりに不名誉な例からはたくさんの教訓が学び取れるが、中でも特にある一点が我々をとらえた。それは、捕虜の虐待的扱いを意図する政府当局者は、それを公認する精神科医や心理学者を見つけるためにはどんなことでもするということである。そこで我々はこう考えた。人権侵害の行為を正当化する専門家の意見が重視されるということは、逆に、それを非難する専門家の意見にも重みがあるはずである。

二〇〇五年にアメリカ国防総省は、著名な倫理学者、精神科医、心理学者のグアンタナモ湾収容キャンプ見学ツアーを企画した[*2]。被収容者との接触は一切認められなかったが、施設見学と所長を含む幹部との会見が行われた。

当時、米国精神医学会会長だったスティーブン・シャルフスタイン博士もこのツアーに参加したが、アメリカ国防総省のもくろみに反して彼は、収容所での処遇は倫理的に許容できる範囲を逸脱しているという判断を下した。彼は次のように述べた。「我々の立場は非常に明確だ。精神科医は犯罪者の尋問チームに加わるべきではない。不適切なことだからだ」(Lewis, 2005)。シャルフスタイン博士のリーダーシップの下で、米国精神医学会は、拷問はもちろんのこと、軍、民間の捜査機関、法執行当局によって勾留された被拘禁者のいかなる尋問への協力にも強く反対する立場を表明した(American Psychiatric Association, 2006)。

これと対照的なのが米国心理学会が拷問に関与したスキャンダルで、専門家集団のリーダーたる者、倫理違反に対しては特に毅然とした姿勢を取らなければならないことが強く再確認された。たとえ「テロとの戦いのため」といった大義名分があっても、例外的に倫理規定を破ってはならないのである。権力からの圧力があるときこそ、倫理を厳しく遵守しなければならないのである[(2)]。

政治の世界の規範とルール

医師の規範とルールを示すものとして、ジュネーブ宣言(World Medical Association, 2006)と米国医師会の医療倫理原則(二〇〇一年)があり、これらを元に米国精神医学会の倫理規定が作成されている(American Psychiatric Association, 2013)。ジュネーブ宣言は、医の目的は人道であり、医師はその目的に身を捧げることを誓うというものである。医療倫理原則は、医師の取るべき尊厳ある行動を示したものである。どちらも最優先事項として位置づけているのは、健康、安全、患者の生存である。

精神科医の倫理規定もこれらの規定にそって作成されている。通常の臨床では、患者についての守秘義務はヒポクラテスの誓いに遡る大原則である。だがこれも絶対的なルールではない。医師の責任とは第一に患者に対してのものであることは揺るがないが、さらに社会に対する責任もある(American Psychiatric Association, 2013, p. 2)。患者に自傷他害のおそれがあるか否かの判断は、精神科医としての専門業務の一つである。患者に危険行動の兆候が認められたとき、精神科医はそれを第三者に報告「してよい」のではなく「しなければならない」のである。さらにはその危険行動を未然に防ぐ手段を講じなければならないのである。

精神医学が政治利用されることに対する危険性の認識があれば、いわゆる「ゴールドウォータールール」を無視してはならない。APA倫理綱領(American Psychiatric Association, 2013, p. 6)のセクション7-3に記されているこのルールは、有名人について精神科医がコメントすることについての倫理コードにあたるもので、「直接診察し、かつ、適切な許可の下でない限り、有名人についてコメントすることは非倫理的な行為である」と記されている。このルールは臨床の通常の規範と異質ではない。患者の評価には直接の十分な診察が必要なことは臨床の常識である。有名人についても、直接の診察なしに診断を述べることには常に限界がある。不可能と言ってもいいかもしれない。

ゴールドウォータールールは、診断という行為の限界を明確にするとともに、専門家としての誠実さからの逸脱を防ぎ、有名人を名誉毀損から保護するものである。同時に精神医学そのものの一般人からの信頼性も守るものである。ゴールドウォータールールには従うべきである。しかしそうは言っても、精神医学の専門家に求められる他のルールや原理原則と矛盾が生じる場合があることは避けられない。たとえば次のような問いについて、慎重な倫理的判断が必要である——日常の診療で定められている規範は、大統領にも適用されるのか、されないのか？ されないとすればその理由は何か？ もし日常の診療の医療倫理が、患者の健康と社会の安全を最優先事項と定めているのであれば、政治の領域についての発言を控えるべきではない。もしいかなる場合も発言しないという頑なな立場を取れば、もともとはスキャンダルから精神医学を保護するためであったルールが、逆にスキャンダルの原因になってしまうことになりかねない。まさにこのような理由から我々は、米国精神医学会の新執行部が出したゴールドウォータールール「再確認」声明(American Psychiatric Association, 2017)には疑問を持っている。[*3] 米国精神医学会も、米国心理学会と同様、政治からの圧力に屈しているのではないだろうか。

精神科医が、診断と治療の基本的な手順を無視し、分別に欠ける行動をすれば、それなりの処分を受けることになる。しかし、全国民の生死を握っている人物が明らかに危険な精神的問題を持っているとき、それを社会に警告する義務を精神科医が怠れば、精神医学の信頼性はやはり失われるであろう。警告を発するに値するだけの十分な証拠があると認識している専門家が沈黙を求められるようなことがあってもいいのだろうか？ 特に社会の危険性にかかわることであれば、大統領に対して一般人と同じ規準を適用するわけにはいかないのではないだろうか？

危険性を評価することとは診断することとは異なる。危険性の評価は状況に対してするものであって、人に対してするものではない。精神障害による危険の兆候の有無は、直接の診察なしでも判定することができる。また、危険性が非常に高い場合には、たとえ空振りになったとしても、警告を発するべきであろう。法の規定は州によって異なっている。たとえばニューヨーク州では、二人の認定精神科医が自傷他害のおそれありと一致して認めた場合に、その患者を強制入院させることができる。フロリダ州とワシントンＤＣでは一人の認定精神科医による判定だけでよい。いずれにせよ、被害に遭うおそれがある人が一人でもいれば強制入院命令が発動され得るわけだが、もしその患者が武器を持っていれば（その武器が核兵器の場合はなおさらであることは言うまでもない）、強制入院命令発動の閾値ははるかに低くなる。

人の命を預かる医師には、いつ行動を起こすかを適切に判断することが求められている。そして行動するからには責任を持って行動することが求められている。この責任の重さがまさに、有名人についてコメントするのはごくごく例外的な場合に限るというルールに繋がっている。医師が守秘義務を破るのは緊急事態に際してのみであり、ゴールドウォータールールを破るのもまた緊急事態に際してのみである。我々は、その緊急事態がいま訪れていると強く考えているのだ。

専門家の責任とは何か

先の手紙を精神科医や心理学者に出したとき我々はひとりひとりに、一市民としてだけでなく、一専門家として、すなわち特別な知識を持った保護者という役割を社会から委託された者として政治にかかわってほしいと求めた。精神科医や心理学者は政治にかかわることが許されていると我々は考えたのだ。緊急事態だからというのは一つの理由であるが、それだけで日常の診療の倫理規定の範囲を超えていいと考えたわけではない。

重要な点は、政治にかかわるといっても、それが政治権力との結託なのか、逆に抵抗なのかということである。もし人権を侵害するような政府の活動への協力を求められた場合には、いかなる理由によっても協力を正当化することはできない。倫理的に正しい答えは、協力の拒否以外にはあり得ない。他方、もし、精神的に不安定な権力者によって政治権力が乱用されていることを我々が知った場合には、一市民としてだけでなく、一専門家として積極的に発言することが、特別な知識で人々に貢献するという仕事を社会から委託されている者の責任である。その知識の内容がどんなものであれ、人々に提供する義務がある。

トランプ大統領の精神状態に問題があることは、精神科医でなくてもわかることである。メディアはいくつもの独自の診断名をつけている。「狂王」(Dowd, 2017)、「馬鹿者」(Collins, 2017)、「感情錯乱」(Rubin, 2017) などがその例だ。保守派コラムニストのジョージ・ウィル (Will, 2017) は、トランプの「精神は障害されている」とまで書いている。このように、専門家でなくても、トランプの度を超えた激怒、被害妄想的言動、事実を嫌悪する姿勢、暴力への親和性などに危機感を持っているのだ。我々が精神医学や心理学の専門家として発言することは、そうした危機感を支持し尊重することになろう。我々は人々が彼の言動を正しく理解できるよう情報を提供することができる。トランプの言動は異常で危険だが、精神医学・心理学の専門家からの説明がなければ、容易に正当化され、正常とみなされるおそれがある。

トランプについては多くの人が共通して持っている疑問がある。彼は単にクレイジーなのか、それとも狡猾にもクレイジーを演じているだけなのか。彼は病んでいるのか、それとも単に悪い人間なのか。彼は自分が嘘を言っていることを自覚しているのか、それとも自分の嘘が真実だと思い込んでいるのか。彼が他人を不条理に非難するとき、彼は本当に被害妄想的になっているのか、それとも実は演技で、自分の悪行から注意を逸らそうとしているのか。

二者択一を求めるこれらの問いに対しては、実はどの二者も両立することを我々は強く指摘したい。人間とは、病んでいて、かつ、悪い人間であることがあり得る。これはさらに恐ろしい状況である。心を病める人が権力を握れば、それは腐敗するだけでなく、もともとの病を悪化させたり、新たな病を生むことさえある。大衆からの歓声や賛美によって肥大した権力者の自我は、グロテスクな誇大妄想にまで変化するであろう。社会規範に違反しても、さらには犯罪を犯しても、罰を受けなければ、彼の社会病質的な傾向は増悪するであろう。恐怖や嘘や裏切りを駆使するリーダーはどんどん孤立して被害妄想的になり、自分の側近にさえ猜疑の目を向けることになるに違いない。

トランプの精神状態より、はるかに重要なのは大統領としての彼の行動だという批判もあろう(Frances. 2017)。たしかに精神障害があったからといって暴君的なふるまいの言い訳にはならないが、逆に精神障害を無視することもできない。刑事裁判において被告人に心神喪失が認定される場合でも、被告人の行動が二四時間常に心神喪失の精神状態によるものであると示されるわけではない。トランプの精神状態と行動をあわせて分析することで、彼の持つ危険性をより正確に評価できると我々は考えているのだ。妄想的なレベルの自我肥大や衝動性と、権威主義的な性格や法律軽視がブレンドされれば、危険性は著しく増大する。

今でもなお、トランプが理性の声を聴き自らの行動をあらためるのではないかという希望を抱いている人がいる。精神医学・心理学の専門的見地からすれば、それはあまりに甘い観測であると言うことができる。根拠については本書に収載された文章を読んでいただきたい。それらは二〇一七年四月に「専門家には警告する義務があるか?」と題して開催したイェールカンファレンスに寄稿されたものである[3]。

我々は警告する。トランプ氏のように精神不安定な人物は、人の生死を握る大統領という職責には不適格である。

謝　辞

ナネット・ガートレル、ディー・モスバチャー、グロリア・スタイネム、ロビン・モーガン、ジェイン・ダーウィン、フランク・パットナム、グレース・リーの編集協力に感謝する。

原　注

（1）米国心理学会会員の大部分はこの倫理規定改変に反対し、見直しを要求していたが、その要求が認められたのはスキャンダルに発展してからであった。

（2）我々は米国精神医学会の倫理観に疑いを持っている。米国精神医学会には、同性愛嫌悪と女性蔑視を続けてきたという恥ずべき歴史がある。だが米国心理学会が拷問に関与したというスキャンダルをめぐっては、米国精神医学会は明確な倫理的立場を表明したと評価できる。

（3）イェールカンファレンスの詳細については「訳者あとがき」の注（4）のリンク参照。

訳　注

*1　邦題は『暴政——20世紀の歴史に学ぶ20のレッスン』（二〇一七年）。

*2　二〇〇二年にキューバのグアンタナモ湾にある米軍基地に設置された収容キャンプ。アフガニスタン紛争やイラク戦争で逮捕された被疑者の多くが収容されている。

*3　ゴールドウォータールール支持を再確認する声明。二〇一七年三月一六日に米国精神医学会が発表。
https://www.psychiatry.org/newsroom/news-releases/apa-reaffirms-support-for-goldwater-rule
https://www.psychiatry.org/news-room/apa-blogs/apa-blog/2017/03/apa-remains-committed-to-supporting-goldwater-rule

目次

※本文中の〔 〕は訳者による補足。

INTRODUCTION: Our Duty to Warn
Bandy X. Lee, M.D., M.Div.

序　私たちには警告する義務がある

バンディ・X・リー(M.D.)

神学修士。イェール大学医学部法と精神医学講師。イェール大学で学位取得後、ベルビューでのインターン、マサチューセッツ総合病院チーフレジデント、ハーバード大学医学部研究員、NIMH(国立精神保健研究所)フェローを経て現職。最重度警備刑務所での勤務経験を持ち、イェール大学「暴力と健康」研究グループ創始者の一人。WHOの暴力予防共同研究者グループを主導。これまで一〇〇本以上の医学論文を執筆、一一冊の学術書を編集、教科書『暴力』著者。

私が精神科医になってから最も解せなかったのは「あるテーマについて発言を禁じられているのは、そのテーマについて最も詳しい人だけである」という事実を知った時だと思う。真実が隠蔽されるからくりはこれだったのだ。だが考えてみていただきたい。もしその真実の中に、重大な危険が含まれていたらどうか。人類の存続にかかわるほどの危険が含まれていたらどうか。医師である私が、精神科医である私が、現代の緊急事態を前にして傍観者でいていいのだろうか？　それ以外のすべての事態にはかかわることを求められているのに？　いいはずはない。この緊急事態についての専門的知識を持つ私たちが、上からの圧力があるからといって沈黙していていいはずがない。

私は昔からある「ゴールドウォータールール」のことを言っているのではない。このルールについては本書の諸所で言及されている。私は日常臨床ではこのルールに従うべきだと思っている。だがゴールドウォータールールはあまりに極端に拡大した形で厳守が強要されるようになってしまった。それはトランプ氏が大統領になってからたった二か月が過ぎた時だった。二〇一七年三月一六日、米国精神医学会がすべての精神科医、そして関連領域の専門家に事実上の箝口令をしいたのだ[*1](American Psychiatric Association, 2017)。しかもこのゴールドウォータールールには、例外を認めないという重大な欠陥もある。専門家の倫理規定には必ず例外規定があるものだが、ゴールドウォータールールには、有名人の精神状態について沈黙を守ることによる害の方が、逆に発言することによる害を上回っている時にはどうするのかという規定がないのだ。そしてトランプに関しては、沈黙は最大の害にさえなり得る状況なのである。本書の著者たちは、ゴールドウォータールールを尊重し、違反した場合戒めを受ける立場にある。だが私はその一方で、人々を守るために、専門家として、そして社会的観点からも、思い切って一歩踏み出すという彼らの良心の選択を尊重する。したがってこのように述べるのが正確であろう——私たちはルールを尊重するが、ルールの上位に、私たちの専門家としての最も重要な唯一の原理がある。それは、私たちには、人間の生命と福祉を何より大切にするという責任があるということである。

本書を編集した私の意図は、私がイェールカンファレンスを企画した意図と同一である。そのカンファレンスに私は「専門家には警告する義務があるか?」というタイトルをつけた。トランプ問題に求められるのは議論であって、沈黙ではない。人々は暗闇におかれ続けるのではなく、目を開かされなければならない。カンファレンスの準備段階で多くの著名な専門家が積極的に発言していたのは私にとって驚きであった。二〇一六年の大統領選の直後に、私の友人であるハーマン博士(本書「プロローグ」の共著者）はオバマ大統領に、トランプ氏に大統領就任前に精神科診察を受けさせるよう要請する手紙を書いた。その手紙の連名者であるガートレル博士とモスバチャー博士（本書「彼は世界を手にし、引きがねに指を掛けている」〔Ⅲ－9〕の著者）は、この手紙が「ハフィントン・ポスト」（Greene, 2016）に掲載されるよう尽力した。私はリフトン博士（「はじめに」の著者）にもコンタクトした。彼が数年前に企画したハーバードでの「マスバイオレンス」会議で私は初めてハーマン博士に出会ったのだ。彼ら二人は「ニューヨーク・タイムズ」に手紙を送った（Herman and Lifton, 2017）。ハーマン博士がイェールカンファレンスで講演することが決定してから、この企画は急速に発展した。

そして多くの人々に出会った。「ニューヨーク・タイムズ」に三五人の連名の手紙を送ったドーズ博士（本書「社会病質」〔Ⅰ－4〕の著者）（Dodes and Schachter, 2017）。ニューヨーク市保健衛生局に七〇人の連名の手紙を送ったユエック氏（本書「ドナルド・J・トランプの危険性についての臨床的考察」〔Ⅱ－4〕の著者）。「ニューヨーク・タイムズ」への手紙で懸念を表明したフィッシャー博士（本書「人類存亡にかかわる決断の孤独」〔Ⅲ－8〕の著者）（Fisher, 2017）。今や五万五〇〇〇人が署名しているオンライン請願の創始者であるガートナー博士（本書「ドナルド・トランプは、（A）悪なのか、（B）狂なのか、（C）両方なのか」〔Ⅰ－6〕の著者）。彼は専門家連盟「警告する義務」の設立者の一人でもある。この連盟には現在一七〇〇人の精神医学・心理学の専門家が名を連ねている。

イェールカンファレンス

二〇一七年四月二〇日、対話集会の形で開催されたイェールカンファレンスの最初の発表は、チャールズ・ディーク博士（イェール大学）によるゴールドウォータールール再考であった。ディーク博士はイェール大学法と精神医学の講師で、米国法と精神医学会(American Academy of Psychiatry and the Law)の倫理委員会元委員長、コネチカット精神医学会倫理委員会委員長、米国精神医学会倫理委員会委員、米国精神医学会特別研究員などを兼任している。彼は肩書き以上の実力者である。イェールカンファレンスを始めるにあたって第一に重視されたのは、確固たる倫理的基盤であった。結論がどのようなものになるにせよ、倫理的基盤が曖昧ではその結論に意味はない。私はパネリストとしてさらに、リフトン博士、ハーマン博士、ギリガン博士(本書「問題は危険性である。精神疾患ではない」〔Ⅱ-3〕の著者)を招聘した。精神医学の叡智を結集し、現代の苦境を克服するためであった。彼らは私の一五年以上前からの仲間であり、学問的実力だけでなく倫理的姿勢も高く評価されている精神科医である。彼らはこれまでも暗闇の中でいつも先を照らしてくれる灯火であった。彼らはゴールドウォータールールを遵守しつつ、「危険性」についての議論を展開したが、「診断」を下そうとはしなかった(1)。このカンファレンスの全発言記録はネットにアップされている(URLは本書「訳者あとがき」の注(4)参照)。

このカンファレンスは当初、イェール大学医学部、イェール大学公衆衛生学部、イェール大学看護学部の共催が予定されていたが、期日が近づくにつれて公衆衛生学部と看護学部が撤退していくなか、私は医学部も共催から外すことにした。このカンファレンスは政治問題化が避けられないと考えたためである。万一カンファレンスが失敗に終わった場合に、私は母校の名誉を傷つけたくなかったのである。

現代のアメリカは二者択一の極論に走る傾向がある。その線で行けば、本書の著者たちは、共和党の大統領を批判している以上、「民主党支持に決まっている」と単純にみなされてしまうかもしれない。

だがこれは支持政党とはまったく別の話である。精神医学・心理学の専門家にとっては、「共和党か民主党か」ではなく、「健康か病気か」が重要なのである。私たちが重んじるのは科学であり、研究であり、観察された事実であり、長年にわたって培われた臨床技術である。それらを結集して人々の健康のため、病気を治すために仕事をしているのである。特定の政党や大統領候補のために仕事をしているのではない。私たちは医に携わる者として常に中立性を保つことを教えられてきた。仮に中立が保てない場合には、治療を第一義とすることを教えられてきた。読者にはこれをぜひ理解しておいていただきたい。

イェールカンファレンスは国内外の注目を集めた(Milligan, 2017; Bulman, 2017)。出席者はわずか二〇人ほどだったが、その背景にはこのカンファレンスは危ういと恐れる空気があったからで、オンラインでは約一〇〇人が参加しており、さらに何百人もの人々が会議録の要請や支持の表明などで私にコンタクトしてきた。あたかも専門家集団の運動の大きなうねりに接近し、さらにはトランプ問題について発言を求める人々の大軍団にも触れたような感があった(DeVega, 2017)。そしてこのカンファレンスの記録として出版する予定だった内容が、本書という形に結実したのである(あまりに大部だったので三分の一の内容に減らさなければならなかった)。版権はアメリカのトップ五社によって争われた。

著者たちにはカンファレンスから三週間以内に原稿の提出が求められた。やり切れない気持ちが充満した時期であった。トランプ氏が大統領に就任して最初の一〇〇日間が過ぎ、ほっとしたアメリカの空気が一変したのである。理由はＦＢＩ長官のジェームズ・コミーの解任を皮切りとする一連のスキャンダルであった。

本書の著者たちの多くはとても高名であり、ここにあらためて紹介するまでもないのであるが、「序」の担当者として僭越ながらご紹介したいと思う。

専門家の結集

本書は三部構成を取っており、第I部はトランプ氏についての記述集である。いずれも、確定診断は不可能であることを前提としている。「病的ナルシシズムと政治」〔I－1〕でマーキンは、ナルシシズムには様々な程度があり、指導者のナルシシズムがひとたび病的なレベルに達すれば瞬く間に精神病の領域に達し、猜疑心の増大、誤った判断、気まぐれな意思決定、ガスライティング〔本書I－1参照〕と呼ばれる行動などによって、国の安全を脅かすことを示している。「『トランプ自伝』の著者として」〔I－2〕でシュワルツは、その本を書くためにトランプと接した一年間の経験から、トランプの自尊心は実は「ブラックホール・レベル」と言えるほど脆弱で、彼の政治は無限の自己正当化に満ち、世界を相手にする戦争に転落していくことが十分に予想できたと述べている。

「トランプは人を信頼することができない」〔I－3〕でシーヒーは、ナルシストの誇大的な行動の背後には常に自信欠乏があることを明確に示している。トランプの最大の問題は自分に自信が持てないことで、その裏返しとして自分と世界に自分を示すために極端な行動を取っているのだ。「社会病質」〔I－4〕でドーズは、自分の欲する物を得るために嘘で他人を騙して操り、人を傷つけても意に介さない人物は、単に不道徳な行為を繰り返しているというだけでなく、重篤な障害を持った「社会病質」で、人間としての基本的な資質である共感性が欠如していることを示している。「刹那的快楽主義者トランプ」〔I－5〕で、ジンバードとソードは、この自由世界の指導者がいかに大統領として不適任であるかを論じている。その理由は、トランプが目の前のことだけに極端にとらわれており、自分の行動や未来についての考えが浅薄だからである。「ドナルド・トランプは、（A）悪なのか、（B）狂なのか、（C）両方なのか」〔I－6〕でガートナーは、トランプという人間の問題の深さを強調している。トランプは「悪」

と「狂」の両方であるが、さらに彼は軽躁的な気質を持っていて、絶えず嵐のように動き、刺激を求め続けているのだ。

「狡猾なのか、それとも単にクレイジーなのか」〔I-7〕でタンズィは、トランプが荒唐無稽に近い嘘をつくのは、彼が妄想性障害に罹患しているためではないかと述べ、読者に注意を喚起している。さらに戦慄すべき事実は、トランプが残忍な暴君に親和性を持っていることと、核戦争が現実化する可能性である。「認知機能障害・認知症・アメリカ大統領」〔I-8〕でリースは、現在のアメリカの制度には、大統領という高度な知的能力が必要な職に就く人物について認知機能のチェック・システムがないことの問題を述べている。認知機能障害以外の精神障害も合併していれば、この問題はさらに深刻なものになる。「ドナルド・J・トランプ、禁治産者の疑い」〔日本版では割愛〕でハーブは、後見弁護士として（精神医学や心理学の専門家とは異なる立場から）、請願書を提出するより先に禁治産の申し立てをするべきだという結論を出すに至った経緯を説明している。現に彼は選挙人団規定と米国憲法修正第二五条に基づきその申し立てを実行している。

本書の第Ⅱ部は、精神医学や心理学の専門家が何らかの意見を公に述べる際のジレンマがテーマである。「精神科医はトランプの精神状態についてのコメントを控えるべきか」〔Ⅱ-1〕でグラスは、ゴールドウォータールールに単純にイエス／ノーの二分法で答えることに疑義を出している。彼が代わりに提唱するのは、危険な行動については真摯に意見を述べることである。そして、精神疾患であるかどうかということより、信頼できる仕事ができるかどうかのほうが重要であることを指摘している。「見えるものは見る、知っていることは言う」〔Ⅱ-2〕でフリードマンは、現代のテクノロジーの進歩によって遠隔でも診断や治療が可能になったことを指摘したうえで、専制主義的な思想や世界への脅威についても、直接の診断なしに遠隔である程度評価できると述べている。「問題は危険性である。精神疾患ではない」〔Ⅱ－3〕でギリガンは、精神医学や心理学の専門家として、有名人についての診断を述べないことの倫理と、被害にあう可能性がある人々に警告することの倫理の間のジレンマに言及したうえで、重要なのは精神疾患か否かではなく、危険性があるか否かであって、その評価は遠隔でも十分に可能であることを述べている。

「ドナルド・J・トランプの危険性についての臨床的考察」〔Ⅱ－4〕でユエックは、アメリカでは、精神障害のために他害のおそれがある患者を強制的に入院させる権限が精神科医に法律で与えられていることを述べ、トランプは強制入院の規準に十分にあてはまることを指摘している。「健康、リスク、社会を守る義務」〔日本版では割愛〕でコヴィッツは、聖書のレビ記と二つの寓話を挙げ、トランプという危険な大統領について精神科医や心理学者が沈黙していることがいかに異常なことであるかを示している。それは専門家としての社会への義務の放棄にほかならない。「トランプ時代を新しい精神療法の機会に」〔Ⅱ－5〕でドハーティは、トランプ時代が個と公の境界を破壊したと指摘している。トランプが大統領に当選してからは、セラピストと患者が同じ苦しみを体験するという事態が発生し、セラピストは一市民という役割とセラピストという役割を統合することで、より良い精神療法ができるようになると述べている。

本書第Ⅲ部のテーマは、トランプの社会的影響である。それは現在のみならず未来に及ぶ。「トラウマと時間と真実とトランプ」〔Ⅲ－1〕でテンは、トラウマを専門とする精神科医として、選挙という平和的な制度がトラウマ体験とトラウマ再体験を生み出すという皮肉な状況について述べている。テンが問題としているのは、トランプの性急な軍事行動、危機的状況の創出、事実とファンタジーの混同などである。トラウマに苦しむ患者にとっては、トラウマの原因となった暴力的な人物をトランプがフラッシュバックさせることでトラウマを再体験させられるという事態が発生している。「トランプ不安障害」〔Ⅲ－2〕でパニングは、「選挙後不安」と名づけられた病態を紹介している。これを受けて多くのセラピストには、大統領として本来は正常でない行動が「正常化」されていることのストレスに苦しむ患者を治療するという仕事が新たに求められるようになっているという。「大統領からの精神的虐待」〔Ⅲ－3〕でウェストは、脆弱な自尊心の持ち主で、それに伴ってすぐに自分は軽蔑されたと感じる人物の「他責的行動」の心理を分析している。その特性は復讐心に燃えた怒り、無責任、不誠実、共感性欠如、自己顕示欲などで、トランプはまさにその典型例である。

「オバマの来歴論　トランプの思考パターンの本質」〔Ⅲ－4〕でケスラーは、オバマがアメリカ生まれでないというデマが発生した背景を分析し、トランプがこのデマを擁護することによって人種偏見というこの国の「症状」を増悪させ、アメリカという国の基盤にある原理を危険にさらしていることを述べている。「トランプへの父親の影」〔Ⅲ－5〕でルブルは、著者自身の個人的な体験、特に強い父親との関係に言及したうえで、セラピストの一般的手法について述べている。それは自らの体験に照らして「他者」を理解するというものであり、トランプとその信者という「他者」にも適用できる手法である。「トランプとアメリカ人の集合的精神」〔Ⅲ－6〕でシンガーは、トランプのナルシシズムとアメリカ人という集団に内在するナルシシズムの関係を分析している。その分析は政治的手法ではなく集団心理学的手法による。集団としてのアイデンティティと暴力的で憎悪に満ちた防衛の繋がりは、アメリカ人という集団にも、トランプという個人にも共通する特性である。

「トランプになるのは誰だ？」〔Ⅲ－7〕でミカは、暴君をめぐる政治科学用語である「毒を持った三角関係」を紹介している。暴君と、その支持者と、社会が、ナルシシズムによって結びついて三角形が作られる。この三角形はしばらくの間は生き生きと機能するが、そこに内在する特徴である抑圧と非人間化と暴力は、必然的に衰退をもたらす。「人類存亡にかかわる決断の孤独」〔Ⅲ－8〕でフィッシャーは、キューバ・ミサイル危機を振り返り、当時「最高の頭脳」たちに囲まれていたケネディ大統領でさえ、結局は孤独な決断を迫られたことを述べたうえで、アメリカと世界の未来の運命が大統領という個人の精神の明晰さに委ねられていることを指摘している。「彼は世界を手にし、引きがねに指を掛けている」〔Ⅲ－9〕でガートレルとモスバチャーは、軍関係者には精神的・身体的健康状態についての厳しい検査が義務づけられているのに対し、軍の最高司令官である大統領にはその義務づけがないことを指摘し、党派から独立した精神神経科の医師団によって大統領の診察と検査を年一回定期的に行うことを提案している。

トランプ問題を超えて

タイトル〔原題〕こそ『ドナルド・トランプ　危険な症例』であるが、本書の真のテーマはトランプ氏個人ではないことを私は強調したい。彼が大統領に選出されるまでの社会の流れと、彼が大統領に就任したことによって影響される多くの人々が本書の主役である。トランプのように問題を持つ人物が政権を握ったことで、アメリカ国民の健康とアメリカという国の安寧は多大な影響を受けることになった。この状態を改善させるか、逆にさらに悪化させるかは、私たちひとりひとりの手にかかっている。精神障害は政党を区別したりはしない。そして国民と社会の精神的健康に責任がある私たち専門家の義務は明白である。それは、患者と社会を健康という方向に導き、政治についての感情に流されない議論ができるようにすることである。私たちには「警告する義務」がある。社会に危険が訪れているときに沈黙し続けることは、専門家としての倫理に反する。警鐘を鳴らすだけでなく、友である人類すべてに知識を提供し、対話をしていかなければならない。だから私たちは本書を発刊した。

無報酬で玉稿を寄せてくださった本書の著者すべてに感謝する。特にジュディス・ハーマン博士とグレース・リー博士の、本稿の編集とイェールカンファレンス実施へのご指導・ご協力に感謝する。ナネット・ガートレル博士とディー・モスバチャー博士からも支援をいただいた。ランス・ドーズ博士とジョン・ガートナー博士は本書出版の最初の段階で支援をいただいた。ロバート・ローバー博士にはカンファレンスの教育部門副議長を務めていただいた。ハワード・ゾナナ博士には法と精神医学部門の長を務めていただくと同時に、マデロン・バラノスキー博士とともに法律的助言をいただいた。ジョン・クリスタル博士は学部長としてイェールカンファレンスをめぐる批判の矢面に立ってくださった。スコット・メンデル氏は著作権代理人として限りなく明敏であった。スティーブン・パワー氏は編集者として限りなく熱意にあふれていた。精神医学関連法を専門とするグレン・ファインバーグ弁護士と市民権を専門とするマックス・スターン弁護士はイェールカンファレンスの価値を認めてくださり、惜しみなく時間を割いてくださった。米国憲法修正第一条専門家のロナルド・ロンドン弁護士、出版社顧問のヘンリー・カウフマン弁護士も同じように時間を割いてくださった。最後に私の祖父であり、私のすべての仕事のエネルギー源であるグニョン・リー医師に感謝したい。

原　注

(1)　危険性の評価は診断とは基準が異なる。診断は治療を目的とするもので、患者個人について判断するものであるのに対し、危険性は状況について判断するものである。診断では障害の原因の究明も重視されるが、危険性の評価は障害の程度と影響がより重視され、完璧な診察ではなく、入手可能なすべてのデータに基づく判断が求められる。また、逆に安全性について専門家が誤った評価を下すことの害は大きいから、危険回避に向けての迅速な行動が求められるのが通例である。

訳注

＊1　二〇一七年三月一六日、米国精神医学会理事長は会員に、ゴールドウォータールール厳守を非常に強い口調で呼びかけている。https://www.psychiatry.org/newsroom/news-releases/apa-reaffirms-support-for-goldwater-rule

第I部　トランプ現象

PART 1: THE TRUMP PHENOMENON

PATHOLOGICAL NARCISSISM AND POLITICS: A Lethal Mix
Craig Malkin, Ph.D.

1　病的ナルシシズムと政治——致死性毒素の発生

クレイグ・マーキン(Ph.D.)

『ナルシシズム再考』の著者として世界的に有名。臨床心理学者、ハーバード大学医学部講師でもある。二五年間にわたり、個人、カップル、家族の精神療法に携わっている。人間関係やナルシシズムに関するその見識は、新聞や雑誌(『タイム』「ニューヨーク・タイムズ」「サンデー・タイムズ」『サイコロジー・トゥデイ』『ウィメンズ・ヘルス』「ハフィントン・ポスト」『ハッペン・マガジン』など)に掲載されている。NPR、CBSラジオ、オプラー・ウィンフリー・ネットワークチャンネルなどにも出演。現在はマサチューセッツ州ケンブリッジに本拠を置くYMサイコセラピー・アンド・コンサルテーションInc.の所長で、心理療法やカップルのワークショップを行っている。

私のツイッターはとてもパワフルになったから、敵も真実を話すしかなくなった。
(ドナルド・J・トランプ、二〇一二年一〇月一七日のツイッター)

一九五二年、共和党の新星リチャード・ニクソンが、アイゼンハワーの副大統領候補として抜擢された。あらゆる観点から見て、共和党は的確な選択をしたと言える。ニクソンの最大の強みは、有権者の心に響くメッセージだった。

「ワシントンは大掃除が必要です。ホワイトハウスの中身を、筋を通す人だけにしましょう。政治をだめにしたのはエリートたちです。ハリー・トルーマン、それからアイゼンハワーの敵、口達者のやり手弁護士アドライ・スティーブンソン。彼らの腐敗、共産主義、身内びいきの登用(登用にあたって、いわば「入場料」を取った)が、ワシントンを壊したのです」

世論調査ではアイゼンハワー＝ニクソンのタッグが優勢であった。アメリカは彼らのメッセージをいったんは受け入れたのである。だが二人がさらに票を求めてアメリカ全土にわたる地方遊説を始めたとき(ニクソンは「ニクソン・エクスプレス」、アイゼンハワーは「未来を見よう」と名づけた電車に乗って遊説した)、ニクソンに失脚の危機が訪れた。支持者から集めた秘密資金で派手な生活をしていることが暴かれたのだ。妻のミンクのコート。友人との豪華なディナー。そして最悪なのは、資金の出資者への特別有利なはからいであった。「ニューヨーク・ポスト」のレオ・カッチャーがスクープしたこのマネースキャンダルは山火事のような勢いで広がった。こんな扇情的な見出しもあった——「富裕層の闇資金でニクソンは給料以上のライフスタイルを維持」

「ニクソンはアイゼンハワーの副大統領候補から降りよ」という囂々《ごうごう》たる世論が沸き起こった。選挙戦はすでに終盤、ニクソンを降ろすようなことがあれば壊滅するしかないアイゼンハワー陣営は右往左往していた。解決策が見出せなくなったニクソンは大胆な決断を下した。アメリカ国民に直接アピールすべく、自己の資産状況をすべて隅々まで公開することにしたのだ。彼の妻パットは屈辱的だと言って反対したと伝えられているが、ニクソンの決断は揺るがなかった。

一九五二年九月二三日の夜、テレビカメラの前に座ったニクソンを六〇〇〇万人が注視した。妻も彼の横にいたが、画面に映っているのはほとんど彼だけで、所有する資金と借金を、一つずつすべて公開していった。ニクソンは、第三者機関の監査を受けた結果、不正はないことが確認され、また、個人的利益のためには一セントも使っていないことも確認されたことを述べ、視聴者の怒りを鎮めた。ただ一つ、自分のために購入し、返品することは耐え難いものがあると彼は告白した。

それはスパニエルの小犬です。テキサス生まれの白と黒の斑で、名前はチェッカーズ。チェッカーズは六歳の娘トリシアがつけた名前です。トリシアは、ほかの子どもと同じように犬が大好き、誰が何と言っても、チェッカーズだけは手放せません。

ニクソンはこのテレビ出演が成功するという自信を持っていたわけではなかったし、当時、世論の支持は二つの政党に分かれていたが、ニクソンのこの演説(「チェッカーズ・スピーチ」という名でよく知られている)はアメリカ国民の胸を打ち、共和党の副大統領候補としての地位は確固たるものとなった。そしてアイゼンハワーとニクソンのタッグは優勢に戦いを進め、ついにアイゼンハワーは第三四代大統領の地位を獲得したのだった。

中にはニクソンのカムバックをごく当然だと見る人もいた。外見こそ優柔不断でおどおどしているように見えるニクソンだが、政治については誰にも勝る熱い野心と強い決断力を見せつけたのだ。そして彼はこのスタイルを維持することで、倒れても倒れてもまた立ち上がった。一九六〇年にジョン・F・ケネディに大統領選で敗れ、一九六二年にはパット・デイヴィスにカリフォルニア州知事選で敗れた。このときはニクソンの政治生命は終わったと見られていた。彼の「最後の」記者会見はよく知られている。ニクソンは不機嫌そうにこう言ったのだ。「みなさん、残念ですね、もうニクソンいじめはできなくなりますね」。しかしもしニクソンが舞台を追われることを心配していたのだとしたら、見込み違いであった。彼は政治にとどまり、躍進を続け、ついに一九六八年、アメリカ合衆国の大統領になったのだ。

一九五〇年代には、あまりにトラブルが多いため「トリッキー・ディック」というニックネームをつけられるなどしたが、結局すべてはニクソンの思惑通りに進んだように見えた。賞賛される業績もいくつも上げた。ベトナムから米軍を撤退させた。共産主義中国との外交関係を開いた。月面を歩いたニール・アームストロングとバズ・アルドリンの二人と言葉を交わした。ベトナムでの大虐殺の影をひきずりながらも、ニクソンは大統領第一期を成功裏に務め上げ、一九七二年の勝利で第二期に就任した。

一九五二年のマネースキャンダルはニクソンにとって待ち伏せ攻撃のような形であったが、次なる脅威は真夜中の泥棒のように彼に忍び寄って来ていた。ウォーターゲートである。違法な盗聴、脅迫、盗難などの詳細が暴かれ、ニクソンの暗部が白日のもとにさらされることとなった。アメリカ国民はニクソンが猜疑心に溢れた人物であることを知ることとなった。彼はホワイトハウスでの会話を逐一ひそかに録音していた。民主党本部にスパイを侵入させていた。悩めるときはホワイトハウスの廊下を徘徊しては、肖像画が並べられた広間に立ちつくしていた。ユダヤ人に乗っ取られると蒼白な顔で罵り、元FBIのエージェント兼傭兵だったG・ゴードン・リディのような怪しい人物を雇い、カンボジア絨毯爆撃の真っ最中には酔っぱらって息巻いていた。それがニクソンという男の実像だった。

アメリカ国民のそれまでのニクソン像は、復活した王、不屈の政治家、勝利に驕らず、しかし実は常に自分で招いた危機を綱渡りで回避している人物というものであった。ウォーターゲートで暴かれた、冒瀆的で妄想的な暴君というニクソンは、それとは不一致であるとともに、見事に一致していると言うこともできた。これがニクソンのパラドックスであった。

ニクソンの物語は、戦慄するまでに意味深長である。それは私たちにパーソナリティと政治の関係についてあまりに重い教訓を与えてくれている。いやでも認めなければならない事実は、矛盾そのものであるかに見える彼の性格は、大統領や政治家にあってはむしろごく普通だという点である。ニクソンは、強烈な野心と、権威主義と、誇大と、傲慢と、特権意識と、責任転嫁と、利己主義からできている人物だった。そしてこれは歴代のアメリカ大統領に共通する特徴であった。ニクソンはナルシストだったのだ。

ナルシシズム——醜く悪しき善

よく誤解されていることだが、ナルシストは診断名ではないし、診断名とされていたこともない。ナルシシズムも同様である。ナルシシズムはひとつの傾向であり、様々な程度がある。誰にでもある程度はある。自分は特別だと信じたがる欲求、自分は地球上の他の七〇億人とは違う特別にユニークな人間だと信じたがる欲求、それがナルシシズムである。

だからナルシシズムは有り／無しの二分法で語ることはできない。たとえば0ポイント（最小）から10ポイント（最大）までの段階で語る必要がある。

中程度のナルシシズム（4ポイントから6ポイント）は人として非常に健全だが、問題となるのは0ポイントから3ポイント、そして7ポイントから10ポイントである。特別な自分を夢見るとき、しかし現実はそうはいかないとわかっているとき、それでも少しだけ希望を持たせてくれるのは中程度の（「健全な」)ナルシシズムである。最近の三〇年の研究によると、幸福で健康だと感じている人の大部分は、自分が少しだけ特別だと感じていることがわかっている。健全なナルシシズムはただの自信とは違う。自尊心でもない。慰めでもない。ほんの少しだけ非現実的な良いセルフイメージである。自分をバラ色のメガネを通して見ているようなものだ。そのレンズは確かに世界を変えて見せるだけの濃さを持っているが、現実が見えなくなるほど濃くはない。

健全なナルシシズムには多くのメリットがある。中程度にナルシスティックな一〇代の若者たちは、不安や落ち込みが少なく、仲間と非常に良い関係を持つことができる。同様に、適度なナルシシズムを持つ企業リーダーは、従業員から高く評価される傾向がある。私たちの研究によれば、健全なナルシシズムを持つ人々は、より幸福で、より楽観的で、より確固たる自信を持っている。

ナルシシズム傾向が平均以上になると(10段階評価の6ポイントを超えると)、ナルシストと呼ばれることになる。ナルシストには多くのタイプがあるが、最もよく目にするのは「外向的」(「明白」「過剰的」「誇大的」ともいう)ナルシストである。野心的でよく発言するカリスマ的な人物は、脚光を浴びることが多い。大部分の政治家や俳優や有名人は、この種のナルシストである。大統領は特にポイントの高い外向的ナルシストということになろう。

事実、ブライアント大学の心理学者ロナルド・J・デルーガは、自己愛性パーソナリティ評価票(外向的ナルシシズムの度合いを測定する尺度)を用いてジョージ・ワシントンからロナルド・レーガンまでの歴代大統領の評価を行った結果、リチャード・ニクソンやロナルド・レーガンのような我の強い大統領の方が、ジミー・カーターやジェラルド・フォードのような口調の柔らかい大統領よりも得点が高いものの、ほぼすべての大統領が「ナルシスト」とみなされる得点範囲であることを示している。

エモリー大学の心理学者アシュリー・L・ワッツとスコット・O・リリエンフェルドによる最近の研究では、同様の結果に加え、ニクソンの二重性を説明するデータも得られている。それは、ナルシシズム得点が高い大統領ほど、弾劾を受ける可能性が高いというものである。「権力の座の濫用、部下の非倫理的活動の容認、着服、規則の歪曲、脱税、不倫」についても同じように高くなる。彼らの研究は、「ナルシシズムは両刃の剣」と結論づけた。ニクソンとビル・クリントンのケースを見れば実に明らかと言えよう。同じことがドナルド・トランプのケースにもあてはまるかもしれない。

ドナルド・トランプのナルシシズムは誰の目にも明らかなほどに明々白々で、かつ、悪質である。彼の極端な外向性は、結局のところ自作自演のテレビショーのスターを演じているのであるが、ナルシストに見られる最悪の性質の多くを備えている。トランプはこう言い放つ。「私は、神が創った最高の大統領になる」。こうも自慢する。「私はもともと才能がある。頭が切れるんだ」。サウスカロライナでのキャンペーンでは群衆に対して念をおすように言った。「本当に頭が切れるんだ」。そして彼は平気で人を侮辱する。それは、外見（「**ロジー・オドネルは太った豚**」）、才能（**メリル・ストリープは**「**ハリウッドで最も実力以上に過大評価されている女優の一人**」）、番組の視聴率などあらゆる場面に及んでいる。視聴率はテレビタレントだった彼には特別重要なのであろう。トランプのお気に入りの番組「セレブの弟子」をアーノルド・シュワルツェネッガーが台無しにしたと非難して、彼のツイッターは炸裂した。

視聴率来た！　アーノルド・シュワルツェネッガー「沈没」だ。トランプ圧勝。映画スターなんてそんなもんだ。この視聴率、シーズン1とシーズン14の比較だが、私のシーズン1を彼と比べてみたまえ。

（ドナルド・J・トランプ、二〇一七年一月六日のツイッター）

しかし、トランプの数字への異常な執着について誰もが何より呆気にとられたのは、大統領就任式についての彼の報道官のショーン・スパイサーのブリーフィングであろう。何とそのテーマは就任式への出席者の数だったのだ。不信感に溢れたたくさんの視聴者が注視する中、「なぜそれが新しい大統領府の最初のブリーフィングのメインテーマなのですか?」とリポーターが迫っていた。

大きさに執着する人物はフロイト精神分析主義だと嘲笑されるのが常であるが、これはトランプのリーダーとしての能力を疑問視する十分な根拠になるのではないだろうか。ナルシシズムは両刃の剣である。トランプだけでなく歴代大統領はみなナルシシズムの傾向を持っていたが、ではそれが危険の領域に入るのはどの時点だろうか。答えは見かけほど単純ではない。しかし、少なくとも部分的には、そのナルシシズムが病的なレベルに達した時であると言えよう。

病的ナルシシズムは、人がドラッグに依存するように、ナルシシズムに依存するようになった時から始まる。自分が特別だと感じることへの依存。そのためなら何でもする。嘘、窃盗、ごまかし、裏切り、さらには身近な人を傷つけることも厭わない。それが10段階評価の9ポイントあたりであり、さらに最大である10ポイントに上昇していく。このレベルが自己愛性パーソナリティ障害である。

自己愛性パーソナリティ障害の詳細については米国精神医学会の公式診断基準DSM‐5を参照していただくとして、本章では簡単に説明するにとどめる。自己愛性パーソナリティ障害の患者は、ありとあらゆる場面において特別扱いされることを強く求めている。彼らにとって他人とは鏡にすぎない。自分が望む特別な自分が映し出されている鏡である。それ以外の自分が映っている鏡は見ようともしない。自分を特別視するために他人を相対的に悪くする必要があれば、つまりたとえば職場での他人の評判を落とす必要があれば、そうすることは厭わない。人生とは競争の連続であるから、自己愛性パーソナリティ障害の患者は他人が持てるものへの嫉妬に溢れている。その嫉妬は彼らの言動に表れる。自己愛性パーソナリティ障害の中心となる特徴は、私が「トリプルE」と呼ぶ以下の三つである。

・特権意識(Entitlement)――人も世界も自分の意のままになるべきであると思っている。

・搾取(Exploitation)――自分が特別だと感じることを目的として周囲の人間を利用する。そのためには他人の迷惑などまったく意に介さない(自尊心を傷つけ続けたり、深夜まで仕事をさせて倒れさせたりする)。

・共感障害(Empathy-impairment)――他人のニーズや気持ちを無視する。「他人」とはとても身近な人も含む。自己愛性パーソナリティ障害の患者にとっては、自分が特別だと感じることがすべてだからである。

このうち特権意識と搾取は、病的ナルシストの問題行動すべてに関連している。すなわち、自我が脅かされた時の攻撃性、不倫、怨恨、極端な嫉妬、自慢、誹謗中傷、自分の持つ問題の否認(職場放棄していることさえも否認する)などはすべてこの二つから来るものである。

ナルシシズムに依存する気持ちが強まれば強まるほど、自己愛性パーソナリティ障害は危険な人物になる。こうして病的ナルシシズムはサイコパスと不可分になる。冷酷な嘘と他人の操作がサイコパスの特徴で、彼らは問題を次々に起こし、金を使い込み、他人からの評判を落とすが、他人に対してはいつも笑顔で、罪悪感も羞恥心も悲しみの感情も持たない。

自己愛性パーソナリティ障害の特徴として共感障害があるが、サイコパスとなると共感が障害されているとか遮断されているといったレベルの問題ではなく、共感は完全に欠如している(ただし口では共感を表明することができる。共感という言葉の意味はわかっている。これは「認知的共感」と呼ばれており、真の共感とは異なる)。脳科学研究でも、サイコパスの脳には情動を生む部位の機能に障害が認められることが実証されている。たとえば配偶者をだましたり、友人を殴ったり、他人が痛みや悩みに苦しんでいるのを見たりしたときでも、脳内にネガティブな情動が生まれないのである。

自己愛性パーソナリティ障害とサイコパスが合併すると、「悪性ナルシシズム」と呼ばれる行動パターンが現れる。悪性ナルシシズムは診断名ではなく、精神分析学者エーリッヒ・フロムが唱え、人格障害の権威であるオットー・カーンバーグが用いるようになった用語で、自分は特別であるという思いがとても強く、自分以外の人々をチェスの駒のように互いに戦い殺し合うものとして扱う人物を指している。ここでの「互いに戦い殺し合う」という表現は、単なる比喩であることもあれば、現実にその通りであることもある。数百万人を殺害したヒトラー。叔父と兄を殺害したとされる金正恩。「ジャーナリストを清算する」とうそぶくウラジミール・プーチン。いずれも悪性ナルシストの範疇に入ることに疑いはない(加えて、それ以外の悪性の形質もあわせもっている。他人を傷つけて喜ぶサディズムである)。

ここで重要な問題は、悪性ナルシストのすべてがヒトラーやプーチンや金正恩のようにその危険性を顕在化させるわけではないことである。アメリカのような民主主義国家では、自分に逆らう人物を殺すことは多分いまでも違法のはずなので、気に入らない記事を書いたという理由で記者を殺害するわけにはいかないのである。すなわち、悪性ナルシストの大統領がアメリカや世界に脅威となるか否かを見極めるための指標としては、殺害された犠牲者の数という直接的なものだけでなく、間接的なものにも目を向けなければならない。彼が大統領の仕事をできるかを見極めなければならない。その最も重要な仕事は、アメリカの安全を保つことである。さらには世界の安全を保つことである。

精神疾患に罹患している指導者——機能障害の有無は？

精神疾患に罹患していること自体は、その人物の指導者としての適格性を損なうものではない。自己愛性パーソナリティ障害も同じである。スティーブ・ジョブズはあるゆる点から見て自己愛性パーソナリティ障害である。彼は部下を怒鳴りつけ、部下の能力を信頼せず、部下を「くそ野郎」と呼ぶ。だが同時に彼はアップルのエンジニアを鼓舞し、iMac、iPod、iPhone の開発を実現した。彼を再解雇する話が出れば、それに反対する株主はほとんどいなかったであろう(ジョブズは素行不良のため過去に一度アップルを解雇されている)。ジョブズはいわゆる高機能自己愛性パーソナリティ障害であったと思われる。彼の自己愛レベルは特権意識・搾取・共感障害が揃ったトリプルEであったが、それでも驚嘆に値するくらい生産的で、家族や友人関係を十分に維持し、怒りの爆発は職場を完全破壊まではしない程度にほぼ収められていた。

精神疾患の危険性を評価するとき精神科医が重視するのは「機能障害」である。すなわち、その人物の精神疾患の症状が、仕事の能力や人間関係をどれだけ損なうか、さらに最も重要なことは、怒りや悲しみや恐怖の気持ちをコントロールし、自分自身や他人に危険をおよぼさないようにできるかという点である。このことはアメリカ大統領のような権力ある地位においては特に重要である。スティーブ・ジョブズは別のCEOを「くそ野郎」と呼んだが、自由世界の指導者が気まぐれな独裁者を「大馬鹿者」と呼ぶことの方がはるかに大問題である。

言い換えれば、ある指導者のナルシシズムが危険であるかどうかという問題を考えるとき、彼らが精神疾患に罹患していることを指摘するのではまったく不十分なのである。長年精神科医をしてきた私は、家族や友人ととても素晴らしい人間関係を保ち、また、安定した職に就いている精神病の人々をたくさん見てきた。たとえ強い不安の症状があっても、たとえば自分の歯の中に機械が埋め込まれているという妄想を持っていても、幸福で生産的な生活は十分に可能なのである。精神疾患に罹患しているというだけの理由でその人物は能力がないとみなすのは精神疾患に対する偏見である。

ただし、精神疾患のために自分または他人に対する「危険性」があれば、まったく別の風景が立ち現れる。このとき、病的ナルシシズムと政治が組合されれば、恐ろしい致死性の毒素が発生する。危機は職場や家庭にとどまらず、国内外の平和に及ぶ。病的なナルシシズムを放置すれば、第三次世界大戦につながる可能性もある。

最大の危険は、ニクソンの例が示すように、病的ナルシシズムが現実の認識を微妙に狂わせ始めると、時間の経過とともにきわめて危険なものになることである。賞賛されたい、評価されたいという欲求が満たされないとき、彼らは現実の歪曲を始める。自分が特別であるという「現実」を創り出すのである。このとき、客観的な事実は病的ナルシストにとって意味を持たない。こうして彼らは「危険な」精神病者になる。しかもそれがわかったときには手遅れということも少なくない。

ナルシシズムが有り／無しの二分法で語ることができないのと同様、精神病も連続的なスペクトラムの形を取る。最初は思考の乱れから始まる。そして論理が歪み、不快な事実を否認し、恐ろしい判断を下すようになる。最終的には幻聴や幻視や妄想が現れることもある。自己愛性パーソナリティ障害の人は、自分の特別な地位が脅かされれば脅かされるほど、事実を歪曲して自分が主役を演ずるストーリーを創作する。実際には自分は特別どころか欠点だらけで、脆弱で、凡庸であるとき、彼らは現実を無視すると決めこむか、あるいは現実を破壊するのである。

ニクソンを例に取って、病的ナルシシズムと政治の組合せが生み出す毒素について考えてみよう。彼の精神状態の悪化は、ベトナムでの大虐殺を促進しただろうか？　ある伝記作家は、ニクソンが命じた爆撃のうちの少なくとも一回は、自分の友人にアピールするために行ったと記している。そして、ヘンリー・キッシンジャー国務長官がニクソンの性急すぎる決定を監視し、軍事専門家たちのチェックを入れることで紛争の激化を未然に防いでいたのだという。

ニクソンはアメリカ国内に無用の混乱を生み出しただろうか？　彼は「報道は敵だ」という呪文を、自分の恥ずべきマネースキャンダル以来唱え続けることで、政権と国民を対立させてきた。アメリカ大統領の異常な猜疑心(パラノイア)[*1]は、すぐに国民に伝染するものだ。誰もが大統領の言葉に煽られ、危険に脅えるようになった。一九七〇年代は、混乱と、怒りと、不信の時代であった。私たちはそれを繰り返すのだろうか？

ニクソンは酒に酔った状態で国家の意思決定をしたのだろうか？　しかもそのとき、迫害されているという妄想にかられていたのだろうか。ニクソンの大量飲酒についてのよく知られている事実からすれば、その通りだったと考える方が自然であろう。ニクソンが主張する「敵」の数はどんどん増え、彼がそれに対して脅えた行動を取るのを阻止しようとして、側近たちが右往左往していたことを多くの人が伝えている。

ニクソンは肖像画の人物と会話してアドバイスを受けたことがあったのだろうか？　そのアドバイスに従ったのだろうか。

いずれも指導者としてあまりに危険な行為で、個人にたとえれば、自分は空を飛べると信じてビルからジャンプするようなものである。そしてこれらはすべて、「精神病へのスパイラル」の構成要素である。病的ナルシストは、実は自分は特別でないという事実に直面したとき、精神病へのスパイラルを上り始めるのである。

精神病へのスパイラル

アメリカと世界の安全を守ろうという意思があるのであれば、私たちは、病的ナルシストである指導者が精神病へのスパイラルに入り込む兆候を見逃してはならない。その兆候として、「猜疑心の増大」「誤った判断」「気まぐれな意思決定」「ガスライティング」の四つを挙げることができる。

・猜疑心の増大

猜疑心の増大——病的ナルシストは自分の弱さを認めることは耐え難い恥であると考えており、不安や恐怖を感じていることを決して認めようとしない。自分が困っているときにサポートしてくれる人を信頼できないからである。不安定アタッチメント（他者との安定した愛着（アタッチメント）を持つことができないことを指す。愛着理論にある用語）と呼ばれている特性である。病的ナルシストは、そもそも自分が困っていることを人に知られることを嫌う（自分が攻撃を受けていると訴えるときは別だが）。こうした特性のため、病的ナルシストは世界を単純に白か黒かに二分する。彼らにとっては善でないものはすべて悪であり、味方でないものはすべて敵なのである。このように二分すれば、敵からは離れ（または敵を排除し）、味方となれ合いの関係を持つことで、自分は特別だと確信し心穏やかになれるからである。

したがって病的ナルシストにとっての「敵」とは、自分の内部にある危機(不安、パニック、混乱、猜疑)の外部への投影にほかならない。そして「敵」への攻撃を開始するのだが、実際には危機は自分の内部にあるから、いくら外部の「敵」を攻撃しても、危機が解消されることはなく、攻撃はどこまでもエスカレートする。

これが地球規模で起こったとき、「敵」とされるのは、共産主義者、イスラム教徒、移民などである。ニクソンは自分の間違いを認め訂正するよりも、共産主義の脅威について力説することに情熱を注ぎ、ベトナムへの攻撃はどこまでもエスカレートした。病的ナルシストの「二分法」による不条理な暴力が、また繰り返されるのだろうか。

・誤った判断

思考の障害が進むにつれて、病的ナルシストの視界は曇ってくる。世界をありのままに見ることを拒否し、自分が望むように、自分が必要なように歪曲することで、自分は特別だという意識を何とか保とうとして、重要な情報やナマの事実や厳しい現実との接触を失うためである。ニクソン大統領時代にそれが地球規模で現実化した。病的ナルシストの自我を満足させるために、軍事行動が起こされたのである。今その兆しがあるかを知ろうとして世界情勢の不安定さや軍事行動の危険についての慎重な評価をしてもあまり意味はない。病的ナルシストの気持ちが定まっていない時期には、自我の満足のために力や優越を誇示することはあまりないからである。

病的ナルシストの思考障害の先にあるものはカオスであり、収拾困難である。ニクソンが泥酔してユダヤ人の反対勢力を何とかしろと大騒ぎする電話をし、スタッフが右往左往していたのがその実例である。トランプの判断の誤りは驚くほどニクソンに似ており、ロシアの大使に、自分の頭がいかに優れているかを自慢し、同じ席でぺらぺらとイスラエルについての秘密情報を漏洩したと伝えられている。

・気まぐれな意思決定

精神病へのスパイラルの中でも、この兆候は特に厄介である。誤った判断は当然のことながら過剰反応と粗雑な計画を生むものだ。病的ナルシストにとっての関心事は、自分の特別な地位(少なくとも、彼自身が特別と考える地位)を維持することのみで、現実がどうであるかなどは二の次である。そのため指導者としての意思決定は一日ごとに、時には一時間ごとにころころ変わることになる。しかもそれは、国のために何が最善かという視点ではなく、自分の感覚にとって何が最善かという視点に基づくのである。

トランプの選挙運動とロシアとのコネクションを調査していたFBI長官ジェームズ・コミーを解任したとき、トランプのスタッフが発表した理由は、コミーの能力不足と、ロッド・ローゼンスタイン司法副長官の助言であったが、しかしその発表直後にトランプは能天気にもまったく別の理由を述べている。

「私が決めた。コミーはクビだ」とトランプは誇らしげに宣言した。彼にとって何より重要なのは、自分は自分で判断を下せることを証明することのようであった。中立性や権力の一極集中を避けるポーズさえ見せなかった。トランプはコミーを「クレイジーで馬鹿な仕事をしていた」とまで決めつけ、彼を解任したことでロシアへの調査の「圧力」は和らいだと言ったのである。

これが思考障害の兆候であるかどうかはともかく、少なくとも自己保存能力の顕著な欠如を示していることは確かである。ニクソンも自分を調査していた人物を次々に解任した。そして最終的には失脚した。学ぶべきこの前例を、トランプは完全に無視しているのだ。

・ガスライティング

多くの場合、自己愛性パーソナリティ障害の人々は、ガスライティング〔心理的虐待の一種で、被害者に誤った情報を提示して、被害者自身の認知機能に狂いがあると思わせる手法〕と呼ばれる狡猾な戦略を用いる。ガスライティングという用語は、一九三八年の演劇で、ガス灯（ガスライト）をそっと暗くするなどして、妻に自分の現実感覚がおかしいと思わせた男の行動に由来している。自己愛性パーソナリティ障害の人は精神病へのスパイラルを上って行くに従い、自分以外の人々の方が現実が見えないおかしい人間だと思わせようとする。そして自分は、自分に見えている現実こそが真の現実であると信じようとする。おかしいのは自分だと認めることには耐えられないからである。今まさにこのガスライティングが実行されているように思える。トランプや彼の側近がテレビでよく「トランプはそんなことは言っていない」と否定するが、現にトランプが「そんなこと」を言ったのは録画やツイッターの画面から明白な事実なのである。

このようなことが最近はごく普通になっているため、多くの人々はトランプが主張する事実なるものを「もう一つのファクト」と呼ぶようになっている。この言葉は大統領就任式の出席者数をめぐってケリーアン・コンウェイ（トランプのスポークスパーソン）が使ったのが最初であった。メディアが報道した出席者数は誤報で、実際には「地球の歴史上最大の出席者数であった」とショーン・スパイサー（ホワイトハウス報道官）が嬉々として語り、報道関係者は呆気にとられたのだ。まもなくスパイサーの言ったことは虚偽であったことがわかったのであるが、コンウェイは、スパイサーは単に「もう一つのファクト」を示したのだと擁護したのである。

トランプの主張する内容が現実だとすれば、メディアの報道は虚偽であり、メディアはトランプの「敵」である。そんなトランプを支持する人々は「MAGA(Make America Great Again; アメリカを再び偉大に)」と書かれた赤い帽子を被ってトランプ支持を表明している。逆にメディアの報道が正しいと信ずる人々は、トランプへの抵抗のシンボルであるピンクの帽子を被っている。今や誰もが知るトランプの女性蔑視の言葉「あそこだって触らせてくれるよ」を象徴する帽子である。

アメリカは真っ二つに分裂している。アメリカ人が認識している事実も真っ二つに分裂している。もはやそれは疑問の余地がない。

世界を破滅させる指導者は誰か

現在では、トランプについても、また他の政治家についても、責務への適格性の有無の最終判断は国民に委ねられている。アメリカでは精神医学や心理学の専門家にはそうした判断をする資格はない。まだない。

だが私たちの中には、人間の能力や危険性の評価を、観察だけに基づいてする専門家が存在する。司法精神医学者、司法心理学者、そしてCIAやFBIのプロファイラーである。彼らは生涯を人間の行動予測の研究に捧げている。

その気になりさえすれば、こうした政治色のない専門家を集めて、トランプをはじめとする政治家の危険性を評価する政府内機関を作ることが可能である。それはゴールドウォータールールの停止を意味する。あるいは少なくとも、危険性の評価（アメリカに対する危険、世界に対する危険）を、現行の倫理規定の上位におくことを意味する。

病的ナルシストが自分のナルシシズムを満足させるために現実を歪曲して破滅に進もうとしている時、私たちがそれを容認し運命をともにしなければならないという理由などあるだろうか。私たちの存在そのものにかかわるこの切迫した問いに、世界中の民主主義が直面している。

訳注

＊1　精神医学用語としては妄想性障害の一型を指すが、アメリカの日常会話では猜疑心が極端に強い人物を指して用いられることも多い。

I WROTE *THE ART OF THE DEAL* WITH DONALD TRUMP: His Self-Sabotage Is Rooted in His Past
Tony Schwartz

2 『トランプ自伝』の著者として——彼の自己破壊的行動のルーツ

トニー・シュワルツ

トランプとの共著 *The Art of the Deal*（邦題『トランプ自伝』）をはじめ、*The Power of Full Engagement: Managing Energy, Not Time*（邦題『成功と幸せのための4つのエネルギー管理術——メンタル・タフネス』、ジム・レーヤーとの共著）、『その仕事の仕方では仕事をしているとは言えない』（「ニューヨーク・タイムズ」と「ウォールストリート・ジャーナル」のベストセラー）などを著している。また、「エネルギー・プロジェクト」の創始者兼CEOでもある。「エネルギー・プロジェクト」は個人や法人の難問を解決し、視点を拡大するコンサルティング会社である。

トランプ大統領は、なぜあれほどにも危険で、自己破壊的にさえ見える行動を取るのか？

三〇年前、私は彼の最初の本、*The Art of the Deal*〔邦題『トランプ自伝』〕を書くために、約一年間にわたってトランプと接する日々を過ごした。何百時間も彼の話を聴き、彼の行動を見、彼の人生についてインタビューした。そんな私にとって、過去四か月間のトランプ大統領の言動はまったく驚くにはあたらなかった。ＦＢＩのジェームズ・Ｂ・コミー長官を解任したことも、自分の側近がした説明を否定したことも、機密情報をロシアに漏洩したことも、ツイッターでの罵りの数々も、すべて予測可能であった。

私はトランプと知り合ってからすぐに、彼の内面は危険に対して常に過敏な状態にあることに気づいた。気分を害されたときには衝動的かつ防衛的に反応し、自己を正当化する嘘の話を作り出し、常に他人に責任転嫁していた。

私が一九八五年に初めて会ったときのトランプは、ほぼ常に戦闘態勢の日々を送っていた。彼の語るところによれば、彼の父フレッド・トランプは、他人への要求が厳しく、気難しく、非常に精力的な人物であったという。『トランプ自伝』で彼は次のように述べている。「私の父はすばらしい男ですが、同時に、ビジネスを何より優先する男で、地獄のように強くてタフでした」。彼の兄フレッド・トランプ・ジュニアは、父からの強いプレッシャーにさらされながら生活していた。そしてアルコール依存症になり、四三歳で他界したのである。私はこのことを本の中で婉曲に表現した。

「フレッド・ジュニアとドナルドの兄弟の間では、貧乏くじを引くのはほとんどの場合、兄のフレッド・ジュニアだった」

トランプの世界観が父親からの強い影響を受けていることは、『トランプ自伝』の中の次の言葉によく表れている。「私は小さい頃からビジネスに惹かれていた。私は他の多くの人たちとは違って、決して父に脅かされたことはなかった。私は父に立ち向かった。父はそれを尊重してくれた。私と父の関係はとてもビジネスライクだった」

私はトランプと話すうちに、彼は生き残るためには世の中と戦うしかないと感じていると確信した。それは彼にとっては二者択一、全か無かの選択だった。彼にとっては、支配するか、従属するかのどちらかしかないのである。自分が恐怖を作り出して他人を圧倒するか、他人が作り出した恐怖に自分が屈するかしかないのである。彼の兄も同じように考えていた。この偏狭で防衛的な人生観は幼少期に培われ、固定してしまった。「小学校一年生の自分を見るのは、今の自分を見るのと同じだ。私は基本的にその頃と同じだ」と彼は最近言っている。彼の成長は幼少の時点で止まっているのだ。

彼との無数の会話を重ねるうちに、私にははっきりとわかった。彼は人との出会いはすべて戦いだと考えていて、そのすべてに勝たねばならないと考えている。彼にとって、勝ち以外は負けだからだ。そして負けは無と同じだからだ。『トランプ自伝(*The Art of the Deal*)』を書いている過程で、私は彼がしてきた数々の取引(deal)について聴かされた。どれも大失敗ばかりというのが事実だった。カジノも大失敗だったし、ナショナル・フットボール・リーグに対抗するリーグの立ち上げも大失敗だった。だがトランプはどれも大成功した事業だったと私に説明したのである。

トランプは実に誇らし気に、自分は幼い頃から「積極的で攻撃的」な子どもだった、と語った。小学校で音楽の先生の顔を殴って退学させられそうになったこともあるという。

もちろんトランプの言うことだから真偽は不明だ。だがはっきり言えることは、彼はこれまでの人生を通して、他人を支配することに専念してきたということである。他人を支配するために必要なあらゆることの獲得が彼の人生であり、他人を支配することに伴うあらゆる損害もまた彼の人生であったのだ。『トランプ自伝』で彼は、ニューヨークの不動産業界の仕事には殴り合いの喧嘩的な愉しみがあると話している。そこに蠢く業界人は「世界で最も鋭い、最も厳しい、最も悪質な人間たちです。こういう人間たちと争うのは実に楽しい。こういう人間たちをやっつけるのは実に楽しい」。私はトランプから罪悪感や悔恨の気持ちは一切感じ取ったことがない。彼は不安を感じているという素振りも見せない。トランプの目に映っている社会は肉食獣ばかりが住むジャングルで、誰もが彼を喰おうとしており、彼はただ自分が喰われないためにしなければならないことをしているのである。

もう一つはっきり言えることは、逆に彼が価値を認めないか、そもそも存在さえ認めないものがあることである。それは、人間が平和に暮らすうちに心の中に成長する、共感、寛大、内省、忍耐、そして何より人の心の奥底にある良心である。トランプは他人が何を感じ、どう思うかということを意に介さない。彼が生きてきた人生はすべて、常に、ビジネスだった。彼は、自分の感情も、知性も、倫理観も、決して成長させることはなく、これまでの自分の生き方を肯定し、固執しているのである。

見逃してはならないのは、トランプの人生においては、彼がその日にこうだと思ったことが彼にとっての「事実」だということである。困ったときの彼は本能的に大言壮語する。明白な嘘もつく。私はそれを何度も見てきた。その中にはトランプタワーの階数を誇張するといった些細なものもあれば、破産寸前のカジノの経営が順調だと発表するといった重大なものもあった。だから彼は、FBI長官のコミーを解任した理由が側近の説明と違っていることにも矛盾を感じないのであろう。自分の嘘によって生じたどんな矛盾も気にしないのであろう。彼が言葉を発するとき、その目的は決して正確な情報開示ではない。ただ人を支配したいだけなのである。

トランプについて知れば知るほど、彼にはイデオロギーも情熱もなく、ただ自分の目先の利益しかないことが私にはわかってきた。彼が重視するのは征服と達成なのである。自分の華々しい功績について語るとき彼はまず、「信じられないだろうけどな、トニー」と切り出し、深夜まで語り続けることがよくあった。だが自分の最大級の功績でさえも、彼にとってはその場限りの脆弱なもので、決して満足できるものではなかった。大統領に選出されたことも例外ではなかったようだ。ヘロイン依存の患者が、常に一段上の快感をむなしく求め続けるように、依存症患者の欲求と行動はとどまるところを知らないものである。客観的に見れば、今のトランプは地球上の誰よりも達成感と優越感を持っていいはずである。しかしそれは、ヘロイン依存の患者が自由にヘロインを入手できるようになることで依存が治ったと言っているのと同じである。トランプも同じような状態にある。失敗し無力感を味わう場が、以前よりはるかに巨大なステージになっただけなのである。

一九八五年にトランプタワーで最初に彼のインタビューをしたときから、トランプについての私のイメージは一貫している。それは「ブラックホール」である。何もかもがすぐに消えてしまい、何の痕跡も残らない。持続ということがない。彼の不安定な足場を、いつ、誰が、何が、崩すかはまったくわからない。いつ自分が脅かされていると彼が感じ、対抗策を強迫的に追求するかもまったくわからない。外面とは裏腹に、ただただ自分が愛されることを希求する、とても傷つきやすい少年を、私はトランプの中に見た。

トランプが最も強く求めているのは、自分への無条件の忠誠である。彼は忠誠とはとても移ろいやすいものだと感じている。だからこそ人を強くコントロールしたがるのである。コミーに激怒したのも同じ理由である。コミーはトランプに服従せよという指示に従わなかったと伝えられている。また、大統領選へのロシアの干渉についてコミーが行っていた調査は、そのまま続ければトランプの立場を危うくするものであったとも言われている。トランプが示している民主主義と報道の自由への敵意も、少なくとも一部は彼が無条件の賞賛と追従を必要としていることから生まれているのであろう。彼は批判されることに耐えられないのである。

大統領選挙中も、その後も、トランプが瞬時に原始的な戦闘態勢になる場面は何度となく見られてきた。過去一年間のツイッターに記された、彼が敵だと知覚した相手への攻撃だけを見てもそれは明らかである。
脳科学的に言えばトランプは、自分に反対するものを感じ取ると即座に、「戦うか、それとも逃げるか」のモードになる。扁桃体が反応し、視床下部―下垂体―副腎系が活性化され、理性を司る前頭前野の活動がストップするのである。彼はただ反応する。内省はしない。結果など気にしない。彼が核兵器のボタンを押せる座にいることは、あまりに危険で恐ろしいことである。

大統領就任後、批判の連続にさらされたトランプの他人への不信感は、見た目にも明らかなほど膨れ上がった。側近の必死のアドバイスも、原始的な戦闘態勢になったトランプにはまったく無効になる。自分が制御できない力に圧倒されていると感じたトランプは、憤慨し、必死になり、衝動的になるのである。

もう三〇年も前のことになるが、トランプがほんの些細なことに激怒したのを見たときの不気味な感覚を今も私は鮮やかに覚えている。彼の周囲にいる誰もが知っていることは、そういうときには彼から距離を置くのが最善で、それが不可能なときは、嫌でも彼に同調するしかない。

私が彼の同意を得て聞いた何百というトランプの電話と、彼と同席した何十ものミーティングで、彼の主張に同意しなかった人物を私は一人も見たことがない。トランプの醸し出す恐怖とパラノイアは、今やホワイトハウスに居を定めている。

私がトランプとかわした直近の会話は、実に約三〇年ぶりのことだが、二〇一六年七月一四日である。それは『ニューヨーカー』に『トランプ自伝』についてのジェーン・メイヤーの記事〔Jane Mayer, "Donald Trump Threatens the Ghostwriter of '*The Art of the Deal*'", *The New Yorker*, July 20, 2016〕が掲載される直前で、トランプはまさに共和党の大統領候補にならんとしていた。運転中に私の携帯電話が鳴った。トランプだった。彼はちょうど『ニューヨーカー』からの事実確認の電話を切ったばかりだった。彼の言葉はストレートだった。

「君がすごく不誠実な人間だってことがわかったよ。それを言いたくて電話したんだ」。それから数分間、激しい脅しの言葉が続いた。私は礼儀正しく、しかしきっぱりと反論した。電話の終わりは、始まりと同じように唐突だった。「元気でな」という突然の言葉を最後に、電話が切られた。

TRUMP'S TRUST DEFICIT IS THE CORE PROBLEM
Gail Sheehy, Ph.D.

3 トランプは人を信頼することができない

ゲイル・シーヒー(Ph.D.)

学者兼ジャーナリスト。執筆活動は五〇年に及び、一七冊の本を書いている。代表作である『パッサージ』は、現代における最も価値あるベスト10の本に入るとされている。ジャーナリストとしては、雑誌『ニューヨーク』の創刊時から記事を執筆し、一九八四年からは『ヴァニティ・フェア』にも執筆している。受賞多数。名誉博士号三つ。二〇一二年には「生活をより良くする本」による生涯功労賞。ヒラリー・クリントンの伝記『ヒラリーの選択』をはじめとして政治家についての発言・著作も多数あり。

ドナルド・トランプはナルシストだ。パラノイアかもしれない。だが最大の懸念は、彼が誰も信頼していないことである。トランプはそれが原因で破滅するであろう。それはすなわち私たちの破滅かもしれない。

現代の世界は急激に転回している。明日にも制御不能になるかもしれない。そんな日々の中、トランプは自分の「直感」に頼って、同盟国に対しては厳しい姿勢で接し、非同盟国に対しては恫喝するような態度で接している。大統領選挙キャンペーン中から大統領就任後までのトランプの言動を見たとき、私はロシアとのXデイが近づいているという不安をぬぐうことができない。トランプは戦争を始め、全世界を破壊してしまうのではないだろうか。

他人を信頼することは人間が人間であるための基本となる能力で、生まれてから一八か月の間に形成される。ところがドナルド・トランプは、自分が他人を信頼しない人間であることを自慢気に語っているのだ。「**人は他人を信頼し過ぎる。私は他人などまず信頼しない**」(一九九〇年)。「**最高の人物を雇え。だが彼を信頼するな**」(二〇〇七年)。「**悪意と残酷。それが世界というものだ。友人でさえも虎視眈々と狙っている。あなたの仕事を狙っている。あなたの金を狙っている。あなたの妻を狙っている**」(二〇〇七年)。

世界は危険に溢れており、どこまでもタフでなければ自分を守れない。それがトランプの世界観である。彼の父が彼を「ライオン」になるように育てたことはよく知られている。「ライオン」になれなければ「獲物」になるしかないのだ。トランプは決して父からの教えを忘れたことはなかった。ミリタリースクールに入学させられたことで彼はさらにタフになった。トランプは言う。「**人間の持つ悪意はどんな動物より強烈だ。人生は戦いだ。勝利するか敗北するかのどちらかしかない**」

伝記 *Never Enough*〔決して満足しない〕には、トランプが父から厳しく不動産業を教育された様子が描写されている。父のアパート賃料取り立てに同行させられ、ブルックリンのタフな地域を「引きずり回された」と彼は語っている。父はドナルドに、決してドアの正面をふさいで立つなと命じた。理由を尋ねると父は「奴ら、逃げようとしてドアに突進して来ることがあるからだよ」と言ったという。

現在トランプは、大部分の日々をホワイトハウスで一人で暮らしている。妻も信頼できる友もいない。いや、彼は人を信頼したことなどない。それは自分の弱さを認めることになるからだ。

元ＣＩＡ長官であり、クリントン大統領の時代に首席補佐官だったレオン・パネッタは、二〇一七年二月にフォックス・ビジネス・チャンネルで「どんな大統領にとっても、信頼こそが宝だ。その大統領へのアメリカ国民の信頼だ」と述べている。二年間近くにわたって、ドナルド・トランプはほぼ毎日私たちの前に登場していたが、その間彼は、共和党のライバルすべてに不信を表明し、共和党の保守派の多くを冷遇し(保守派の賛成を得られなければ立法は不可能なのであるが)、民主党を無視し、民主党のリーダーを嘘つきでピエロで馬鹿で無能だと罵り、バラク・オバマを「病気」と決めつけ、ヒラリー・クリントンを「悪魔」と呼んできた。アメリカ国民の代表としての役割を持つ外交の場面でも同様で、友好国の指導者を軽んずる彼のけんか腰のふるまいはいかにも無礼であり、過去何十年にもわたって築いてきた平和の誓いを破り捨てるものであった。それどころか彼は、トルコのエルドゥアン、エジプトのシシのような専制君主を平気で賞賛する。何とロシアのプーチン大統領まで賞賛しているのだ。

彼は大統領でありながら、大統領府に所属する機関への信頼を次々に破壊している。CIAを含む情報機関はすべてナチス同様だなどと言っている。司法にも攻撃の刃を向けている。裁判官がヒスパニック系だとか、トランプのイスラム教徒入国禁止令に反対した裁判官がいたというのがその理由である。彼が最高裁判所判事に任命したニール・ゴーサッチでさえ、トランプ氏の司法権軽視には大いに失望したと述べている。メディアに対しては毎日中傷するだけでは飽きたらず、レーニンとスターリンのフレーズを借りて、アメリカのメディアを「人民の敵」と決めつけている。

誰もが自分を陥れようとしているという前提で自分は行動しているとトランプは公言している。一般用語としてのパラノイアの定義は、他人に対する過剰ないしは不合理な猜疑心と不信である。誰に対しても不信を抱くトランプが、スティーブン・バノンとマイケル・フリンを側近に任命したのは予想通りであった。この二人は陰謀説を常に唱えてきた人物だからである。

また、虚偽供述をしたフリンが国家安全保障補佐官辞任に追い込まれた後にもなお、ホワイトハウスは、フリンがロシアと結託していたのがトランプのためであることを証明できる文書を調査官が入手できないよう死にもの狂いで努力した。[*1] 刑事事件になる可能性が高まれば高まるほど、トランプの自己保存本能は滑稽なほどもみ消しに躍起になるのだ。

部下を信頼しないリーダーは部下からも信頼されない。トランプは自分は強烈なほどまでに誠実であると大口を叩いているが、彼自身の誠実さは、状況次第で手の平を返すように失われる。彼の補佐官はいつも戦々恐々としているが、ジャレッド・クシュナー〔実業家。トランプの娘イヴァンカの夫〕の地位だけは安泰のようで、彼はトランプ政権の事実上の国務長官となった。トランプが部下から信頼されるときは、部下に嘘をつくライセンスを与えたときである。この凶悪な嘘ウィルスはホワイトハウスから共和党議員に蔓延し、感染患者の一人であるデーヴィン・ニューネス議員は、トランプとロシアの関係を調査する下院情報委員会の主任として不適格であるとされるに至っている。[*2] また、ホワイトハウスの混乱が高まっていきながら〔二〇一七年〕五月に突入したとき、この気まぐれな最高司令官トランプは、自分が最も信頼する補佐官たち〔ジェームズ・〝マッド・ドッグ〟・マチス将軍、H・R・マクマスター将軍、レックス・ティラーソン国務長官〕を自分の弁護士役に起用したが、ほどなく信頼しなくなりその役割から降ろしている。

トランプがカオスを好むリーダーであるというのはよく耳にする話である。私は、オバマ大統領のホワイトハウス顧問で、イラク戦線に参加経験のある人物に、トランプのやり方についての評価を質問したことがある。彼の答えはこうであった。

「トランプはあるときは明確に指示を出し、あるときは誰にも相談せず勝手に物事を進めてしまうので、側近たちは状況がそのときどこまで進んでいるかを知ることができないのです。高度な組織で求められるリーダーとはまったく逆のことをトランプはしています」

トランプの側近は、いつ自分がトランプから忠誠心なしという落第宣告を受けるかとびくびくしている。スケープゴートが必要なときには自分がその役割をあてられるかもしれないことも覚悟していなければならない。ホワイトハウスのスタッフは、表面的にはトランプを擁護しているかもしれないが、常にトランプについての情報をメディアにリークしていることは公知の事実である。リークはトランプの不信を強め、それがさらにリークを促進するという悪循環を生んでいる。

他人を信頼する能力がトランプにないことにより生み出される危険は、地球規模ではさらに大きなものになっている。彼はNATOのような同盟国にも不信感を持っているし(後に心変わりしているが)、NAFTAのような貿易協定を、アメリカを搾取するものだと考えている(後に、一週間に三、四回心変わりしているが)。その理由をホワイトハウスの元スタッフはこう述べている。「トランプの世界観は、人は誰もが自分の利益のためだけに生きているというものだからだ」。トランプの顧問であるバノンも、トランプと同様、陰謀理論家であるが、トランプとバノンは、社会から取り残されていると自認する白人労働者のグローバリゼーションへの反発をすべてくみ取り、仕事を奪っている具体的な敵としてイスラム教徒とメキシコ人と移民をターゲットに定めている。「彼らは私たちとは違う。彼らは私たちの文化を汚染している」というオルタナ右翼同様のメッセージを発信しているのである。

大統領就任後の最初の一〇〇日の間にトランプは、人々が共有する現実からどんどんかけ離れて行くようだった。彼は病的なまでに嘘をつくが、単に嘘をつくというだけでなく、自分の嘘に偏執狂的にこだわり続けることが最大の問題である。オバマに盗聴されたとツイッターで嵐のようにつぶやき続けたことがその代表的な例である。彼は自分だけが信ずる現実を生きているのだろうか?

バンディ・リー博士のイェールカンファレンスに出席した後、私は「デイリー・ビースト」に、本書の執筆者のうちの二人の鋭い意見を紹介した。一人はロバート・ジェイ・リフトン博士(元イェール大学精神科教授)である。彼は次のように述べている。「トランプは極端に歪曲した現実を作り出す。自分が作り出した現実こそが正しい現実だと言い張る。そして人々がそれを受け入れるのが当然だと思い込む。証拠は何もないのにそう思い込むのだ」。そしてトランプが作り出した虚構の現実を徐々に社会が受け入れるようなことになると、ついにはその虚構が事実であるかのようにみなされるようになるという危険な事態が生じてしまう。

もう一人、ジェームズ・F・ギリガン博士(二五年間アメリカの刑務所で暴力について研究した精神科医)は次のように述べている。「危険性の評価に携わってきた我々精神科医が、大統領の妄想が発展するのを見て放置していたら、精神科医としての責任放棄である」。現在はニューヨーク大学医学部の臨床教授であるギリガンは、イェールカンファレンスでは次のように発言している。「私はトランプがヒトラーだとかムッソリーニだとかなどと言うつもりはない。だが彼はヒトラーより正常ではない」

精神科医の意見を聴くまでもなく、この大統領の思考は明らかに安定していないし、現実からはかけ離れている。私たちがメディアを通して知っているトランプの言動は膨大で、精神科医が何年にもわたって直接診察して得られる情報量をはるかに超えている。彼についての判断を下すのは、だから私たちアメリカ国民である。ホワイトハウス関係者の中にもすでに判断を下している人々がいる。

歴代の大統領に詳しいノンフィクション作家ダグラス・ブリンクリーは、トランプがこれまでのどの大統領ともまったく異なる世界を生きてきた経歴を持っていることを指摘する。「彼が生きてきたニューヨークの不動産ビジネス界は、自分の左手が何をしているかを自分の右手は知らない世界だ。トランプの世界では、どんなにコストを払ってでも勝つことだけがすべてだ。社会より仲間より、何より自分が勝つことに価値があったのだ」

トランプはよくリチャード・ニクソンと比較される。ニクソンもまた、パラノイア的な大統領であった。ホワイトハウスの高名な法律顧問ジョン・ディーンは二人を比較して次のように語っている。「ニクソンは二つの顔を持っていた。国民と補佐官向けの表の顔は、信頼される顔だった。しかし裏の顔はパラノイア的で執念深かった」

ニクソンの性格についてさらに問われると彼は短く「共感性がゼロだった」とだけ付け加えた。トランプそっくりである。「ニクソンは、ベトナムで二万二〇〇〇人ものアメリカ人を死なせた。カンボジア人、ラオス人、ベトナム人も多数死なせているが、もはやその正確な数はわからない」。これは一九六八年のパリ和平交渉をニクソンが破棄した後の死者数である。なぜ「ニクソンが死なせた」と言えるのか。ニクソンが和平交渉を破棄したのは、自分が大統領に当選するためだったからである。国家への裏切りと言うべきこのニクソンの重罪が白日のもとに晒されたのは、それから四〇年後、当時大統領候補だったニクソンの言葉が録音されたテープが開示された時だった。そこに録音されていたのは、南ベトナムに対して、和平交渉をいったん中止し自分が大統領に当選するまで待て、自分が当選したら南ベトナムにとってずっと有利な条件を出すと伝えるニクソンの言葉だった。

最近どこかで聞いた話ではないか。それから五〇年後、トランプの使者フリン将軍はロシア大使に、もしロシアが今オバマの制裁に対する報復措置を取ることを控えればもっと良い条件を提示すると言って、トランプが当選するまで動かないよう示唆したのである。トランプ自身もツイッターで、オバマのロシア制裁を解除すべきだという信念を熱く何度も述べていた。彼のツイッターからその話題が消えたのは、プーチン大統領との「親密」な関係(「親密」というのはトランプの幻想ないし願望であるが)が、ロシアとトランプの共謀の疑いを生み、調査が開始された時であった。ニクソンが敵だと信じていた人間は膨大な数にのぼっているが、トランプの復讐に対する強い執着心もニクソンに匹敵する。歴代大統領の中で、この二人は最も重症な「政治的血友病」であると、ニクソンの伝記を書いた作家ジョン・ファレルは述べている。「ひとたび傷を負うと、血は止まらず流れ続ける」からだとファレルは言う。

真実というものへのトランプの完全ともいえる無頓着さには、彼の支持層さえも当惑している。『タイム』誌はトランプに、自分の発言の誤りを訂正しないのはなぜかとインタビューしたが、その答えは彼の驚愕の思考を明らかにするものであった。彼は何と「私が真実になりたい」と答えたのである。たとえ発言の時点では誤りであっても、時間がたてば真実のほうが自分の言った通りになる自信があるのだとトランプは言うのだ。「私は自分の直感をとても重んじる人間です。結局は私の直感が正しいことがわかるものなのです」。アメリカ最高位の司法官であるFBI長官のジェームズ・コミーがトランプを嘘つきと非難した時でさえ、トランプは国民からの非難を無視し、オバマが「病んで」いて、トランプを盗聴していたという妄想で何百万もの人々を納得させたと自慢していたのである。

ノースウェスタン大学心理学部のダン・P・マクアダムス教授は次のように述べている。「トランプのようなナルシスティックな人間は、自分自身を愛することに最大の価値をおいているが、他人にも自分を愛してほしいと熱烈に求めている。ナルシスティックな人物にとって、人生の究極のゴールは、自分の偉大さをすべての人が認めることである」

しかし、では、トランプのように極端にナルシスティックな人間が栄光を獲得できなかった時はどうなるのか。「トランプの著作を読むと、彼が恥をかかされることや軽蔑されることに対して異様に過敏であることがわかる」とギリガン博士は言う。しかしトランプは国民からの軽蔑をかわすことができるだろうか。たとえば彼は、自分が一目おかれたいという幼児的欲求を満たすためロシアに機密情報を漏洩したことで軽蔑されているのであるが。

どんなナルシストの自己肥大した言動の底にも、どこかに脆弱な自尊心がある。トランプは、自分こそが最も信頼できない人間だと深層心理では自覚しているのではないだろうか？　自分の無能力が国民に知られ軽蔑されるようになったら、自分が「ライオン」だということを示すことで軽蔑を打破しようとするのではないだろうか。大統領に就任してわずか四か月のうちにトランプは、シリア、アフガニスタン、北朝鮮の三か国に対して戦争をする構えを示した。彼を止めることができるとすれば、それは国民の支持を得た議会だけである。

訳　注

＊1　フリンは、元アメリカ陸軍中将。二〇一七年、トランプ大統領に国家安全保障問題担当大統領補佐官に任命されたが、トランプ政権発足前にロシア当局者と対ロシア制裁について協議した疑惑をかけられ、ペンス副大統領らに虚偽の供述をしていたと認め辞任。

＊2　ニューネスは、大統領選ロシア共謀疑惑捜査に打撃を与える情報を含んだ「メモ」を書いたが、その内容は事実歪曲に満ちていると伝えられている。

SOCIOPATHY
Lance Dodes, M.D.

4　社会病質

ランス・ドーズ（M.D.）

ボストン精神分析学会の指導医、元ハーバード大学医学部精神医学准教授。依存症についての論文や著書を多数執筆している。単著として『依存症の真実』『依存症を断つ』『素面の真実』の三冊がある。ハーバード大学医学部の依存症部門から、依存症の研究と治療への「傑出した貢献者」の称号を授与され、米国依存症精神医学アカデミーの「傑出会員」に選出されている。

「狡猾なのか、それとも単にクレイジーなのか」

ドナルド・トランプをめぐってこの問いが飛び交っている。他人を騙す。嘘をつく。欺く。人をいいように操って自分の欲しい物を獲得する。自分さえ得をすれば人が傷ついても意に介さない。このような人間が人の気持ちに無関心で自己の利益を第一に考えるのは、ただ狡猾だということだけが理由なのか。それとも何か精神的な問題があるからなのか。

その答えは、精神的な問題があるからだと強く断定できる。その問題とは「社会病質（sociopathy）」という重篤な障害である。

他者をいたわる。他者を傷つけない。それは人間だけでなく、多くの哺乳類にそなわっている基本性質である。正常な人間なら、正常なオオカミやイルカやゾウと同じように、自分と同じ種の仲間の痛みや危険に敏感で、縄張り争いや異性獲得競争といった事情がない限りは、互いに助け合うものである。このようないたわりと協力は種の存続のために必須の性質で、進化論的にも明らかに理にかなっているので、動物にも人間にも共通する基本性質になっているのだ。人間においては、お互いの気持ちを感知し、お互いを気遣い、自分が損をしてでも互いに傷つけ合わないことを優先する能力は、「共感性」と呼ばれている。共感性はすべての人間にそなわっている。ただし社会病質者は別だ。

共感性の欠如こそが社会病質者の特徴である。社会病質者は罪悪感というものを持たず、他人をいいように操り、自分自身の権力や満足のために他人をコントロールしたり傷つけたりする。社会病質者には人間にそなわっているはずの基本性質が欠けているのである。狡猾どころではなく、人としての基本的欠陥である。だから社会病質は、最も重篤な精神障害とみなされている。

だが我々の文化は外形的な成功を賞賛する。富と権力を賞賛する。それらをどのようにして手に入れたかについては見ようとしない。他人をいいように操ったり騙したりしても、結果として高い地位や権力を獲得してしまえば、精神的に健康であるばかりでなく、優秀であるとさえみなされてしまうことがある。「大成功しているんだから、精神障害のはずはない」、人はそう思いがちだ。トランプがまさにその典型である。

たしかに社会病質者の中には、人生に失敗する者もいる。他人を操ったり騙したりする技術に長けておらず、相手を選ばずに仕掛けてしまい、自分を魅力ある人物に見せることも下手な社会病質者は、犯罪者になったり、騙した相手から民事訴訟を受けて敗訴したりする。ところがそうでない社会病質者もいる。他人を操る技術に長け、外見は魅力的で優しく見え、自分の悪行を巧妙に隠蔽し、人を押しのけて高い地位に上りつめる。決して刑務所に入ったりはしない。こうした人々は「成功した社会病質者（successful sociopaths）」と呼ばれる。彼らは他人の目を欺き、「狡猾にもクレイジーを演じている」だけだと思わせる。激しい攻撃性も表面には出さず、他人を解雇したり訴えたりする形に変えて正常であるかのように偽装する。地位が上がれば、自分の精神的問題を隠蔽する能力も上がる。汚れ仕事は部下にさせ、自分はその背後に身を隠す。弁護士軍団を雇って敵対者を脅迫する。ただしこうした「成功した」社会病質者の「成功」は、表面を覆っている衣にすぎない。成功していてもしていなくても、社会病質者であることに違いはない。どちらも同じように重篤な精神障害なのである。

診断名というラベル

「社会病質」という言葉は「精神病質（サイコパス）」と同じ意味で使用されることもあり、それとはやや異なる意味で使用されることもある。社会病質者は「悪性ナルシシズム」という言葉と重なる部分が大きく、また、公式の診断基準であるＤＳＭの「反社会性パーソナリティ障害」とほぼ同義である。どれも人格の病を表現する言葉である。

もっとも、診断名というラベルはその人のすべてを包含しているわけではない。ある診断名がつくと、その人の行動すべてが診断基準にあてはまるはずだと思われることがあるが、それは誤りである。冷血な殺人者や残酷でサディスティックな支配者が、ペットをとても可愛がっているといったことは十分にあり得るのだ。したがって、ある人物が権力の座にふさわしいかどうかを考えるにあたって重要なのは、その人物の社会病質の傾向がどの程度あるかということである。ＤＳＭをこの目的のために使用することができる。ＤＳＭによる診断は、診断基準として列記されている項目（症状）の中の一定数を満たす患者に下される。現在DSMは第5版で、今後も医学的知見の蓄積に従って改訂されていくであろう。しかし「傾向」は改訂されない。したがって、ある人物が「社会病質的」かどうかを判定するためには、その人物に見られる症状項目に目を向けることが正しい手法になる。

正式な診断名のラベルがつくかどうかは別として、DSM-5の反社会性パーソナリティ障害の診断基準の項目(左記)を参照することは、トランプの持つ「傾向」を考えるうえで有意義である。[*1]

他人の権利を無視し侵害することを特徴とする障害で、一五歳以降に以下のうち三つ以上の項目を満たし、一五歳以前に「素行症(衝動的・攻撃的・残酷・欺瞞的のいずれかの行動が、罰を与えられたり脅されたりしても直らず持続する)」が認められたことが確認されたとき診断が確定する。

1 社会規範に従わない。したがって法を犯す。
2 欺瞞。繰り返し嘘をついたり、自分の利益や快楽のために人を騙すなどの形で現れる。
3 衝動的で先の計画を立てられない。
4 易怒的・攻撃的。喧嘩や暴力の形で現れる。
5 無謀で自分や他人の安全を顧慮しない。
6 常に無責任。仕事を安定して続けられない、支払い義務を果たさないなどの形で現れる。
7 良心の呵責というものがない。盗んだり、人を傷つけたり不当に扱ったりすることを平気で行う、または正当化する。

ＤＳＭ以外の診断体系には、社会病質の傾向を表す言葉として、サディスティック、非共感的、残酷、非道徳的、未開人的、略奪的、非人道的などの言葉が記されている。

このうち特に「未開人的」は示唆に富む言葉である。これは、文明が未開な時代という意味ではなく、人間としての発達が未開という意味で、社会病質者の持つ多くの問題の起源を暗示している。

人間の発達初期の段階では、あらゆるものが並行的に成長する。感情という機能も他の認知機能と並行して成長する。思考能力の成長に伴って、不安、混乱、失望、喪失、恐怖などをコントロールできるようになる。現実と想像の区別もできるようになる。人はこうした成長過程を経て、自分の感情をコントロールする力を身につける。他人を理解し共感することができるようになる。現実は自分の望みや恐れとは違うことがわかるようになる。

この発達段階に障害があると、人は社会病質者になる。彼らは失望に耐えられず、激しい怒りで反応する。そして目の前の現実を否定する。別の現実を作り出し、それこそが現実であると主張する。妄想の定義に一致する思考である。本人は妄想内容を現実だと信じて語るが、他人にとっては嘘を聞かされているのと変わるところはない。「成功した社会病質者」は狡猾であり、真の「クレイジー」には見えないのが常であるが、批判されたり失望したりといったストレスにさらされると、このような現実検討能力の喪失が大きく前面に出て来る。そして後にストレスが解消された状況になると、自分が現実検討能力を喪失していたことについては、それなりの理由をつけたり、さらに嘘を重ねるなどして弁解するのである。

社会病質者が未開人的であることは、脳科学研究でも示されている。人は幼少時には、心の成長に伴って脳も成長する。社会病質の形質を持つ人では、認知と情動に重要な役割を持つ部位である前頭前野と扁桃体に異常が認められることがわかっている。

社会病質の心理メカニズム

社会病質的形質を有する人々が用いる病的な防衛機制[*2]に「投影性同一視」がある。「投影」とは、自分を他人に投影するという意味で、自分の心の中にある感情や思考を、他人のものであると判断することを指す。その感情や思考は攻撃的で危険な内容であるのが普通で、自分ではなく他人こそが攻撃的で危険であると判断することによって、自分は決して攻撃的でも危険でもないと自分を安心させる（防衛する）のである。「投影性同一視」になるとさらに深刻で、他人が単に攻撃的で危険な感情を持っているだけでなく、自分にとっての脅威そのものであり、こちらから攻撃して倒さなければならない存在であると確信するのが「同一視」である。

同一視のレベルになるともはや現実検討能力は失われ、怒りが爆発し、他人への現実の攻撃が行われる。そして共感性が欠如した社会病質者の攻撃は最高度に危険なものになる。

さらに「分裂」という防衛機制も用いられる。「分裂」とは「善」と「悪」への分裂である。社会病質者は自分の感情を他人に投影するので、その時その時の自分の感情によって、他人の評価がめまぐるしく変わる。同じ一人の人物を、あるときは親友であるかのように扱い褒めちぎったかと思うと、突如として一転して敵だとみなしてしまう。一人の人間の善と悪への分裂である。また、社会病質者は忠誠心を何より重んじる。それは彼自身のゴール達成のために役に立つという意味もあるが、絶対的な忠誠心が感じられないと、容易にその人物が「悪」に転じてしまうという理由も大きい。このように、他人を善と悪に二分し、しかもその二分は安定せずすぐに変動するのが「分裂」と呼ばれる防衛機制の特徴である。

社会病質者と共感性の欠如には密接な関係があるが、重篤な社会病質者はひとつだけ戦慄すべき共感性を持っている。それは「肉食獣の共感性」である。トラは狙った獲物の恐怖心を敏感に感じ取る。獲物が恐怖を感じているというわずかな兆候でも感じ取る。トラにとって、それは獲物を逃がさないために必要な能力なのである(Malancharuvil, 2012)。この意味でトラは狙った獲物に「共感」しているが、しかし決して「同情」はしない。成功した社会病質者も同様である。彼らは獲物となる人の気持ちに非常に敏感である。この人は自分の商品を買うだろうか。この人を騙すために有効なのは、あなたは賢いというお世辞か、あなたは美しいというお世辞か。それとも嘘の約束やフレンドリーな接し方をすれば、自分を信用するだろうか。成功した社会病質者の持つ肉食獣的な「共感性」は、一種最高の洞察力で、人をいいように操るための天才的な能力である。この能力が遺憾なく発揮されれば、その社会病質者は絶大な信頼を獲得することができる。しかしトラの例からわかる通り、それは彼の獲物にとって最悪の事態なのである。

社会病質者の持つ感情面の問題は、本人も周囲も不幸にする。外界を一貫して現実的に見る能力の欠如や、真の人間関係を築く能力の欠如は、他人への不信感をさらに悪化させる。自分が軽く見られているという思い込みに対する怒りのため、衝動コントロールに障害をきたし、無謀で破壊的な行動を生み、ますます自分が批判されることになり、ますます言い訳のための嘘を重ねることが必要になり、ますます現実から遠ざかっていくことになる。社会病質者は自分への批判をかわす必要性からスケープゴートをでっち上げるが、すぐに本気でスケープゴートを憎むようになり、攻撃性とサディズム性はさらに高まる。かくして彼の人生は破壊のために捧げられることになる。無限に破壊を続けることによってのみ、権力への無限の欲望を満たすことができるからである。その欲望を止める共感性や罪悪感は、社会病質者にはないのだ。

ドナルド・トランプ

トランプ氏は何年も前から有名人としてよくメディアに出演していたし、彼を長く知る多くの人から話を聞くこともできるので、彼の言動についての情報はとても豊富である。そしてその言動をもとにすれば、次の通り、ドナルド・トランプ氏が社会病質の特徴をそなえていることは明らかである。

・他者への共感性の欠如。自己反省の欠如。嘘と不正。

トランプ氏は、身体障害者である記者の障害を侮辱した。集会での抗議者の安全にまったく配慮しなかった(「**奴らをたたき出せ!**」と支持者を煽った)。女性にセクハラをした。選挙での対立候補に危害を加えると脅迫した(ヒラリー・クリントンを撃つよう銃のオーナーにほのめかした)。アメリカのために戦って戦死した兵士の家族を何度も言葉で攻撃した。自分を批判する人々をけなした(侮辱的な名前で呼んだ。共和党の予備選や総選挙でも同じことをしている)。自分が雇った労働者への給料不払いを繰り返した。彼が創設した「トランプ大学」は裁判所から強制的に閉校処分を受けた。マイノリティを標的にして脅かした。どれも重篤な社会病質の圧倒的な証拠である。

・現実の喪失

実際には事実でないことを、トランプ氏が事実だと言い張ったことはこれまで幾度となくあった(事実でないという指摘に対しては、彼が言い張った「事実」は「もう一つのファクト」だという信じ難い説明がなされたこともあった)[*3]。事実を否定しても何の得にもならない場合でも、また、言い間違いであることを認めたほうが有利な場合でも、そうせずに同じ主張を繰り返してきたのである。たとえば、オバマ大統領がアメリカ生まれではないとか、さらには彼がトランプ氏を盗聴したと言い張った。大統領選で、総得票数としてはヒラリーに敗れたのは、不法滞在者の票によるものだったと言い張った。自分の大統領就任式の観衆数は史上最多だと言い張った。すべて事実でないことを言い張っているのである。こうしたことは枚挙にいとまがない。彼は現実を喪失しているのだ。

・激怒反応と衝動性

トランプ氏は激怒すると唐突な決断を下す。ＦＢＩ長官コミーが議会で自分の意にそぐわない証言をしたのを聴くや否や、彼を解任し、その後には彼に対する脅迫まで行った。シリアの刺激的なニュース映像を見て、七二時間のうちに五〇発以上のミサイルをシリアに向けて発射した。これはトランプがそれまで言っていた中東政策を逆転させるものであり、同時に外交規範の著しい違反であり、国際的緊張を高めることになった(同様のことは、メキシコに侵攻するという脅迫、オーストラリア首相との電話を一方的に切ったこと、ドイツ、フランス、ギリシャなどへの敵対的な姿勢などにも見ることができる)。さらに、弁護士に相談もせず独断で違法な命令を出すなど、激怒による衝動的な決断もまた枚挙にいとまがない。

結　論

ドナルド・トランプの言動は、彼に重篤な社会病質の形質があることを如実に示している。このことの重要性はいくら強調してもしすぎることはない。これまでアメリカの大統領の中に、ナルシスティックな人物はいたかもしれないが、トランプ氏のように社会病質の形質を持っている人物がいたことはない。すなわち、トランプ氏ほど確定的かつ明白に危険な大統領は前代未聞なのである。

民主主義は多様な立場を重んじ、保護するものであって、それは社会病質とは相容れない。自分が優れていると見られたいという欲望が、共感性の欠如や他害についての無反省と結びついたとき、そこに誕生するのは独裁者である。独裁者は自分に反対するすべてをコントロールし、さらには破壊しようとする。そして彼が求めてやまないのは自分への忠誠であって、国民の利益ではない。

重篤な社会病質者が持つ他者への強い猜疑心は容易に戦争のリスクを生む。外国の元首は当然に、社会病質の大統領の方針には同意せず、反対するからである。社会病質の大統領はそれを自分への個人攻撃とみなし、激怒という形で反応し、この「敵」の破壊に向けた衝動的行為に走る。歴史を振り返ってみれば明白である。社会病質の指導者は、自己の権力の拡大を求めて国際紛争を引き起こしてきた（人権無視、戒厳令の発令、マイノリティの差別などが常道である）。しかも、部下にも国民にも嘘をつくので、彼の言動が事実と矛盾しているかどうかを知ることは容易でない。報道の自由を制限しようとすることも独裁者への道を歩む人物の典型的な特性である。社会が民主主義の道から外れて戦争へと動くことを抑制する報道の力を彼は評価できないのである。

トランプ氏が社会病質の特徴を持っていることは否定できない。それはアメリカの民主主義と安全保障を深刻な危機に陥れている。彼の社会病質は今後悪化の一途を辿るであろう。そう予想できる理由の一つは、トランプ氏がさらに権力を獲得するにつれて、誇大妄想的な傾向がますます強まり、現実の喪失はさらに強まると思われるからである。もう一つは、トランプ氏に対する批判が高まるにつれて、周囲への猜疑心がますます強まり、さらに嘘を重ね、激怒による破壊的決断を繰り返すと思われるからである。

訳　注

＊1　ＤＳＭ－５の反社会性パーソナリティ障害について、ドーズの原文には誤引用があったが、翻訳にあたってＤＳＭ－５の原記述に合わせて修正した。

＊2　心理的に耐え難い状況にさらされた時に、不安を軽減して自分を守るために無意識的に用いられる心理メカニズム。

＊3　本書「病的ナルシシズムと政治」〔Ｉ－１〕参照。

UNBRIDLED AND EXTREME PRESENT HEDONISM: How the Leader of the Free World Has Proven Time and Again He Is Unfit for Duty
Philip Zimbardo and Rosemary Sword

5　刹那的快楽主義者トランプ

——トランプが自由世界の指導者として不適任である証拠の数々

フィリップ・ジンバード(Ph.D.)

スタンフォード大学名誉教授。画期的なスタンフォード刑務所研究で有名だが、そのほかに五〇〇にのぼる論文や著作があり、ベストセラーになった『堕天使効果』や、心理学の有名な教科書『心理学の基本概念　第八版』や、現在二〇版になった『心理学と生活』もある。また「勇者想像プロジェクト(heroicimagination.org)」を創始し、現在はその代表を務めている。これは、あらゆる年齢の人々に苦境への賢明で有効な対処法を教える非営利的プロジェクトである。現在継続中の研究として時間展望理論と時間展望療法がある。

ローズマリー・ソード

時間展望療法の共同開発者であり、以下の著作(共著)がある。『時間療法——新しい心理学　時間展望療法によるPTSDの克服』(英語、ドイツ語、ポーランド語、中国語、ロシア語で出版)、『時間を癒すセラピストガイドブック』(Wiley, 2013)、『時間展望療法——ジンバードの時間展望理論の臨床応用』(Springer, 2015)、『時間展望療法』(Springer, 2015)、『時間展望療法による生と愛の充実』(McFarland, 2017)、『時間展望療法——PTSDの新治療』(McFarland, 近日発行予定)。

ソードとジンバードはPsychologyToday.comの人気コラムを書いているほか、「アピールパワー」(EUのオンラインジャーナル)、『臨床における心理学』(ポーランドの心理学雑誌)などにも執筆している。ソードは、Aetas: Mind Balancing Apps(www.discoveraetas.com)の開発者でもある。

二〇一五年の夏に私たち二人が交わした会話が、ドナルド・トランプについてのその後の長い議論の始まりだった。当時彼は共和党の大統領予備選挙に立候補したばかりで、私たちの最初の会話は「またトランプの目立ちたがりが出たな」だけだった。トランプの名は誰でも一応は知っていた。ニューヨーク市の実業家としてまず名を挙げ、後には凡庸な出演者としてテレビに登場するようになっていた。彼の大統領選出馬を誰も真剣に取り合わなかったのは当然である。取り合えるはずがない。彼には政治の経験はまったくないし、本気で慈善事業をしたこともない。アメリカ国民の利益などまったく考えず、自分のビジネス以外には何の興味もない人間だ。彼の会社が販売する商品はアメリカ国外で生産された物だし、下請けの会社に契約通りの金銭を支払わずに何回も訴訟を起こされている。さらには「トランプ大学」を設立し、会社経営者としての認定を授与するという名目で、年間四万三〇〇〇ドルの授業料を徴収した。これは詐欺だった。トランプ大学とまったく同じ内容の授業が、誰でもオンラインで無料で受講できたのだ。学生を直接指導する教員もほとんどいなかった。学生たちに訴訟を起こされ、トランプ大学は敗訴し、廃校処分になった。つまりはドナルド・トランプは、自分の利益のみを優先する実業家で、時には悪辣な手段を用いることも辞さない人間なのである。

しかもトランプは何十年にもわたってころころと支持政党を変えている。最初は民主党に始まり、改革党、共和党、民主党、そして最終的にはまた共和党である。「ザ・ドナルド」は、メディアから注目されることのみを目的として走っているかのようだ。それは商売のために少しでも自分が良いポジションにつくためであり、彼が売る商品は「ドナルド・J・トランプ」なのである。

そして月日が進むにつれて、私たちの懸念は膨らんでいった。トランプの「直球の」あるいは「アウトサイダー的な」演説は、彼の持つカリスマ性とあいまって、彼のナルシシズムが限度を超えていることや、それに伴う攻撃的な行動の危険性を隠蔽し、一部の人々を惹きつけるのではないかと思われたのだ。私たちはここでトランプに診断を下したいのではなく(仮にそうしようとしたとしてもほぼ不可能であろう)、読者に注意を喚起したいのである。彼は慇懃無礼だ。物事を誇張する。嘘をつく。人をいじめる。嫉妬する。自尊心が脆弱だ。共感性がない。世界を敵か味方かに二分して見ることしかできない。共和党のディベートでのトランプのふるまいはまるで子どものいじめのようだった。インタビューでは馬鹿げたほら話を吐いていた。それを見て私たちは、彼の行動パターンについて注意を喚起する必要性を強く感じた。そこでオンラインジャーナル『サイコロジー・トゥデイ』の二〇一六年一月号に、トランプが原因で学校や会社にいじめや険悪な雰囲気が生まれていることを紹介したのである(Sword and Zimbardo, 2016a)。

トランプのキャンペーンとナルシシズムが勢いを増すにつれて、このままでは民主主義が危機に陥るということを人々に知らせようとする私たちの機運も高まっていった。二〇一六年三月には、ナルシシズム性の人格(自己愛性パーソナリティ)に関するコラムを発表した(Sword and Zimbardo, 2016b)。そこにはナルシシズムの行動特性を記述し、それを読めば、トランプに一から一〇までぴったりあてはまることが容易にわかるようにした。ただし彼の数え切れないほどの浮気や、彼が受けているセクハラ訴訟の件数が増える一方であることや、彼の三回の結婚については言及しなかった(彼は次々に若く美しい妻に乗り換えているのである)。これらの一つ一つを取り上げてみれば、異常と言えるほどの行動ではない。しかし精神医学の専門知識がなくても、こうした行動と彼のめまぐるしく変化する政治的姿勢(この変化は彼のイメージとエゴを支えるためには必然だったと見ることができる)とをあわせれば、トランプにとって何よりの優先事項は自分の利益であって、アメリカ国民が大統領の重要な性格として少なくとも二〇一六年一一月までは評価してきたもの、すなわち安定性とは相容れないことは明白だとわかる。

そのうえ彼が、「天井知らずの刹那的快楽主義者」の見本であることは火を見るよりも明らかである。「刹那的快楽主義者」とは、ジンバードの時間展望理論(Zimbardo and Boyd, 2009; Zimbardo, Sword, and Sword, 2012)にある概念で、「刹那的」という言葉が示す通り、今という瞬間だけに生きて自分の行動の将来への影響はほとんど考えない人物を指している。「天井知らず」の「刹那的快楽主義者」は、自分の脆弱な自尊心を守り、自分にとって快い感覚を得るためならどんなことでも口にする。過去の現実や、未来に待ち受ける壊滅的な結末など意に介さず、暴言や重大な決定を連発する。トランプの行動は、彼の時間展望が完全に破綻していることを示している。公式の時間展望質問票で調べるまでもなく、それは確実だ。トランプについてのこれまでのインタビュー、何百時間ものビデオ、彼自身の心情を吐露したツイッターなどの夥しい記録から見て、彼は私たちが知る限り最も極端な刹那的快楽主義者である。

以下に示すのは、ドナルド・トランプの時間展望感覚がいかに破滅的で、彼が極端な刹那的快楽主義者で、したがって大統領には不適任であるかを読者に知っていただく一助にするための論考である。

時間展望理論と時間展望療法

時間とは、過去、現在、未来の三つに分けられる。時間展望理論では、過去、現在、未来を、次のようにそれぞれ二つに分けて整理する。

ポジティブな過去
ネガティブな過去
快楽主義的な現在
諦観主義的な現在
ポジティブな未来
ネガティブな未来

これら六つのバランスが取れているのが健全な精神であるが、どれか一つの比重がアンバランスに強くなると、人は現実を見失い、未来の見通しについて誤った偏った考え方をするようになる。このようなアンバランスは、思考をも曇らせる。毎日の意思決定を損なう。たとえば、過去のネガティブな経験からどうしても逃れられなければ（「ネガティブな過去」の比重が大き過ぎれば）、未来に起こることすべてをネガティブに考えがちである。過去と未来はそこまで直接繋がるものではないはずなのだが、過去に起きた悪いことがずっと続くと思い込んでしまうのである。あるいは、極端な刹那的快楽主義者であれば（「快楽主義的な現在」の比重が大き過ぎれば）、刺激を求めてリスクの高い行為を続け、本人と周囲の人を危険に陥れるという結果を招く。刹那的快楽主義者は現在のみに生き、今日の行動が明日のどんな帰結を生むかを考えないからである。あるいは、未来についての意識が過剰であれば（「ネガティブな未来」の比重が大き過ぎれば〕、無限の to-do リストについて絶えず気にかけ、現在の日々に、今ここで起きている、自分や親しい人との素晴らしいことの数々に気持ちが向かないことになる。このように考えていくと、時間展望理論に基づいて、人は六タイプに分類することができる。

1 「過去ポジティブ」の人――過去に起きた良いことにとらわれている。
2 「過去ネガティブ」の人――過去の失敗にとらわれている。
3 「刹那的快楽主義」の人――今だけに生き、快楽、新奇性、センセーションを求め、痛みは避けようとする。
4 「現状諦観主義」の人――未来についての計画など不要だと考える。運命は定められていると諦観しているからである。
5 「未来ポジティブ」の人――未来の計画を立て、物事はうまくいくと信じている。
6 「未来ネガティブ」の人――運命は黙示録に書かれているように定められていると感じており、未来についての自分の展望を持たない。

そして、過去・現在・未来のそれぞれについての比重の高低によって、次のようなバイアスを人は持つ傾向がある。

1 過去のバイアス――誰にでも良いことと悪いことが起こるものであるが、バラ色のレンズを通して世界を見る人もいれば(過去ポジティブ)、暗いレンズを通して見る人もいる(過去ネガティブ)。

私たちの研究によれば、主に過去に目を向ける人は、新しいものより古いものに価値があると考え、新奇なものより慣れているものに価値があると考え、大胆、リベラル、リスクのあるものより、慎重で保守的なものに価値があると考える。

2 現在のバイアス——現在に生きる人々は、過去の経験にも未来についての展望にもほとんど影響を受けないか、時にはまったく影響を受けない。文字通り今のこの瞬間だけが関心事なのである（刹那的快楽主義）。意思決定はその瞬間の刺激に応じてなされる。刺激とはたとえば体内のホルモンのシグナル、感情、匂い、音、欲望を誘う魅力、他人からの強要などである。現在に高い比重をおいている人が、過去のネガティブな体験に影響されている場合は、その体験からは逃れられないと感じていることが多い（現状諦観主義）。

3 未来バイアス——未来についての考え方の傾向は後天的なものである。温帯に住んでいる人や（つまり次の季節にそなえる必要がある）、家庭が安定している人や政治経済が安定した地域に住んでいる人や（つまり他人を信用する傾向がある）、教育を受けた人は、未来をポジティブに志向することができる。一般に、未来志向の人々は良い人生を送っている。あまり攻撃的でなく、あまり落ち込まず、精力的で、健康に気を配り、衝動コントロールが良好で、自尊心を持っている。過去にとらわれ、ネガティブな記憶から逃れられない人々は、現在について破滅的に考え、希望ある未来を描く能力が失われることさえある（未来ネガティブ）。

健全な時間展望と不健全な時間展望

長年の研究によって私たちは、健康的で生産的で楽観的な生活を送る人々の特徴は次の通りであることを見出した。私たちはこれを「理想的な時間展望」と呼んでいる。

・「過去ポジティブ」が高く、「過去ネガティブ」が低い。
・「現状諦観主義」が低く、「刹那的快楽主義」が中等度。
・「未来ポジティブ」が中等度。

一方、トラウマ、うつ、不安、ストレス、PTSD（心的外傷後ストレス障害）などによる悲観的な時間展望を持つ人々は次の特徴を持つ。

・「過去ネガティブ」が高い。
・「過去ポジティブ」が低い。
・「刹那的快楽主義」が高い、または低い。
・「現状諦観主義」が高い。
・未来への志向が低い、または欠如している。

人生を楽しむこと自体は健全なことであるので、ある程度の刹那的快楽主義的傾向を持つことは重要である。しかし度を超すといくつもの問題が発生するものである。

刹那的快楽主義と情緒発達の停止

今述べた通り、刹那的快楽主義者は今という瞬間だけに生き、未来についてはほとんど、あるいはまったく何も考えずに行動し、自分の行動の帰結を顧慮しない。子どもとティーンエイジャーの大部分は刹那的快楽主義者である。日々彼らは過去から学んでいるものの、未来についての概念は発達の途上にある。子ども時代のトラウマなどにより情緒の発達が停止した人も刹那的快楽主義者で、トラウマを受けた年齢から先への成熟は、治療なしでは困難か不可能である。治療を受けずに成人に達すると、情緒的に未成熟であることを隠すことはできていたとしても、ストレス下におかれるとトラウマを受けたときの年齢に退行してしまうのである。子ども時代のトラウマによる情緒発達への影響が大きい場合、時間が経過するにつれて、刹那的快楽主義が極端に強いレベルに高まることもあり得る。

ドナルド・トランプには子ども時代に、情緒の発達を停止させるような体験があったのだろうか？ その体験が彼の極端な刹那的快楽主義を形成したのだろうか？ それは、彼についての膨大なメディア情報から推定することができる。人をいじめる行為。セックスについての未熟な発言。幼児的な目立ちたがり。こうしたことから、トランプのトラウマ体験が一三歳でミリタリースクールに入学した頃にあったと考えられる。彼の伝記を書いたマイケル・ダントニオによれば、トランプは「家から追放されたに等しい。彼はのほほんとセレブの暮らしをしていて、ある日突然追い出されたのである」(Schwartzman and Miller, 2016)。思春期のこのエピソードに、他者との対立が起こったときのトランプの反応パターンの起源を見ることもできよう。

極端な刹那的快楽主義

極端な刹那的快楽主義者は、自己顕示のためであれば、いつでもどこでも何でも言うし何でもする。

自分の過去の行い（通常は悪いとされる行い）の言い訳のためでも同様である。そしてその際、未来や、自分の言動の影響については何も考えていない。しかもパラノイア傾向もあわせ持つことが普通なので、極端な利那的快楽主義は時間展望という観点では最も予測不可能で危険である。具体的に示そう。

極端な刹那的快楽主義者の衝動的な思考は、そのまま衝動的な行為を生み、その結果どんなことが起きようとも自分の考えに固執して頑として譲らないという姿勢につながる。その刹那的快楽主義者が権力ある人物であった場合には、彼の衝動行為の後始末のため、部下たちが苦労させられることになる。通常の日常生活では、この衝動性の帰結としては、誤解や嘘やぎすぎすした人間関係が生まれるのが常である。ドナルド・トランプの場合には、衝動的な思考がツイートや不用意な発言として表面化し、側近たちが彼の無思慮な行為の埋め合わせをしたり否定をしたりするという結果になっている。

実例としてトランプの衝動的なツイートを一つ挙げよう。

「**神聖なる選挙戦の最中に、オバマ大統領が私の電話を盗聴するとは何と下劣なことか。これはニクソンのウォーターゲートと同じだ。悪人め！**」（Associated Press, 2017）。

結果としてトランプの側近は、この虚偽のスキャンダルを「事実」にするための証拠を見つけようと右往左往した。それは皮肉にも、トランプの選挙キャンペーンでのロシアとの裏工作の大調査につながった。もちろん調査に使われたのは納税者が汗水たらして稼いだドルである。

極端な刹那的快楽主義のもう一つの特徴は、優越感を得るために他人をこきおろすという無意識の（刹那的快楽主義者のためを思って無意識であることを指摘しているのである）性向である。この性向に見られる将来の見通しと他人への思いやりの欠如は、ナルシシズムやいじめの特徴でもある。これについては後述する。

ドナルド・トランプの極端な刹那的快楽主義

どんな人のどんな発言や文章も、要約されたり文脈から切り取られたりすれば、批判を浴びる内容になり得るものである。だが、最高権力の座にいる人物からの発信は、要約されて広まることを前提としたうえでなされなければならない。ドナルド・トランプの夥しい発信からは、彼の精神内界の不安定さをありありと読み取ることができる。その内容を分類して以下に示そう。この分類は、『ポリティコ』誌のマイケル・クルーズとノア・ワイランド（「ドナルド・トランプの最大の自己矛盾」二〇一六年五月五日）による（もっとも、いくつかは複数の分類にまたがっていると言える）。そこにはトランプの刹那的快楽主義が如実に表れている。常軌を逸した文章、思いついたことをすぐ表現する発言やツイッター、大言壮語、フェイク・ニュース、単純な嘘などが満載である。

〈人格否定〉

・**「時には競争相手を誹謗中傷することも取引のテクニックになる」**（*The Art of the Deal*, 1987）

・**「メキシコはアメリカに、良い人間は送らず、問題を持った人間を送ってくる。アメリカに問題を持ち込む。ドラッグを持ち込む。犯罪を持ち込む。レイプ犯たちだ。中には良い人間もいると思うが」**（共和党集会でのスピーチ、二〇一五年六月一六日）

・**「みじめな奴だ。見てみろよ」**（二〇一五年一一月二四日、サウスカロライナ州でのキャンペーン集会にて。先天性疾患のため関節の動きが制限され、手足をうまく動かすことができないジャーナリストのサージ・コヴァルスキーを揶揄して、トランプは顔をしかめ手足を不器用に動かしつつこの発言をした）

〈嘘〉

・**「メイド・イン・アメリカだって？　オバマはハワイ生まれだと言っているが、アジア生まれじゃないか」**（ツイッター、二〇一一年一一月一八日）

・**「私は世界貿易センタービルが崩れ落ちるのを見た。ニュージャージー州ジャージーシティでは、ビルが崩れるのを見てすごくたくさんの人々が歓声を上げるのを見た。何千人もの人々だ」**（アラバマ州バーミンガムでの集会で、二〇一五年一一月二一日）。翌日、「ジス・ウィーク」のジョージ・ステファノプーロスから、「そんなことは起きていないと警察は言っていますが」と指摘されるとトランプは「テレビで見た。私は見た」と言い張った。

・**「私は大統領選挙で勝利したし、何百万もの違法な投票を差し引けば、総得票数でも私は勝利した」**（ツイッター、二〇一六年一一月二七日）

〈女性蔑視〉

・**「彼女の目から血が出てましたね。彼女はどこからでも血が出るんですね」**（メーガン・ケリーに関するCNNのインタビューより。前夜のフォックス・ニュースのディベート番組で、ケリーはトランプに彼の女性蔑視

について質問した。二〇一五年八月七日）

・「あの人の顔を見てください！　誰があんな顔に投票します？　次期大統領の顔があれでいいんですか？……あの人は女だから、私は悪口を言ってはいけないんですよね。でもみなさん、そんなことを言っている場合でしょうか？」（『ローリング・ストーン』のインタビューより。共和党の大統領候補カーリー・フィオリナについての発言、二〇一五年九月九日）

・「スターなら何でもさせてくれるよ。何でもだよ。あそこに触ったりとかね。何でもだよ」（二〇〇五年、「アクセス・ハリウッド」のオフレコのはずだった録音。二〇一六年一〇月に「ワシントン・ポスト」に掲載）

〈パラノイア〉

・「世界は悪質で残忍な場所です。我々は文明社会に住んでいると思っている。真実は、我々の社会は残酷で人々は冷酷だ。表面は善い顔をしている。だが裏ではあなたを殺そうとしている。友人でも同じだ。あなたの仕事を横取りしようとしている。お金をかすめ取ろうとしている。家を取ろうとしている。妻を取ろうとしている。犬までも取ろうとしている。それが友人だ。敵はもっとひどい」（『大富豪トランプのでっかく考えて、でっかく儲けろ』二〇〇七年）

・「私のモットーは、「最高の人を雇え。だが彼を信頼するな」である」（同右）

・「**優秀な人を雇えばその人は、あなたなしでも仕事がうまくできると思ったとき、あなたを騙そうとするものだ**」（「デイリー・メール」二〇一〇年一〇月三〇日）

〈人種差別〉

・「**お呼びでないよ。ユニビジョン**（アメリカにおけるスペイン語のテレビネットワーク）**に帰りなさい**」（アイオワの集会でラテン系の記者ホルヘ・ラモスに退去を促す。二〇一五年八月）

・「**ドナルド・J・トランプは、イスラム教徒のアメリカ入国を、すべて完全に禁止する**」（サウスカロライナ州チャールストンでの集会、二〇一五年一二月）

・「**私を支持するアフリカ系アメリカ人がそこにいます。**[*1]**彼を見てください**」（カリフォルニアでのキャンペーン、二〇一六年六月）

〈自己肥大〉

・「**私は真に賢い人間です**」（アリゾナ州フェニックスでのインタビュー、二〇一五年七月一一日）

・「**私の外見を攻撃材料にするのは難しいですね。私はルックス抜群だから**」（NBCの「ミート・ザ・プレス」インタビュー、二〇一五年八月七日）

・**「私は第一に自分自身と相談します。私のとても優秀な頭脳から、たくさんアドバイスをもらってきました。私の第一のコンサルタントは私自身です」**(ＭＳＮＢＣインタビュー、二〇一六年三月一六日)

トランプの性格傾向として「ナルシシズム」と「いじめ行動」もよく知られている。これらが極端な刹那的快楽主義に重なることで、問題はさらに膨れあがる。ナルシシズムといじめ行動の間には複雑な関係があり、この二つは極端な刹那的快楽主義に結合しやすく、トランプがまさにその実例であることを次に示そう。

ナルシシズム人格

解決できるのは私だけだ。
(ドナルド・トランプ、共和党大会、二〇一六年七月)

一九〇〇年代初期、ジグムント・フロイトは彼の精神分析理論に自己愛(ナルシシズム)を導入した。それから数十年をかけてこの概念は洗練され続け、時には「誇大妄想狂」や「極度の自己中心主義」などと呼ばれたこともあった。一九六八年には、「自己愛性パーソナリティ障害」という公式の診断名が生まれた。ナルシストは、自分自身を実際より非常に高く評価する一方で、自分より劣っているとみなしている人々については非常に低く評価する。そして「自分より劣っているとみなしている人々」とは、ほとんどすべての人々を指すのである。ナルシストは感情的で大袈裟である。他者への感情である思いやりや共感を欠如しがちである。

以下に自己愛性パーソナリティ障害の症状を列記する。

・**いかなる場合でも、自分は他人より優れていると信じている**——常に人を見下している。

・**自分の力や成功や魅力を空想している**——自分はスーパーヒーローで、成功者の中の成功者である。自分は有名な雑誌の表紙を飾ることができる。そしてこうしたことが空想にすぎないことを理解できない。

・**自分の業績や才能を誇張する**——ゴルフトーナメントで九位だったときでも、それを知らない人には自分は一位だったと言いふらす。九位だと知っている人にまで一位だと言うまでに厚顔無恥な場合もある。ギターが下手で高校時代に興味を失っているのに、自分はカルロス・サンタナのレッスンを受けたと言いふらす。

・**常に他人からの賞賛と尊敬を求める**——自分のすることを文字通りすべて認めてもらいたがる。ゴミ出しでも自分がやれば褒められたいと思う。

・**自分は特別だと信じ、特別な人間として行動する**——自分は世界のすべての人への神からの贈り物だと信じており、そのように扱われるのが当然だと思っている。人はそんなことは知る由もないのだが。

・**他人の気持ちを理解できない**——なぜ自分が人を怒らせているのか理解できず、思った通りのことを口にしたり、他人への批判を繰り返す。

・**他人は自分のアイデアや計画に賛成すると思っている**——常に正しい方法は一つで、それは自分が決めた方法である。したがって、他人が別の方法に賛同すると怒る。他人の考えた方法は自分の考えた方法より良くないというのが常にその理由である。

・**他人を利用する**——親や友人の自動車や道具やクレジットカードや服を勝手に使う。列に割り込む。自分が他人にしたちょっとしたことに対して、大きな感謝を求める。こうしたことすべてについて、「どこが悪いのか?」と思っている。

・**自分より劣っていると考える人に対しては露骨に軽蔑を表す**——「あのホームレスはこの寒空の下でコートも着なければ靴もはいてない。なんて馬鹿な奴だ!」

・**他人を嫉妬する**——賞やトロフィーや賞賛や表彰に値するのは自分であって、他人ではない。そしてもし他人が自分より魅力的だったり知的だったり賢かったり高級な自動車を持っていたりすると、その人を嫌い、呪う。

・**他人は自分を嫉妬していると信じる**——他人は誰もが自分に憧れ、自分のようになりたいと思っていると信じている。

・**健全な人間関係を維持できない**——家族も友人も自分を理解しないので、関係を断ってしまう。恋愛をしても、より良い人が現れるとすぐに乗り換える。性的関係にはいつも不満である。

・**非現実的な目標を設定する**——いつか自分は、CEOや大統領や大作曲家や芸術家やベストセラーの著者になると信じている。映画スターと結婚できると信じている。ビル・ゲイツのように何十億もの財産を持てると信じている。

・**すぐに傷つき、人から拒絶されたと感じる**——他人がなぜわざと自分の気持ちを傷つけるのか理解できない。そして傷ついた気持ちから立ち直るのに長い時間がかかるか、時には立ち直ることができない。

・**自尊心が脆弱である**——その基盤には、自分は特別なのになぜ他人はそれに気づかないのかという疑問が常にある。

・**外見はタフに見えたり意志強固に見えたりする**——「スタートレック」のミスター・スポック[*2]のようなイメージである。

右に挙げた事項の中には、単に高い自尊心を反映しているだけと言えるものもあるが、自己愛性パーソナリティ障害では、その自尊心の高さが健全ではない。彼らは常に自分の価値は他人より高いと信じ、高いところから人を見下ろしている。自己愛性パーソナリティは、思い上がりの強いうぬぼれ屋で、会話では常に主導権を握り、特権意識を持っていることが、見た目にも明らかなことが多い。常に最高の物を欲しがり、それが得られない時には戸惑ったり怒ったりする。子どものように駄々をこね出すのである。

興味深いのは、自己愛性パーソナリティの根底には非常に脆弱な自尊心があることが多いことである。そのため批判には異常に敏感で、自分が批判されていると感じると、その人をけなしたり、激怒したり、慇懃無礼にふるまったりすることで、自分の心の安寧を保とうとするのが常である。自分の行動が見えていないことも珍しくない。自分がイメージする完璧で優秀な自己像に実際の自分は一致していないからである。しかし自分の中にほんのわずかでも理想の自己像に一致する点があれば、それには非常に敏感である。そして自分以外のナルシストを卑下したり避けたりするものである。

不幸なことに、自己愛性パーソナリティの人は、自分を取り巻く人間関係の崩壊に直面させられることがある。結局は人は自分から去って行くのである。個人的な関係、仕事、学校など、すべての関係が壊れてしまう。財政も破綻することがある。肥大した自己イメージを維持するためには大金を費やすことが必要だからである。

いじめ人格

腐った女ヒラリー・クリントンはグーフィー・エリザベス・ウォレンを副大統領候補に選ぶといい。私は二人とも倒してやる。
（ドナルド・トランプのツイッター、二〇一六年五月六日）

いじめの定義は、「系統的かつ慢性的に、一人または複数の人に対し、身体的・心理的な苦痛を与え続けること」である。学校の生徒も職場の同僚も家族もいじめの対象になり得る。研究によれば、いじめは自己愛性パーソナリティに起因する場合がある。他方で、社会的状況や他人の行動を正しく理解できないことに起因する場合もある。実際にはない敵意が自分に向けられていると思い込んでしまうことがいじめを惹起するのである。たとえば、他人のネガティブな言動に偶然接するとそれを自分への攻撃行動であるとみなして過剰反応し、復讐としてのいじめをするのである。

いじめは、親や兄・姉の攻撃行動を見て学習されることが多い。一般に、いじめ行動の原因は、その人の人生におけるストレスである。虐待されて育った人や、安定しない家庭で育った人がいじめ行動をするようになることが多い。そうした人々は通常、優越感を得るために他人を操作したがる。傷ついた自分の気持ちを他人に向けるのである。ターゲットになるのは自分より弱い者や、自分とは異質とみなしている人間である。いじめ行動は意図的である。心理的・身体的な傷を一人または複数の人に、多くの場合は繰り返し与える。いじめの基本パターンは映画やテレビの中に見出すことができる。「バック・トゥー・ザ・フューチャー」のビフや[*3]、「リーブ・イット・トゥー・ビーバー」（テレビ番組）のエディ・ハスケルなどが[*4]その例である。何十年にもわたるテクノロジーの進歩に伴い、今やいじめは次に示すように多種多様な形を取るようになっている。

・**身体的いじめ**は、ターゲットとなる人物を屈服させコントロールするために物理的な力を行使することを指す。いじめという言葉から想像される最も典型的な行為である。

・**言葉によるいじめ**は、ターゲットとなる人物を屈服させコントロールするために、特定の単語や、文言や、誹謗中傷を用いることを指す。その典型的なものは、執拗な侮辱によって人を卑下し、貶め、傷つけるというものである。

・**偏見的いじめ**は、人種、宗教、性的指向についての偏見に基づくものである。このタイプのいじめは、他のすべての種類のいじめを含む。偏見的いじめが発生すると、何らかの意味で「異なる」とみなされた人々が対象となり、ヘイト・クライムへの扉が開かれることになる。

・**間接攻撃**(**情動的いじめ**)は、卑劣で陰湿ないじめで、一種の社会的操作の形を取る。このタイプのいじめの目標は、他人を追放して自分が社会的地位を獲得し、人々をコントロールすることである。

・**サイバーいじめ**は、インターネットや携帯電話などのテクノロジーを使って、嫌がらせや脅しや辱めを行うことを指す。サイバーいじめの多くは一〇代前後の子どもがするものだが、大人によるサイバーいじめとしてサイバー・ハラスメント、サイバー・ストーキングなどと呼ばれるものもある。このタイプのいじめは急増している。捕まる可能性が非常に低いからである。

・**性的いじめ**は、性的な誹謗中傷、性的侮辱、卑猥な動作、言葉や接触による性的アプローチなどの繰り返しを指す。集団で行われることがあり、その場合加害者たちは一種のお祭り気分であることが多い。個人が個人に対して行う場合は、強制わいせつに繋がることがある。

トランプが長年にわたって繰り返し受け続けてきたセクハラ訴訟の内容を見れば、彼があらゆるタイプの性的いじめを行ってきたことがわかる。いじめは人間の「正常」な性癖ではなく、したがって容認できない行動である。いや、少なくとも二〇一六年の大統領選挙までは容認できない行動であった。文化的には、過去には、いじめは正常な通過儀礼と考えられていた時代もあった(ただしこの考え方は決して正しかったわけではない)。だが今日では決してそうではない。いま、極端ないじめが広まるにつれて、しばしば悲劇的な結果が生じている。いじめを成長の一過程と考えることなどできはしない。成熟した人間では容認できないのは言うまでもない。

トランプ・エフェクト

あいつら、ぶっ飛ばしてやる!

(アイオワ州フォート・ドッジでのキャンペーン、二〇一五年一一月一三日)

たったひとりの人間でも全国に影響をおよぼすことはあり得る。そのことをかつてないほど思い知らせてくれたのが「トランプ・エフェクト」である。この言葉は元々は、アメリカ各地の学校でのいじめ増加が、選挙キャンペーンでのトランプの言葉によってもたらされたことを指して使われていたものである。後には、株式市場への影響や、トランプが公然と事実を歪曲することや、ヨーロッパでのポピュリズムの増大などもトランプ・エフェクトと呼ばれるようになったが、それらは別として、元々の意味としての「トランプ・エフェクト」は、大統領選中にメディアでよく取り上げられ有名になった。そしてトランプは勝利したのである。

短期間のうちに、トランプ・エフェクトとしてのいじめは、学校内にとどまらず、宗教や人種をめぐるいじめの領域までひたひたと広がっていった。少なくとも四つのモスクが放火され焼失した。アメリカ中のユダヤ人の墓地が冒瀆的に扱われた。二人の罪のないインドの技師がディナー中に撃たれ、止めようとした白人のアメリカ人も弾を受けた。この技師のうち一人は死亡し、犯人は人種差別的な言葉を叫び、「俺の国から出て行け!」とわめいた。最近ではトランプ・エフェクトについての報道は相対的に減り、トランプのツイッターや、奇行や、彼の選挙キャンペーンのロシアとの不法と見られる結びつきについての報道が増えた。しかし、奇妙に思えるかもしれないが、トランプ・エフェクトはなお存在しており、しかも増大しつつある現象になっている。

南部貧困法センター(SPLC)のプロジェクト「トランプ・エフェクト——二〇一六年大統領選挙キャンペーンの我が国の学校への影響」のモーリーン・コステロからの報告書に、ドナルド・トランプの行動がもたらした悲惨な結果がありありと記されている。そこには、移民の生徒や、親が移民である生徒(全米の学校の三分の一近くの生徒の親は外国人である)、アフリカ系アメリカ人や有色人種の生徒はいずれもトランプのキャンペーンに恐怖を感じており、それ以外の生徒は彼らを心配し保護しようとしていることが示されている。

しかしその一方で、まったく恐怖など感じていない子どもがたくさん存在した。それどころか、「トランプ」を、集団いじめの際の嘲りの言葉として繰り返し口にしていたのである。イスラム教徒の生徒はテロリストと呼ばれた。メキシコ系の生徒は国外追放だと言われた。有色人種の生徒はまとめて難民キャンプに収容されるのではないかと恐れた。こうした生徒たちはいじめによってパニック発作を起こしたり、希死念慮を抱いたりした。

そして生徒たちはみな気づいた。いま学校で起きていることは健全ではないということに。また、私たちの調査によると、このようないじめを目の当たりにした人の大部分は何もしなかったが、そうした傍観者の多くは、気の毒なクラスメートのために何の行動も起こさなかった自分の不作為を深く恥じていた。彼らはいじめの直接のターゲットでこそないものの、いじめから波及する影響を受けた犠牲者なのである。

いじめをめぐるこれらの有害な経験が子どもの将来に及ぼす長期的な影響を測定することは不可能であろうが、子どもたちがストレスと不安を感じ、それが健康や情緒や成績に悪影響を及ぼしたことは確かである。ストレスは学業に支障をきたすことはよく知られており、現にこのコステロの報告書には、不安が成績を低下させた実例や、集中力に影響したりした実例が数多く記されている。生徒の全員が、いじめのターゲットになっている／なっていないにかかわらず、トランプ・エフェクトのストレスにさらされているのである。

さらに観察を進めると、子どもの行動には本人の生育歴が反映していることに気づくことができる。では、学校で怒りの行動を示している子どもは、家庭で自分が見て来たことを再現しているのである。

アメリカ国民の中の、少数だがアクティブな集団が、ドナルド・トランプ大統領の言動にどのように反応してきたかに目を向けてみよう。統計によると、彼らはさらに大胆不敵になってきており、最近数か月でユダヤ人やイスラム教徒やメキシコ人に対するヘイト・クライムは増加している。トランプによる白人至上主義／反ユダヤ主義グループの承認が彼らを大胆不敵にしたのである。

ＳＰＬＣによると、大統領選挙日から二〇一七年二月九日までの期間中の二週間に、反ユダヤ事件が七〇件、反イスラム事件が三一件あり、その大多数は爆破予告であった。この数字は、アメリカのユダヤ人とイスラム教徒のそれぞれの人口に比例している。つまり、ユダヤ人とイスラム教徒の被害率はほぼ同じである。

ユダヤ人の墓地や礼拝所への冒瀆的な扱いは急増している。モスクは放火されている。移民の国であるアメリカの全国民にとって、きわめて憂うべき事態となっているのである。ユダヤ人やイスラム教徒に対する侮辱は、人類に対する侮辱にほかならない。トランプは最終的には反ユダヤ主義の行為を非難せざるを得ない事態に追い込まれたが、我々が調査した限りにおいては、アメリカ在住のイスラム教徒に対する攻撃をトランプが非難したという証拠はほとんど見出せなかった。つまり彼はアメリカ国民の一部については、大統領としての務めをはたそうとしていない。保護する気もないようである。冒瀆や攻撃を容認するこの姿勢もまた、いじめのサインの一つにほかならない。

三つの円の重なりの戦慄

第一の円として極端な刹那的快楽主義がある。第二の円はナルシシズムである。第三はいじめ行動である。これらの三つの円が重なる部分に浮かび上がる、衝動的で、未成熟で、無能力な人間がドナルド・トランプである。そのような人間が究極の権力の座につけば容易に暴君となり、彼が要職に起用した家族とともに暴政を始める。独裁者になる人間の誰もが最初にするように、現状に不満を持っている層の国民に反逆心の種をまき、ネガティブな行動をさらに煽る。戦慄を強く実感できるトランプの最も危険な言葉を二つ引用しよう。

・**「もしヒラリーに裁判官の人選をさせたら、どうすることもできない。でも米国憲法修正第二条[*5]支持の人がいたらどうかな、わからないけどな」**（ノースカロライナ州ウィルミントンのキャンペーンでの発言、二〇一六年八月九日）

・**「私が五番街の真ん中で人を撃っても、私の支持者が減ったりはしない」**（アイオワ州スー・シティのキャンペーンでの発言、二〇一六年一月二三日）

不可解なことにアメリカ国民は、ドナルド・トランプ以前にも、彼に匹敵するくらい不安定な人物を大統領に選んできた。ガイ・ウィンチが二〇一六年二月二日の『サイコロジー・トゥデイ』誌で指摘しているように、過去のアメリカ大統領の半数は精神疾患に罹患していた可能性があるのだ。ウィンチは、歴代大統領が抱えていた精神疾患として、うつ病（エイブラハム・リンカーン）、双極性障害（リンドン・ジョンソン）、アルコール依存症（ユリシーズ・S・グラント）、アルツハイマー病（ロナルド・レーガン）、一過性の刹那的快楽主義（ジョン・F・ケネディとビル・クリントン）などを挙げている。また、厚顔無恥な嘘で自分の犯罪行為を隠蔽し、最後はその嘘によって舞台を去った人物（リチャード・ニクソン)もいた。過去、アメリカ国民は互いに協力して互いの違いを乗り越えてきた。一丸となって一つの偉大な国として前に進んできた。残念なことに今アメリカは、ドナルド・トランプを支配者として賞賛する人々と、彼に抵抗しようとする人々に二極化した国になってしまっている。

結果

ドナルド・トランプの精神状態がアメリカの大統領には不適任であると述べるからには、もう一つの点に触れないわけにはいかないであろう。それは、彼がたとえば、彼の父フレッド・トランプが罹患していたアルツハイマー病のような脳疾患である可能性である。繰り返しになるが、私たちは遠隔で診断をしようとしているのではない。だがトランプのインタビュー・ビデオの、八〇年代、九〇年代、二〇〇〇年代、そして最近のものを比較した結果、顕著な変化が認められることを私たちは見出している。それは、彼の発する言葉の中に重要単語が減少していることや、「とても」「でかい」「すごい」などの形容詞の使用頻度が増加していることや、不完全な文をつなげて意味不明の主張をしていることなどであり、いずれも思考や記憶の障害を示唆する所見である。あるいはだからこそトランプは自分の周囲を、自分を愛し理解する家族で固め、自分の奇行に目を光らせリークするおそれのあるベテラン政治家を排斥しているのかもしれない。

ドナルド・トランプが脳疾患に罹患しているか否か、自己愛性パーソナリティ障害であるか否か、他の何らかの精神的問題があるか否か、そうしたことは診断や検査をしてみない限りは憶測にすぎないのは言うまでもないが、彼の性格から見て、トランプが診断や検査を受けるとはとても考えられない。しかし診断や検査の所見がないことをもって、ここ何十年にもわたって彼が見せてきた行動という所見を打ち消すことはできない。そしてその所見はトランプがアメリカ大統領という地位についた今、大きな危険となって具現している。

タラソフ原則[*6]（Tarasoff v. Regents of the University of California 17 Cal. 3d 425（1976））に従えば、精神医学・心理学の専門家には、アメリカ国民と世界に警告する義務がある。トランプという極端な刹那的快楽主義の人間が世界のリーダーになり、強大な権力をほしいままにすることで、世界は壊滅的な危険にさらされているからだ。ところが精神医学・心理学の専門家は、ドナルド・トランプ大統領の危険性について、国民に対してのみならず、政府当局に対しても、警告する義務を発する時期を失してしまっている。トランプの危険性について警告する記事やインタビューは大統領選挙前にもいくつも存在したが、人々は聞く耳を持たなかった。その理由は、少なくとも部分的には、メディアが精神医学・心理学の専門家の意見を適切に報道しなかったためかもしれない。あるいは国民の中には精神医学・心理学に対して強いスティグマがあり、信用しなかったからかもしれない。あるいは私たち精神医学・心理学の専門家が一致団結しなかったためかもしれない。理由が何であれ、今からでも遅くはない。私たちには警告する義務がある。

個人が心のバランスを失っているとき、そのままにしておけば文字通りすべてが大きく揺れ、ついにはバラバラになるおそれがある。バランスを失っている私たちの大統領の影響は、社会にこれからどこまで波及するのだろうか。また、いつまで続くのだろうか。各人に対してはどうか。地域や国に対してはどうか。地球に対してはどうか。私たちはドナルド・トランプが世界で最も危険な人物であると信じている。彼は強力な国の強力な指導者なのである。他国に向けてミサイルを発射する命令を出せるのである。それも、人が毒ガスで死んでいく悲惨な情景を見て自分が（または自分の家族が）不愉快になったという理由で発射してしまうのである。[*7] 個人的な政敵と大規模に対立する事態が起きたとき、トランプがどういう行動を取るかを想像すると、私たちは戦慄せずにはいられない。

特に深刻に懸念されるのはトランプが突然気まぐれに方針を一八〇度変えることで、これは限度を超えた危険を生み、大惨事につながるおそれがある。被害を受けるのはアメリカ人だけにはとどまらないであろう。二つの実例がある。

(1)FBI長官ジェームズ・コミーがヒラリー・クリントンの電子メールの調査に従事していたとき、トランプは彼の調査手腕を褒め称えていた。ところが二〇一七年五月に突然不当にも彼を解任したのである。調査への賞賛が一八〇度変わり非難に転じたのだ(ただしこの転換には理由があり、調査の対象がトランプの選挙キャンペーンとロシアの関係に向けられたからであった)。

(2)選挙キャンペーン中にはNATOはもう時代遅れだと言っていたが、後に一八〇度変わり、NATOは必要だし受け入れるべきだという姿勢に転じた。

極端な刹那的快楽主義者の常として、トランプは故意に戦争の火種を撒き散らしている。彼の場合、その理由はどこまでも利己的なものと思われる。すなわち、自分とロシアのコネクションの調査から注意をそらすためである。もし外国の元首が軽薄にもトランプの火種に同調するようなことがあれば、トランプは彼をバックアップするために、かつては「時代遅れ」で今は必須になったNATOを必要とすることになるのであろう。

トランプが進む先にあるのは、崖の向こうにある奈落の底である。底の名は過去の誤ちという。私たちは、私たちの国を誤った方向に導くリーダーに従う必要はない。一人一人が独立した個人として、歴史の中の今という地点に立ち、未来に向かって進むことができる。私たちはお互いの善い点と、共有している基盤に目を向けることで、私たち自身が創り出す明るい未来に向かって踏み出すことができる。

テロ攻撃で焼かれた礼拝の地や墓地の灰の中から素晴らしい物が生まれた。それは人間の中にある圧倒的な善の心である。テロ攻撃の結果、ユダヤ人とイスラム教徒は結束し、修復と再建のための出資者を確保した。礼拝所を提供し合い、焼失した礼拝所の代わりに別の場所で礼拝が可能になるようにした。憎悪を向けられた人に愛情あふれるサポートをした。ごく普通の人々が、日々、英雄的行為と思いやりの行為をするのを目の当たりにした私たちは、人類の持つ最良の側面を見た。これこそが、私たちなのだ。これこそが、アメリカ合衆国なのだ。

最後に、アメリカ政府の指導者たちに向けて提案をしたい。企業は採用予定者については審査をするものである。多くの場合は採用試験を行って、その候補者が誠実かどうか、会社の仕事に適任かどうかを確認したうえで採否を決定する。その仕事がデパートの店員であっても幹部役員であってもこのプロセスは共通している。今、それを世界で最も重要な仕事の候補者にも行うときなのではないだろうか。

訳注

＊1　自分はアフリカ系アメリカ人からも絶大な支持を受けていることを訴える文脈での発言。
＊2　ヴァルカン人(宇宙人)と地球人のハーフ。ヴァルカン人は感情を抑制し表情に出さないと設定されている。
＊3　不良少年。暴言、暴力が多い。
＊4　大人の前では礼儀正しいが弱い者いじめを頻繁にする。

＊5　米国憲法修正第二条は、個人が銃器を保有・所持する権利を保障する条項。その支持者ならヒラリーを止められるのではないか、というトランプの発言は、ヒラリーへの危害をそそのかすものと解釈されている。
＊6　一九七六年、カリフォルニア州最高裁の判決に基づく。患者が他人に危害を加える明白なおそれがあるとき、医師は守秘義務を解除され、危害を加えられるおそれがある人物に警告する義務が発生するとするもの。
＊7　二〇一七年四月、シリア、イドリブ県において、毒ガスによって人々が犠牲になり、その様子がテレビ放映された。トランプ政権はこれをシリア政府軍によると断定し、シリア政府軍の空軍基地をトマホーク・ミサイル五九発で攻撃した。

DONALD TRUMP IS: (A) BAD, (B) MAD, (C) ALL OF THE ABOVE
John D. Gartner, Ph.D.

6　ドナルド・トランプは、(A)悪なのか、(B)狂なのか、(C)両方なのか

ジョン・D・ガートナー(Ph.D.)

臨床心理学者。二八年間ジョンズ・ホプキンズ大学医学部の精神科で教育に従事。著書に『ビル・クリントン探究――心理学的伝記』『軽躁という刃――アメリカにおける(少しの)クレイジーと(たくさんの)成功』がある。現在はボルチモアとニューヨークで精神療法に従事している。

ドナルド・トランプに精神的問題があることは、見ればわかる。素人目にも「彼はどこかおかしい」のは明らかである。だがそのおかしさに具体的な診断名をつけようとなると、二つのハードルを乗り越えなければならない。一つはゴールドウォータールールである。このルールについては本書第Ⅱ部に詳しく述べられているが、ひとことで言えば、精神医学・心理学の専門家は、たとえトランプ氏の持つ大きな問題に気づいたとしても、発言を控えなければならないとされているのである。もう一つは、トランプ氏は実に複雑な症例だという点である。ちょうど盲人と象の寓話のように、これまで多くの人がトランプの分析と診断を試み、部分的には正確に描写してきたが、全体像は示されたことがなかった。実際、彼に悪い点は実にたくさんある。それらをすべて合わせれば、恐ろしい悪魔がそこに立ち現れるの

だ。

何度となく繰り返し議論されてきたのにいまだに解けない謎は、トランプがどこまで「悪」でどこまで「狂」なのかという点である。精神分析家のスティーブン・リーズナーはこう書いている。「「狂」ではありません。トランプが大統領の座を得るために見せた衝動性、脅威、攻撃性、嘲笑、現実否定、暴徒の動員などは、どれも病気の症状ではありません。今こそ、「悪」であると声を大にして言わなければなりません」(Reisner, 2017)。この見解によれば、ドナルド・トランプは「狂」ではなく「狡猾」である。つまり、彼が見せている異常な「顔」は演技で、国民の持つ、快楽・権力・利益を求める悪しき本能を操作する悪魔的な計算に基づいているのである。

ツイッターで自分の大統領就任式の出席者数として実際よりはるかに多い数を発表したとき、また、オバマが電話を盗聴していたと述べたとき、トランプは「非現実」を本気で信じていたのだろうか。もしそうなら、マイケル・タンズィ(次章「狡猾なのか、それとも単にクレイジーなのか」の著者)が言うように、トランプは妄想性障害に罹患している。するとトランプは「狡猾」ではなく「クレイジー」ということになる。

私のかつての上司のポール・マキュー(ジョンズ・ホプキンズ大学医学部精神医学主任教授を長年務めた)が、「犬にはダニとノミの両方がいることがある」と言っていたのを思い出す〔原文ママ〕。私はトランプには「悪」と「狂」の両方が内在していることを本章で示したい。この二つがどのように相互作用しているかを見ることなしに、彼を真に理解することはできない。我々がどれほどの危険の只中にいるかを認識することもできない。

「悪」――悪性ナルシシズム

エーリッヒ・フロム(Fromm, 1964)は悪性ナルシシズムを「邪悪の真髄」と呼んだ。ナチスドイツから逃れたフロムは、ヒトラーの行動を説明する診断名を提唱したのだ。フロムはヒューマニスティック心理学の創始者の一人として最もよく知られているが(その基本理念は、皮肉なことに、人間性善説である)、ホロコーストからの生き残りとしてのフロムは、生涯にわたり悪の心理学に強迫的にとらわれていた。フロムによれば悪性ナルシシズムは、「最も重篤な病理。最悪の破壊性と非人間性の根源」である。

悪性ナルシシズムの研究における第一人者は、私の以前の師だったオットー・カーンバーグ(Kernberg, 1970)である。彼は悪性ナルシシズムを次の四要素から成るものと定義した。(1)自己愛性パーソナリティ障害、(2)反社会的行動、(3)パラノイド傾向、(4)サディズム。カーンバーグは「ニューヨーク・タイムズ」に、ヒトラーやスターリンのような悪性ナルシシズムの指導者が「支配者になれたのは、過度のナルシシズムが彼らを自信満々で大きく見せ、世界に必要なものが何かを知り尽くしているように思わせたからである」と述べている(Goode, 2003)。同時に、「敵に対しては残酷でサディスティックな行動を繰り広げる。敵とはすなわち、自分に服従しなかったり自分に好意を持たなかったりする人々すべてである」とも述べている。ポロック(Pollock, 1978)はこう書いている。「悪性ナルシストは誇大妄想的で、良心に欠け、自分の行動をコントロールすることもできない。残酷さを楽しむサディストである」

トランプの自己愛性(ナルシスティック)パーソナリティ障害についてはすでにメディアで大量に報じられている。もっとも、多くの専門家が指摘しているように、単にナルシスティックであるだけで大統領失格であるなどとは到底言えない。しかし正常なナルシシズムと悪性ナルシシズムは、良性腫瘍と悪性腫瘍に匹敵する違いがある。後者ははるかに稀で、より病的かつ危険で、多くは致命的である。それは生と死の違いなのである。

・ナルシシズム

自己愛性パーソナリティ障害については、本書クレイグ・マーキンの「病的ナルシシズムと政治」〔I－1〕に詳しく書かれている。トランプは自分こそが特別優れた人間であると信じて疑わない（「**解決できるのは私だけだ**」という彼の言葉が象徴的である）。自分はあらゆる事柄について誰より知識があると思っているようである。経験も研鑽も向学心も注意力も不足しているにもかかわらずである。彼が大統領に就任して以来、それを揶揄する動画がSNSに拡散している。その三分間の動画でトランプは、「**私は誰よりも○○についてよく知っている**」と何度も何度も繰り返している。二〇にわたるあらゆる領域で自分は世界最高の専門家だとうそぶいているのである。

・反社会性パーソナリティ障害

本書にランス・ドーズが反社会性パーソナリティ障害、すなわち「社会病質」について記している〔I－4を参照〕。反社会性パーソナリティ障害の人物は、嘘をつき、他人を利用し権利を侵害し、反省も共感もしない。

ここで確定診断まですることはできないが、事実のチェックをテーマとするウェブサイト「ポリティファクト」によれば、トランプの言葉の七六％は完全に誤っているか、ほとんど誤っている（Holan and

Qui, 2015)。また、『ポリティコ』によれば、トランプは三分一五秒に一回嘘をついている(Cheney et al., 2016)。

他人を利用し権利を侵害することがトランプの行動パターンであることには十分な証拠がある。ニューヨーク州検事総長エリック・シュナイダーマンによれば、「トランプ大学」は「一〇〇%の不正……最初から最後まで完全な不正」であった(Gass, 2016)。また、何十件もの訴訟は、トランプが契約を踏み倒す常習犯であることを証明している。そして最後にはトランプの一連のセクハラ行為を挙げなければならない。彼は当初はセクハラを自慢していたが、十数人の女性からセクハラで訴えられると、一転してその女性たちは嘘つきだと非難したのだ。

トランプは謝罪というものを毛嫌いする。そもそも反省というものをしないようである。「トランプ」という単語は「決して謝罪しない」を意味するかのようだ。政治コンサルタントのフランク・ルンツがトランプに「神に赦しを乞うたことがありますか」と尋ねたとき、彼は「私にはわからない……ないように思うな」と答えている(Scott, 2015)。悔い改めるということを知らないのにもかかわらずトランプは自分が「神と素晴らしい関係」を持っていたとうそぶいていたのだ。

共感についてはどうだろうか?[*1] トランプのかつての師である悪名高いロイ・コーン、ギャングやジョセフ・マッカーシーの弁護士であったコーンは、トランプは他人の気持ちを考えるよう促されても「まったく動じなかった」と述べている(Lange, 2016)。

・パラノイア

パラノイア[*2]は診断名ではなく、一種の傾向を表す語である。パラノイアが見られる病気や性格特性は複数にわたっている。ドナルド・トランプは、「**9・11のニューヨークテロを、ニュージャージーで何千人ものイスラム教徒が公然と祝っていた**」という事実無根の発言について尋ねられたとき、彼はラジオのトークショーのホストであるアレックス・ジョーンズのウェブサイト「インフォウォーズ」が根拠だと答えた。アレックス・ジョーンズは「陰謀王」と呼ばれており、9・11テロを影で操っていたのはほかならぬアメリカ政府であるとか、政府機関は強制収容所を建設しているとか、サンディフック小学校乱射事件[*3]はデマだなどと言っている人物である。ところがトランプによれば、アレックス・ジョーンズはメディアの世界で彼が信頼できる数少ない人物の一人だというのである。トランプは二〇一五年一二月二日の彼のラジオ番組にゲスト出演したとき「あなたの評判は本当に素晴らしい」とアレックス・ジョーンズに言っている。トランプはまた、自分が大統領に当選すれば「**世界貿易センタービルを倒壊させたのが本当は誰だったかがわかる**」と公言していた。

同じ週に、「ニューヨーク・タイムズ」(Haberman, 2016)と「ワシントン・ポスト」(*Washington Post* Editorial Board, 2016)の両紙が、いずれも一面で、トランプ独自の陰謀理論について報じている。大統領選の前に、「ライト・ウィング・ウォッチ」(Tashman, 2016)は、トランプが明に暗に陰謀だと主張する五八の事件を紹介している。もちろんその数はその後増え続けている。そしてその多くは実に奇妙な主張なのである。たとえば、オバマはケニア生まれのイスラム教徒だというだけにとどまらず、彼の出生証明書についての事実を隠蔽するためにハワイの政府高官が暗殺されたというのである(「**なんと、オバマの出生を証明できるハワイ健康局長が、今日飛行機事故で死亡したのです。局長以外は誰も死ななかったのに**」とトランプは述べた)。そのほか、アントニン・スカリア(アメリカ最高裁判事。二〇一六年に他界)は殺害された(「**遺体の顔の上に枕があったそうだ。普通そんなところに枕があるはずがない**」とトランプは述べた）などとも言っている。その後、ロシアがスポンサーになっているフェイク・ニュースのウェブサイトは、この「殺人事件」にヒラリーが関与しているとほのめかしている。さらにさかのぼれば、テッド・クルーズ（共和党の大統領候補の一人で、トランプの対抗馬だった）の父親がケネディの暗殺に関与していたというのが、トランプの最初の陰謀理論だったと言えよう（「**ケネディが亡くなる直前に彼はリー・ハーヴェイ・オズワルドと何をしていたのかな？　オズワルドがケネディを射殺する前に？　おぞましい……**」とトランプは述べた）。[*4]

それでも、オバマがトランプタワーの盗聴をしていたとトランプが非難したとき、世界中がショックを受けた。今さらトランプの言葉に驚く必要などあったとはとても思えないのだが。

ナルシシズム、反社会的傾向、パラノイアの三つの要素を合わせ持つリーダーは、自分が全知全能で、すべての権力を握るべきだと信じている。そして想像上の敵から迫害を受けたと信じ激怒する。その敵とは、まったく脅威ですらない脆弱で小さな集団であることもある。そんなリーダーにとっては、派閥外の人間や、自分に忠誠を誓わない人間は、すべて敵であり、殲滅《せんめつ》されなければならないのである。

・サディズム

トランプは悪性ナルシストでもあり、かつサディストでもあるため、敵だとみなした相手やスケープゴートを迫害し、脅し、さらには完膚無きまで叩きのめして喜ぶ。彼の演説会から一人の抗議者が退出させられたときトランプが言った有名な言葉は「奴の顔を殴ってやりたい」である。その言い方は、殴ることがトランプにとっては大きな快感であることを感じさせるものであった。ナルシストは、自分の利己的な利益を追求するために他人を傷つけることがよくあるのだ。

悪性ナルシシズムにはサディズムが含まれている点が通常の自己愛性パーソナリティ障害との大きな違いである。サディズムとは他人の苦しみを純粋に喜ぶということである。ナルシストは自分の利己的な欲求を追求して故意に他の人を傷つけるが、後悔することもあるし、自責の念にかられることもある。それに対して悪性ナルシストは他人に害を加えることを楽しみ、自分のために他人が苦しんでいてもほとんど共感も反省もしない。

私たちはトランプが自分より弱い人々を見下し貶めるのを何度も見せられてきた。実際、彼のこれまでの総計三万四〇〇〇のツイートのかなりの部分はいわゆるサイバーいじめと言える内容である。時には一日に六回も同じ悪質なツイートをして、最大限にまで相手を貶めることもあった。

エーリッヒ・フロムは人の邪悪を見つめ続け、一生にわたってそれについて考え続け、彼の天才を邪悪という心理の本質の解明に捧げた。悪性ナルシストは人間の形をしたモンスターである。トランプはヒトラーほど悪くないかもしれないが、フロムの言葉を借りれば、トランプもヒトラーも「同じ一枚の布から切り取られている」のだ。「エジプトのファラオ、ローマ皇帝、ボルジア〔一五～一六世紀にイタリアで権勢をふるった貴族〕、ヒトラー、スターリン、トルヒーヨ〔ドミニカの独裁者。一九六一年に暗殺〕には、いずれもある共通した特徴がある」とフロムは述べている。悪性ナルシシズムは人を邪悪なものに変える精神障害である。そして恐ろしいことに、悪性ナルシシズムにはそれ以上に戦慄すべき特性がある。

「狂」

二〇一六年の選挙の前に、私は「ハフィントン・ポスト」(Gartner, 2016)にトランプについて警告する記事を書いた。その時点、二〇一六年六月にはまだ、トランプが「変身」して大統領らしい人物になることへの強い期待があった。彼は節操のない日和見主義者かつ詐欺師であるかもしれないが、それでもうまく演技する能力は持っているので、大統領にふさわしい言動が自分にとって有益ならそのように変身するだろうと思われたからである。だが私はこう書いた。

「トランプは権力を握れば落ち着き、大統領らしくなるだろうという予想は甘い考えだ。悪性ナルシストは、目的を達成すると、より誇大的になり、無謀になり、攻撃的になるのが常である。現にトランプは大統領候補指名を獲得した後は、言動が落ち着くどころか、正反対だった。前以上にヒステリックになり、戦闘的になり、人種差別を口にしてはばからなくなった」

怒れる群衆の支持を得てまんまとホワイトハウスに居座ったトランプとしては、本来なら行動を選挙後により賢明なものに変えることが最大の利益になったはずである。ロブ・ライナーは「リアルタイム・ウィズ・ビル・メアー」でこう言っていた。[*5]

「トランプがなぜ今でも精神病患者のようにふるまうのか、みんな不思議に思っています。なぜああいうことをやめないのでしょうか?」

なぜ? 彼の精神病は演技ではないから、都合よくオフにすることはできないのだ。

フロムによれば、「悪性ナルシシズムは狂気である。進行性の狂気である」。フロムはその著書『悪について』で、悪性ナルシシズムは「正常と異常の境界にある」と述べている。良性のナルシシズムは「現実の領域内にあって、境界から外れることはない」が、悪性ナルシストにはそのような境界が認識できない。悪性ナルシストの誇大妄想は現実から逸脱してしまうのである。

悪性ナルシストのリーダーと通常の精神病患者の違いは、悪性ナルシストのリーダーは自分の誇大妄想と迫害妄想を人々に強制的に伝染させる力を持っているという点にある。フロムはこう書いている。

「この皇帝的狂気は、一つの点を除けばただの平凡な狂気である。その一つとは、皇帝が現実をねじ曲げて自分のナルシスティックな幻想に合わせてしまう力を持っていることである。皇帝は自分が善人で、最も強力で賢い人間であるとすべての市民に強制的に同意させた。そうなれば、結果から振り返って見れば、皇帝の誇大妄想は正しかったということにもなろう」

悪性ナルシシズムについてのフロムの説明に照らせば、トランプは正常と精神病の境界にいる。彼は境界を踏み越えることがあるのだろうか？　いかにも異常な彼の言動はすべて計算ずくで、自分の陣営を鼓舞し、攻撃をかわし、自己の欠点から目をそらさせるための演技なのだろうか？　それとも彼は自分のクレイジーな言葉の内容を本当に信じているのだろうか？　ドナルド・トランプの言葉を真に受ければ、彼は精神病だという結論に達せざるを得ないであろう。

精神医学用語としての妄想の定義は「反証を挙げられても動じない誤った確信」である。マイケル・タンズィ(Tansey, 2017b)は問う。トランプは「狡猾なのか、それとも単にクレイジーなのか」と。実に難解な問いだ。だがタンズィが恐ろしいまでに明確化したように、これは単なる些細な学問的問いではない。その答えには、文字通り全世界の運命がかかっているかもしれないのだ。

地球温暖化も、医療も、教育も、外交も、社会保障も、言論の自由も、平等も、どれも重要な課題だが、いま何より先が見えないのは、全面核戦争の可能性である……。この実存的な脅威ゆえ、今まさに喫緊と言える問いは、大統領が単に狡猾で計算高く、たまたま自分の目的に合う場合のみ真実を語る人物なのか、「単にクレイジー(現実からかけ離れた誇大妄想と被害妄想を心に秘めた人物)」なのかの見極めである(Tansey, 2017b)。

この問いに対する答えの中で秀逸なのは、MSNBCの人気番組「モーニング・ジョー」のホストであるジョー・スカボローによるものである。トランプタワーをバラク・オバマが盗聴しているとトランプがツイッターに記したとき、スカボローはこうツイートしている。

「これでトランプが「狡猾」ではなくて「単にクレイジー」だとわかった」

トランプは事実と異なる主張をいくつもしているが、その中には彼が自分の立場を有利にするための戦略的な嘘も含まれている。たとえば、オバマがアメリカ生まれではないという彼の主張は、人種差別主義的な有権者からの支持を狙ったものだった。黒人の大統領はアメリカにはふさわしくないという考え方を強化するという目的が見え隠れしていた。しかし一方で、まったく利益のないただクレイジーなだけの嘘も言っている。たとえば、自分の大統領就任式の出席者数は歴史上最も多かったという嘘である。就任初日にわざわざ全世界の信頼を失ったのである。その日、彼は大統領に就任したのであるから、もう誇大的なことを言って支持者を鼓舞する必要などなかった。彼がすべきことは新たな支持者を増やし、大統領としての権威を固めることであったのに、トランプはまったく反対のことをしたのである。

トランプと一〇年以上の付き合いがあるジョー・スカボローとドニー・ドイチュは、四月三日の「モーニング・ジョー」で、二つの結論を出している。第一、トランプは精神疾患に罹患している。第二、トランプの精神疾患は大統領就任以来悪化している。

スカボロー――「どうして今までわからなかったんですか?」とよく聞かれるんです。私たちはトランプを一〇年、いや一一年、いや一二年前から知っていました。あれっ? ということはいろいろありましたけど、私もあなた(ドニー・ドイチュ)も、トランプがここまでひどいとは思ってなかったんですよね。心配してましたよ。ほんとにほんとに心配はしてました。でもトランプがこんなに気短なガキとは思ってませんでした。来る日も来る日も自爆行為してますよね。

ドイチュ——私ももう潮時だと思いますね。精神医学の世界には、直接診察しない人物に診断を下してはいけないというゴールドウォータールールというのがあるのは私も知っています。でも私が言いたいのはただひとつ、「トランプはいい奴ではない」、以上です。

スカボロー——大統領選キャンペーン中、トランプは私たちを攻撃してましたけど、それで彼の支持者たちは盛り上がってましたから、あれは自爆行為じゃなかったですよね。でも今やっていることはぜんぜん自分の得にならないことなんですよね。そうすると、トランプの頭はいかがなものかってことになる、トランプが自分の政治生命を自分で危うくすることをしてるってことは、普通の人が見ればわかりますよね。

まったく同じ理由から、マイケル・タンズィは、トランプがDSM－5の妄想性障害の診断基準を満たすと述べている。妄想性障害と診断するためには、妄想が一か月以上持続し、かつ、統合失調症または双極性障害I型のようなより重篤な精神病性障害には罹患していないことが必要条件である。トランプが妄想性障害に罹患しているのであれば、彼の妄想的な言動はきれいに説明がつく。

トランプに統合失調症の兆候はないが、双極スペクトラムの兆候はありそうである。彼に軽躁の気質があることは確かである。私は軽躁について、『軽躁という刃——アメリカにおける(少しの)クレイジーと(たくさんの)成功』(Gartner, 2005)と『ビル・クリントン探究——心理学的伝記』(Gartner, 2008)という二冊の本を出している。軽躁気質には遺伝因子があり、双極性障害の家系内によく見られる。ただし躁病よりは軽く、仕事や生活に大きな破綻はない。かつては軽躁気質は双極性障害に比べると注目されていなかったが、現代精神医学の創始者であるオイゲン・ブロイラー、エミル・クレペリン、エルンスト・クレッチマーは、二〇世紀の初めに軽躁気質についてすでに記述している(Bleuler, 1924; Kraepelin, 1908, 1921; Kretschmer, 1925)。私は『ニュー・リパブリック』(Gartner, 2015)に軽躁気質を次のように要約する文章を書いた。

軽躁状態は過活動の状態で、エネルギーに満たされ、睡眠は六時間以内しか必要としない。落ち着きがなく、いらいらしており、すぐに退屈し、常に刺激を必要とし、人と話すときは主導権を取りたがる。自分の目的を貪欲に追求する。それは客観的には誇大妄想的な目的だが、本人は達成できると信じている。人の忠告には耳を貸さない。

彼らは活力に溢れ、魅力的で、ウィットがあり、社交的であるが、同時に傲慢である。衝動的なので判断力は乏しい。上から目線で物を言う。考えたこと・欲することをすぐに行動に移し、悪い結果になる可能性など考えない。危険を顧みない。自分の行動がいかに危険かも気にしない。性欲はとても強く、性的逸脱行動もよくする。性欲に限らず、あらゆる欲望が高まっているのである。

この記述はトランプに恐ろしいくらいよく一致している。彼は「**私はたいてい夜には四時間しか眠ら**

ない」（一九八七年）と言っている。短時間睡眠は軽躁のかなり確実な指標である。しかも彼は「**私みたいに四時間しか眠らない人間には勝てないでしょう**」と自慢している。彼は週に七日仕事をすると言う。一日の平均労働時間は一八時間だと言う。そして「一〇〇本以上電話をかける」と言う。「少なくとも一二回ミーティングをする」と言う。ツイッターではこうも言っている。「**エネルギーがなければ何もないのと同じだ**」。そこから派生してのジェブ・ブッシュに対する「低エネルギー人」という嘲りは、有効に機能するところとなった。トランプがすぐ気を散らすのも軽躁状態の特徴に一致している。トランプの鑑別診断として、ＡＤＨＤ（注意欠如・多動性障害）も考えられるが、ＡＤＨＤはほぼ例外なく軽躁状態を伴うものである。「成功した人のほとんどは、次から次へと物を考える。それが想像力と強く相関している」とトランプは『億万長者の思考』（メレディス・マクイバーとの共著、二〇〇四年）に書いている。それは正しい。そしてそうした思考の速さは創造性を生む一方で、地に足が着かない思考でもあるのだ。トランプは自分の考えと判断が誰より正しいと思っている。これもまた軽躁状態の常である。彼は「**他人から見てどんなにクレイジーで馬鹿げていても、自分の考えに従う**」のである。

私は軽躁状態の患者にとって最悪なことは「成功」だと考えている。軽躁患者が自分の野心的な目的の達成に成功してしまうと、軽躁状態は悪化することが多く、時には単なる軽躁気質の範囲を超えて、双極性障害と診断できるレベルに達する。攻撃性も、いらいらも、無謀さも、衝動性も、すべて高まる。自分の誇大的な考えが正しいことが証明されたと確信するので、患者は図に乗ってしまい、万能感が増大するのである。さらに大胆になり、さらに大きなリスクを冒し、さらに野心的な目標を目指す。人の忠告など聞かない。我が道をゆく。失敗など考えない。自分は常に正しいと信ずる。あるときトランプが、助言は誰から受けるのかと質問されたことがある。彼は大真面目な顔でこう答えた。「私自身」。トランプの最も信頼する助言者はトランプなのだ。こうして誇大妄想のレベルが高まるにしたがい、自分に賛同しない者への被害妄想も高まる。トランプの考え方を軽躁的だと注意するような人間は、自分の前進を阻み、さらには嫉妬や無視によって彼を倒そうとしているに違いないと考えるようになる。

トランプはまさに成功が最悪の経過を生むという軽躁患者のパターンをたどった。一九八八年、彼の『トランプ自伝』がベストセラーになり、一気に有名になった時、彼の反応はまさに軽躁状態の悪化であったことをマイケル・クルーズ(Kruse, 2016)が『ポリティコ』に「一九八八年――トランプが正気を失った年」と題して書いている。

有名になると同時にトランプは躁病そのものになった。無分別な突進を始めた。最初の妻(彼の三人の子どもの母親)を欺いた。ビジネスでの欲望は無謀のレベルまで跳ね上がった。乗っ取りを目指していくつもの会社の株の売買をした。自分の豪華なヨットをけばけばしく飾った。そのヨットは三年もたたないうちに銀行に差し押さえられることになった。数億ドルの借入金で高級ホテルや航空会社を買収した。それもまた差し押さえを受けることになった。また、アトランティック・シティの彼の三つ目のカジノの所有権をめぐってマーヴ・グリフィン〔実業家・司会者・俳優〕と何か月も争った。それが史上最も高価で大規模な「トランプ・タジ・マハール」であるが、その後すぐに倒産した。彼の四件の倒産の第一号がこれである。

この期間中、名ディールメーカーを自認するトランプは、買い物をしまくり、衝動的に無分別な投資をし、しばしば交渉もせずに相手の言い値のままに金を払った。クルーズが『ポリティコ』にこう書いている。

その春、マンハッタンにランドマークを持ちたいと熱烈に望んでいた彼はプラザホテルを購入した。ホテルの価格としてはかつてない高額の、四億七五〇万ドルを支払った。損失になることが明らかな価格であった。

そして秋にはイースタン航空のシャトルを購入し、「トランプ・シャトル」と改名しようとした。購入価格は客観的に見て高額に過ぎ、トランプのビジネスパートナーも同じ意見だった。売り主の航空会社でさえ高額過ぎるという認識だった。

「財務分析に時間はかけられませんでした」とノーブルズ（トランプ・シャトル社長）は回顧している。「さらさらっとメモ用紙で計算しただけで」「あっという間だった……ドナルドは「どうしても欲しいんだ」と言った」のだという。

軽躁状態の患者にとって最悪なことは「成功」。トランプはまさにその見本かもしれない。クルーズはこう続けている。

共和党の大統領候補という驚くべき地位に上りつめたトランプの現在のキャンペーンが、自分の名をブランドにし、そのブランドを金にするというトランプのライフワークの頂点に位置づけられるとすれば、一九八八年は、現在の彼の行動パターンの序奏だったと言える。その年、トランプの飽くなき欲望と無限に肥大した自我は、大きく開花し始めたのである。

一九八八年からの二八年間を早送りし、誰一人想像しなかった大成功を達成した二〇一六年のトランプを見てみよう。彼は中毒になったかのように集会を繰り返した。軽躁状態のカリスマとして群衆を興奮させた。群衆はトランプの誇大妄想の火に油を注いだ。共和党全国大会で最高潮に達し、トランプは象徴的な誇大妄想的言葉を吐いた。「解決できるのは私だけだ」と。

デイヴィッド・ブルックス(Brooks, 2016)は精神科医でも心理学者でもないが、トランプについて彼が述べた言葉は、トランプの軽躁状態の悪化を正確に描写している。

彼は縄を解かれた暴れ馬のようにコントロールを失っている。毎週毎週、典型的な中等度の躁病の中の特にまとまりのないタイプの症状を示している。すなわち、自尊心の肥大、不眠、衝動性、攻撃性、専門外の事柄について口出しせずにはいられない、などである。

彼の発言パターンは、精神科の教科書の記述そのものである。躁病患者は「観念奔逸」と呼ばれる症状を呈する。これは思考形式の障害の一つで、考えが無秩序に次々と浮かんで来ることを指している。一つの単語が次の単語を連想させ、その単語がまた次の単語を連想させ、結局どこにもたどりつかない。ある精神科医から聞いたことだが、ドナルド・トランプの話し方はロビン・ウィリアムズ〔アメリカのコメディアン。ハイテンションなトークで知られていた〕のトークによく似ている。ただしトランプはジョークでやっているのではないのだ。

トランプの軽躁状態からくる最初の破綻は、複数の会社の倒産にすぎなかった。しかし彼は現在大統領なのだから、これからの破綻は規模が違う。想像もつかない。

ここまで述べてきた「悪」と「狂」を総合してみよう。トランプはひどく邪悪な男で、悪性ナルシシズムに溢れている。彼の軽躁状態は悪化の一途をたどり、以前にも増して理性を失い、誇大的になり、妄想的になり、攻撃的になり、いらいらし、衝動的になっている。トランプは「悪」であるとともに「狂」であり、しかもどんどん悪化している。彼の精神症状は、指導者という地位にある者として考え得る最も破壊的で危険なものの合成物になっている。この最悪のシナリオが、今や現実になってしまっているのだ。

不安を訴える患者に、その不安は自分の心の中だけにあるもので、現実はそこまで不安になるような状況ではないことを理解させることが、セラピストによる治療目標の一つになることはしばしばある。しかし、トランプに関しては、セラピストの仕事はまったく逆だ。ドナルド・トランプが大統領になったことは真の緊急事態であり、破滅的な結末を導く可能性が高いことを人々に警告することが、我々セラピストの仕事なのである。

その破滅的な結末を回避する方法がないわけでは決してない。我々精神医学・心理学の専門家が声を大にして真実を語るのがその方法である。ゴールドウォータールールにとらわれている場合ではない。「見て見ぬふりをする」のが、国家安全保障に関する米国精神医学会の固い決意のようであるが、アメリカ版ヒトラーの台頭を黙認するような専門家集団は、歴史に糾弾されるであろう。

訳注
＊1　二〇世紀後半に活躍した共和党の政治家。共産党員への強烈な攻撃的非難行動で知られる。

＊2　本書「病的ナルシシズムと政治」〔I－1〕参照。

＊3　コネチカット州の小学校で二〇一二年に発生。小学生二〇人を含む二六人が死亡した。

＊4　一九六三年にテキサス州ダラスでアメリカ合衆国第三五代大統領ジョン・F・ケネディを暗殺した実行犯。

＊5　ロブ・ライナーは、アメリカの映画監督、俳優、脚本家。主な監督作品として「あなたにも書ける恋愛小説」「最高の人生の見つけ方」などがある。「リアルタイム・ウィズ・ビル・メアー」は、アメリカHBOテレビのトークショー。

WHY "CRAZY LIKE A FOX" VERSUS "CRAZY LIKE A CRAZY" *REALLY* MATTERS: Delusional Disorder, Admiration of Brutal Dictators, the Nuclear Codes, and Trump, Michael J. Tansey, Ph.D.

7　狡猾なのか、それとも単にクレイジーなのか

――妄想性障害、残忍な独裁者賞賛、核発射コード、トランプ

マイケル・J・タンズィ(Ph.D.)

シカゴで活躍する臨床心理学者。ハーバード大学卒(一九七二年にパーソナリティ理論で学士号取得)、ノースウェスタン大学ファインバーグ医科大学卒(一九七八年に臨床心理学で博士号取得)。フルタイムの臨床業務に加えて、講師として、学生、インターン、レジデント、ポスドクの指導もしている。開業し三五年以上、成人、若年者、カップルを治療している。膨大な数の専門的論文と、共感と治療プロセスに関する著書(共著)があり、「ハフィントン・ポスト」に二五のブログを書いている。(www.drmjtansey.com)

大統領になってからのドナルド・トランプの発言は、以前にも増してひどくなった。ビデオや写真やツイッターのような動かぬ証拠があるのに、そんなことは言っていない／していないと言い張ることがますます増えた。もはや彼の精神状態は、巷で言われていたよりもはるかに深刻だと結論せざるを得ない。単なる自己愛性パーソナリティ障害でもなく、単なる反社会性パーソナリティ障害でもなく、単なる病的虚言者でもない。彼は妄想性障害なのではないか。

妄想性障害

ドナルド・トランプはなぜあのように人を唖然とさせる発言を繰り返すのか。妄想性障害という稀な疾患の特性を知ると、答えがわかるかもしれない。私はここでトランプを診断しようという意図は持っていない。妄想性障害についての情報を提供し、読者の一人一人の判断を仰ぎたいのである（DSM－5に記されている妄想性障害の診断基準は、本人を見ればすぐにわかる単純なもので、小学校五年生でも理解できるものである）。それから、トランプが大統領就任の翌朝にCIAに送った一五分間のビデオの最後の五分間の内容を検討する。このビデオでトランプはまったく方向の定まらないことを言っているのだが、特に最後のわずか五分間では、奇妙でバラバラで驚愕の内容を三つも述べている。妄想性障害の診断というレンズを通すことで、それが説明できるかどうかを見てみたいと思う。

妄想性障害は公式の診断基準に収載されている診断名であるが、妄想性障害の患者本人は自分が病気で治療が必要であるなどとはまったく考えていないので、病院を受診することは稀である。妄想性障害は、一見して精神疾患にはとても見えないというある意味不思議な病気である。妄想性障害の患者は完全に正常に見える。論理的にものを考えることができ、仕事もでき、人間として魅力的なことさえある。ただし、その患者の妄想の内容を否定されると様子が一変する。精神病の定義は、「現実との接触が著しく欠けた状態」である。代表的な精神病である統合失調症では、奇異な行動や幻覚や滅裂な思考が認められる。統合失調症では現実との接触欠如が見た目にも明らかで、精神世界全般に及ぶことも多いが、妄想性障害には奇異なところはなく、表面的には異常さは認められない。

妄想という精神症状の特徴は次の通りである。

・妄想は、反証があっても揺るがない確信である。
・妄想は、いかにあり得ない内容であっても、固く確信されている。
・妄想の内容は様々で、誇大的なものも被害的なものもある。

一方、妄想性障害の特徴は次の通りである。

・妄想性障害の妄想の内容は奇妙ではなく(「CIAに毒を盛られた」というような類ではない)、正常なことを言っているように見える。ただし、言葉通りの意味に取れば正常とは言えない。たとえば「私だけが選ばれた人間だ。無敵で、言葉で表せないほど特別で、あらゆる面で最高の中の最高だ」
・妄想性障害の患者は怒りっぽく、ユーモアに欠ける傾向がある。特に自分の妄想に関することについてはそうである。
・妄想性障害の患者にとって、妄想は人生そのものであり、他人に妄想の内容を疑われると激しい怒りで反応する。
・妄想性障害は慢性疾患であり、生涯にわたって続くこともある。年齢に従って悪化する傾向がある。
・もし妄想の内容を正しいと仮定すれば、妄想性障害患者の言動は一貫して合理的である。たとえば「私は誰より優秀である。ゆえに謝罪は決してしない。私は決して間違えないからだ」と言われれば、これは妄想に違いないが、「私は誰より優秀である」(妄想)が正しいと仮定すれば、「謝罪は決してしない。私は決して間違えない」は論理的に正しいということになろう。

・論理的推論と行動はまったく正常である。ただし妄想に関連する事象に関してだけは別である。
・自意識が過剰で(「何もかも私に関係したことだ」)、妄想内容を否定することや、逆に妄想内容を支持することについては、些細なことにも反応する。前者の例としては「あなたはペテン師だ。偉大なビジネスマンではない」、後者の例としては「熱狂的な群衆が、私は並外れて優れていると認めた」のような言辞を挙げることができる。また、そうした些細なことにいつまでもとらわれている。たとえば「私が大統領選で圧勝したことは話したっけ?」といつまでも言い続けている。

トランプがＣＩＡに送った前述のビデオ(CNN videos, 2017)の最後の五分間の奇妙さは、彼が妄想性障害だとすれば説明がつく。そこに収録されているトランプの三つの言説は「そんなことを言うはずがない」と思うしかない驚愕の内容である。一五分ビデオの一〇分経過部分で彼は、自分がＣＩＡを「一〇〇%支持」していると明言し、彼が言うところの「フェイク・メディア」をこう非難している。「地球上で最も不誠実な輩。私がＣＩＡと仲違いしているかのような報道をしている。事実はまったく逆だ」。ここで私は読者に、トランプの過去のツイッターを検索してみることをお勧めしたい。彼は、「いわゆる情報機関(intelligence community)」がいかに無能で不誠実かについて数え切れないほどツイートしてきているのだ〔ＣＩＡ=Central Intelligence Agency〕。「事実」とは客観的な事実のことではなく、自分がいま口にした内容のことだとトランプは本当に信じているのだろうか? なぜ彼は平気で嘘を言うのだろうか? 彼の言葉には真実のかけらもないと誰もがわかっているのになぜ? 彼の嘘はあまりに見え透いていて、病的虚言者の嘘とは性質を異にする。典型的な病的虚言者の嘘ははるかに巧妙な嘘である。トランプを精巧な嘘発見器で調べてみたらどういう結果が出るだろうか。もし彼が妄想性障害なら、「彼は嘘はついていない」という結果が出るだろう。なぜなら、いかに事実とは矛盾した内容であっても、彼は自分の言葉こそが真実だと固く信じているからである。トランプは事実を歪曲し、それを言葉にし、自分が歪曲した事実と一致しているから自分の言葉は真実であると結論する。そして彼の言葉を信じない人はフェイク・メディアの影響で理性を失った敵であるとみなしている。

ＣＩＡについて述べた一分後にトランプは、彼の大統領就任演説を始めたときに雨が降り始めて残念だったと述べたが、その後、指で空を指して「空から神様がご覧になって、「あなたの演説には雨は降らせません」とおっしゃった」と言った。そして雨はすぐに止み、「スカッと晴れた」のだと言う。しかも彼が演説を終えて立ち去ると同時に「土砂降りが始まった」と言うのだ。だがその日のビデオを見れば誰にでもわかる。トランプが演説を始めたときに小雨が降り始め、晴れ間はまったく見えることはなかった。その後に土砂降りになることもなかった。するとこの時もトランプは自分の言葉こそが正しいと信じていたのだろうか。答えがイエスなのであれば、妄想性障害の強い証拠になる。彼の正常さはうわべだけのことなのだ。

三つ目は言うまでもなく、彼の就任演説のときにはワシントン・モニュメントまで人が埋め尽くしていたと言い張ったことである。トランプが撮らせた参加者の数が多く見えるアングルの航空写真でさえも、二〇〇九年のオバマ大統領就任式よりも数十万人少ないことを明白に示している。これについてもトランプはフェイク・ニュースだと言い張った。航空写真が、彼の信ずる「事実」と一致していなかったからだ。この理解し難い主張も、彼が誇大妄想によって現実が見えなくなっているからとしか考えられない。

五分の間に吐かれたこの三つの虚偽は、トランプの他の完全な虚偽のエッセンスと言えよう。彼はどんな将軍よりも自分はよくものがわかっていると言い続けて来た。歴代の大統領の中で自分が最も精神的に安定していると言い続けて来た。一九八九年の「セントラルパークファイブ」と呼ばれる強姦事件[*1]で誤認逮捕され、後に冤罪が証明された一〇代の有色人種の若者たちは有罪だといまだにがなり立てている(Sarlin, 2016)。九年後に真犯人が自白し、DNA鑑定からもその者が真犯人だと証明されているのにもかかわらず。9・11テロによる世界貿易センタービル崩壊をニュージャージーの何千人ものイスラム教徒が祝っていたのをテレビで見たとも主張している。自分はニューヨーク市で将来プロ野球選手として成功すると最も期待されていた高校生だったとも主張している(Maddow, 2016)。二〇一六年の大統領選はレーガン以来の前代未聞の大勝利だったとうそぶいているが、実際には彼の得票数は過去七回の大統領選中の第五位である。そのほか、彼の虚偽は枚挙にいとまがない。大統領選で三〇〇万人がトランプへの反対票を投じたという事実は彼の誇大妄想とは相容れない。そこでトランプは、自分への反対票は違法な有権者によるものだと言い放った。実際には違法有権者は全国で数千人程度だという信頼できる調査データがあるのだが。

唯我論という哲学用語が、トランプの心理にあてはまるように思える。唯我論とは「自分だけが全宇宙の中の真実であるという確信。自分以外の人や物はすべて、自分に幸福をもたらすという目的のためだけに存在する」ことを指す。

トランプはいつも繰り返し嘘をつく。真実を口にするのは、たまたまそれが自分の目的にかなっている場合のみである。だがトランプの嘘は病的虚言者の嘘とは異なる。彼の嘘は自分の優秀さを誇示する内容に限定されているからだ。彼は自分の言葉が真実であると本気で信じているのだろうか？　すると彼は誇大妄想に取り憑かれているのだろうか？　もしＣＩＡへのスピーチ中の彼を嘘発見器にかけたら、

「彼は嘘をついていない」という結果が出るという私の推定は正しいだろうか？　今一度、妄想性障害の診断基準を参照していただきたい。トランプの診断は如何？

なぜトランプは残忍な独裁者を賞賛するのか？

トーマス・ジェファーソンは、民主主義を守るためには市民への情報公開が必須であると強く述べている。その観点からすると、現代のアメリカ人の大多数が、独立戦争時代の大統領の名前や、アメリカがどこの国から独立を勝ち取ったかを知らないのは実に由々しきことである。もっと大きな問題は、アメリカ政府には行政部門が三つあることも、裁判官が簡単に法律を作ることはできないことも、ドナルド・トランプ大統領は知らなかったことである。彼はロシアがクリミアを侵略したことも知らなかったし、その後二年間にわたって占領していたことも知らなかった(Stephanopoulos, 2016)。大統領になって初回の外遊では、中東訪問後にイスラエルに来て嬉しいと述べていた。

ジェファーソンの警告にしたがって、私はここに情報公開したいと思う。もしトランプが本当に妄想性障害なのであれば、臨床的観点からみて、彼の妄想は誇大妄想と被害妄想の性質を持つ可能性が最も高いであろう。そうであれば、彼が専制君主を賞賛してきたことにも説明がつく。絶対的な専制政権こそトランプの秘めた夢であるという推定には相当な根拠がある。誰も逆らうことのできない独裁者は、絶対的な崇拝の具現であるし、部下に目配せするだけであらゆる敵を殲滅する能力を持つ。あらゆる場所に銅像が建てられ、巨大な肖像画が飾られていることは、独裁者が神に匹敵する地位にあることの象徴である。そうなればもはや「フェイク・メディア」に批判されることもなくなり、抗議者のデモもなくなり、裁判で追及されることもなくなり、政策への異議はゼロになるであろう。独裁者を不可解にも崇拝するトランプには、独裁者の持つこうした力を畏敬する心理があるのだ。

世界の独裁者についての、大統領選中のトランプの言葉を挙げてみよう(Keneally, 2016)。参考までに各独裁者の残忍な所業も付記しておく。

・**金正恩(北朝鮮)――「彼は評価すべき人物だ。父親が死んでから、彼はひと癖もふた癖もある将軍たちを率いる立場になった。すごいことだ。彼は叔父を消した。次々にいろんな人を消した。すごいことだ」**

金正恩の叔父は政府の会議中に多くの出席者の前で逮捕され、即座に七人の補佐官とともに機関銃で処刑された。叔母は毒殺された。残りの子どもと孫はすべて殺された。将軍の一人は近距離から対空ミサイルで殺された。別の一人は柱に縛られ衆人環視の中で殺された。彼の家族も同様にして殺された。金正恩は国民を貧困から餓死させておきながら、核開発の野心のために金を使っている。

・**バシャール・アル・アサド(シリア)――「リーダーシップという面では彼には「A」をやれるが、オバマのリーダーシップはそれより落ちる」**

アサドは自らの権力の座を守るため国民を冷酷に抑圧し、女、子どもを含め数十万人の国民を殺した。多くはガス処刑である。彼は失脚と同時に人道に対する罪で告訴されるであろう。

・**サダム・フセイン(イラク)――「たしかに彼は大悪人だ。でも良いこともした。テロリストたちを見事に殺したんだ。テロリストに被告人としての権利を伝えるなんてことはしなかった。テロリストと**

認定する。殺す。それだけだった」

フセインはここ数十年の間で最も恐ろしい暴君であるとおそらく世界中の人が考えている。彼の数え切れないほどの残虐行為の中には「人類史上最悪の化学兵器攻撃」と呼ばれているものもある。一〇万人以上のクルド人を毒ガスで殺し、生き残った数万人は追跡して殺した。犠牲者の総数は一八万人にのぼっている。

・ウラジミール・プーチン(ロシア)――「**もし彼が私を絶賛すれば、私も彼を絶賛する。彼は本当に素晴らしい指導者だ。ロシアを完全にコントロールしている。それに、見たまえ、国民の支持率は八二%だ!**」

何というコメントだろうか。トランプの意図はあまりに明白である。彼がプーチンを褒めるのは、プーチンに自分を褒めてもらいたいからだと彼ははっきりと言っているのだ。プーチンが政権を握ってからの一五年間で、彼を批判した何人ものジャーナリストが後ろから頭を撃たれて死んでいる。他国に亡命しようとした人々は追跡され殺害されている。方法はKGB好みの毒殺である。外国に逃れ常に生命の危険に脅えている人々もいる。チェスの元世界チャンピオンで後にヒューマンライツ財団の代表となったガルリ・カスパロフ、オリンピック陸上選手でロシアの組織的ドーピングを告発したユリヤ・ステパノワなどである。トランプは、プーチンがロシア国内で国民に支持されていると無邪気にもだまされているか(八二%という支持率は捏造である)、あるいは、プーチンから「賢い」と言われたので舞い上がっているのである(ちなみに、プーチンが言ったのは「賢い」である。トランプはプーチンから「天才」と言われたとはしゃいでいるが)。

さらに、キャンペーン中にドナルド・トランプは、「平和的な政権交代（レジーム・チェンジ）のために戦う」と述べていた（アメリカはレジーム支配[*2]の国ではないのだが）。

・アメリカの「美しい駆逐艦」を妨害し侮辱した七隻のイラン船を「**吹っ飛ばす**」

・「**私はロシアとうまくやっていけると思う**」

・「**米国憲法修正第二条支持者**」〔本書「刹那的快楽主義者トランプ」〔Ｉ－５〕参照〕**ならヒラリーを止めることができるのではないか。**

・トランプ候補が確実に正当に扱われるようにするため、トランプ支持者は投票所をパトロールするべきだ。

・（トランプを批判する民主党員を）殴って、殴って、殴って、再起不能にしてやりたい。

・「**ＩＳＩＳのクソ野郎どもを爆撃してやる**」、そして兵隊に命令してＩＳＩＳの家族も殺させる。

・（トランプの演説に）やじを飛ばす人間を叩きのめせ（と支持者を繰り返しそそのかした）。

・国歌演奏のときに起立しないＮＦＬ選手はアメリカから出て行け。

・ムッソリーニの「一〇〇年以上羊として生き続けるより、一日だけライオンとして生きるほうがいい」という言葉を引用し、使う気がないならなぜ核兵器を作るのかと本気で不思議がっていた。

このような恐ろしい性格を精神医学的に分析すれば、なぜ彼が残虐な暴君を崇拝するのか、なぜ彼は過去のアメリカ大統領を敬わないのかを知ることができる。彼は自分こそが史上最高の大統領だとうそぶいているのである（「リンカーンはもしかすると私より上だったかもしれない」と付け加えているが）。人は子ども時代から、自分が模範とする人物を探し求めている。特に、人生の新たな、苦難の局面に接したときにはそうした人物が必要だと感じる。どんな時代のどこの国の人物でもよい。その人物の行動を手本として、自分も難局を切り抜けようとする。「自我理想」、すなわち自分の理想とする価値を実現している人物を希求する。

独裁者に対する彼の賞賛が、妄想性障害の症状としての誇大妄想や被害妄想から生まれているかどうかはさておき、トランプは自分の理想を実現した指導者に惹かれている。自分が大統領になることを考えるにあたって彼は、模範とする人物を探していたのである。オバマにとって、それはケネディ、レーガン、キング牧師、マンデラであった。ビル・クリントンにとってはジョン・F・ケネディ、ヒラリー・クリントンはエレノア・ルーズベルト、ジョージ・W・ブッシュはキリストとウィンストン・チャーチルであった。そしてドナルド・トランプにとっては、フセインであり、金正恩であり、アサドであり、プーチンであったのだ。彼らこそが、トランプにとっては優れた統治者なのである！

大統領になったら、トランプもソフト路線に変わるだろうと多くの人々は言っていた。だが、性格に問題がある人物、特に、常に他人を責め、決して謝罪せず、自分に非があるとは露ほども思わない人物は、変わるとすれば、より悪い方向に変わる可能性しかない。そして現にトランプは、大統領に当選してから驚愕の悪化を示している。彼が欲していたよりさらに悪い独裁者になろうとしている。

世界の残忍な独裁者に対するトランプの姿勢はどう変わったか。トランプは、フィリピンのロドリゴ・ドゥテルテ大統領は自国のドラッグ問題に「適切な方法で」対処していると賞賛している。その対処とは、一万人もの国民を、ドラッグ使用や売買の疑いがあるという理由だけで虐殺したことを指している。トランプは大統領に就任すると、四月、ドゥテルテをホワイトハウスに招待した。トルコのレジェップ・エルドゥアン大統領にも支持を表明し、ホワイトハウスに招待した。エルドゥアンはトルコ国内から反対者を厳しくかつ系統的に追放して自分の地位を固めた大統領である。トルコは彼によって民主主義国家から独裁国家に変えられた。エルドゥアンはワシントン訪問中、トルコ大使館の前で平和的にデモを行っていた民衆を、ボディガードに命じて暴力的に排除させた。

核兵器をめぐる衝突があるにもかかわらずトランプは、金正恩を「賢い奴」と呼んだ。彼が父親の死後北朝鮮を支配している苛烈な厳しさを、トランプは賞賛している。奇妙なことに、金正恩もホワイトハウスに招待されている。二〇一三年に就任して以来、エジプトを鉄拳で悪どく支配してきたアブドルファッターフ・アッ＝シシについても同じである。

対照的に、同盟国の元首には数々の無礼な態度を取っている。大統領に就任してまもない時期に、オーストラリアのマルコム・ターンブル首相を電話で侮辱している。電話をガチャ切りしたとも伝えられている。また、ドイツのアンゲラ・メルケル首相の四月のホワイトハウス訪問の際には、まるで子どものように彼女との握手を拒否した。その様子はテレビで全世界に中継されている。オーストラリアとドイツは長年にわたるアメリカの同盟国である。全世界が見守る前でトランプは、モンテネグロのドゥシユコ・マルコヴィチ首相を何と押しのけたこともあった。NATOの会議の集合写真で、自分が最前列を取るためである。

怪物的な独裁者たちへの親和性よりさらに信じ難いのは、大統領に就任してからのトランプが自分を批判するメディアを激しく非難していることである。トランプに抗議する数百万人のデモは、金を受け取ったサクラだと言った。イスラム教徒入国禁止令を違憲だとした連邦高等裁判所を侮辱的な言葉で非難した。突然に四六の州の司法長官を解任した。そして極めつけはＦＢＩのジェームズ・コミー長官の解任である。トランプが厚顔無恥にも認めた解任の理由は、二〇一六年のトランプの大統領選キャンペーン中の、トランプとロシアの共謀をコミーが調査していたということであった。

コミー長官の突然の解任の翌日、国民が唖然としている中でトランプは、ロシアのセルゲイ・キスリャク大使とセルゲイ・ラヴロフ外相をホワイトハウスに招き入れた。彼らとのミーティング中、アメリカのメディアはシャットアウトされたが、ロシアのメディアにはビデオ撮影を許可したのである。

その数日後にはトランプがイスラエルの最高機密情報を許可なくロシアに漏洩したという情報が駆け巡った。それからまもなくして複数のイスラエル人スパイが変死している。トランプは衝動的かつ自慢気に機密情報を漏洩したとされる。ロシアに自分に一目置かせようとしたのであろう。これによって同盟国からのアメリカへの信用は失墜した。アメリカに提供した機密情報はもはや機密ではなくなってしまった。さらにトランプは、彼が「アホな仕事」と侮辱したコミー長官を解任したことをロシアに自慢気に語り、大統領選キャンペーン中のロシアとの共謀についての調査は終結してほっとしたと述べていたと伝えられている（実際は終結などしていない）。

プーチンとのハネムーン的な熱い関係はすでに冷え切っているが、では、彼との親交そのものが終わったとき、トランプはどういう行動に出るだろうか。トランプの精神的な不安定さを考えると、自分が崇拝されたいという強い渇望の裏返しとして、強迫的な復讐心が燃え上がるであろう。自分がほんのわずかでも侮辱されたと感じ取れば、復讐心を生む十分な理由になるに違いない。プーチンが彼を楽器のように利用していただけだとトランプが気づいたら何が起こるか。国際舞台でプーチンに侮辱されたと感じたら何が起こるか。予備選挙中にトランプが何十回も言ったことが思い出される。「**彼らが私に良**

くしてくれるうちは、私も彼らに良くするであろう。だがもし彼らが悪意を持ち殴りかかってくれば、私は何倍も強く殴り返してやる」

損得勘定を考えたらそんなことはするはずがない？　いや、もう誰も損得勘定なんか考えていないのだ。それに当局によるトランプの財務監査が完了するまでは、彼の収支がプラスになっているかマイナスになっているか誰にもわかりはしない。

憲法があるからそんなことできるはずがない？　何を能天気なことを……。憲法はルールであって、ルールは破るためにあるのだ。しかも、ルールが必要なのは敗者だけだ。トランプは勝者なのだから、ルールなど無用だ。彼は勝者なのだ！

彼が崇拝する独裁者たちと同様に、トランプが望んでいるのは国を支配することであって、国を導くことではない。適切に管理する気もなければ、妥協する気もない。二〇一六年の選挙は、従来のアメリカ大統領選とは異なり、共和党の考え方と民主党の考え方について国民の審判を求めるものではなかった。黙示録についての審判を求めるものであった。もはや政治の領域の争いではなかったのだ。

そんなことは起こり得ないと言うのならそれは誤りだ。起こり得るし、現に起こったのだ。ジェファーソンの警告が今ほど重要になった時代はなかった。

狡猾なのか、それとも単にクレイジーなのか

トランプが残酷な性向を持っているというだけでも大きな不安材料であろう。だがそれだけではなく、妄想性障害もあるとなれば、彼が「狡猾なのか、それとも単にクレイジーなのか」が死活にかかわる問いとして浮上する。トランプの精神状態は様々な局面で危惧されるが、最大の脅威は彼が核兵器のボタ

ンを押せることである。地球温暖化、医療、教育、外交、社会福祉、言論の自由、さらには万人の自由と正義の問題を総合したとしても、全面的核戦争という差し迫った危機ほど重大なものはない。広島と長崎で被爆し生き残った数少ない人々を除けば、瞬間という時間内での殲滅とはどのようなものかを想像できる経験は誰も持っていない。それは、今ここにいる私というものが、次の瞬間には消滅するというまさに文字通りの事態である。私と同時に私の周囲のすべての人と物も消滅するのだ。

このきわめて現実的な存在の脅威があるからこそ、アメリカ大統領が「狡猾(賢明で計算高く、真実を述べるのは高い目的に合致した場合に限る)」なのか、それとも「単にクレイジー(誇大妄想や被害妄想を本気で信じており、現実を見失っている)」なのかという問いの答えを知ることが急務なのである。「狡猾」と「単にクレイジー」の違いをはっきり示すため、最近のアメリカの歴史から二つの実際のエピソードを挙げ、もしトランプがその状況におかれたらどう行動するか考えてみよう。

・午前三時の電話——カーター大統領

一九七九年、ジミー・カーターの大統領任期の終わり近くのある日の午前三時。「悪夢の電話」(Sagan, 2012)でカーターの国家安全保障担当顧問ズビグネフ・ブレジンスキーがたたき起こされた。電話が伝えたのは、二五〇発のソビエト核ミサイルがアメリカ本土に向けられたという情報だった。着弾までにはまだ五、六分の猶予があること、また、誤報の可能性もあったことから、ブレジンスキーは補佐官に確認を命じた。補佐官はすぐに確認結果を伝えてきた。アメリカ本土に来る核ミサイルは二五〇発ではなく二五〇〇発だというのだ。ブレジンスキーはカーター大統領に全面的な反撃を促す電話をしようと思ったが、それよりも眠っている妻を起こさないことを優先した。起こしても妻は数分で死ぬことになると考えたからである。そして彼がカーターにまさに電話しようとしたとき、三回目の報告が入った。ミサイル情報はコンピュータの不具合による誤報だったというのである。このような誤報が決して稀ではないということは、あまりに恐ろしいことだと言わざるを得ない。

・キューバ・ミサイル危機——ケネディ大統領〔本書「人類存亡にかかわる決断の孤独」〔Ⅲ－8〕参照〕

一九七九年の誤報の悪夢を見たのはごくわずかな人々で、時間も五分間にすぎなかったが、一九六二年一〇月のキューバのミサイル危機は一三日間もの緊張の日々が続いた。世界中の人々が見守る中、アメリカとソビエト連邦の間に具体的な恐ろしい衝突の脅威が走った。世界の目前に全面的な核戦争による大量殺戮が迫った。キューバ・ミサイル危機とは、要約すれば、ロシア国境に近いトルコと、そしてイタリアにアメリカが核施設を建設したことに対抗して、ロシアがキューバに核ミサイルを配備したというものである。合同参謀本部は、キューバのミサイル基地を先制攻撃すると満場一致で決議し、ジョン・Ｆ・ケネディ大統領に圧力をかけた。ロシアの核兵器はアメリカに劣るので、先制攻撃すれば鎮静化され、反撃もしてこないだろうと考えたのである。幸いにもジョン・Ｆ・ケネディは先制攻撃を控えた。彼の民間アドバイザー、特に弟のロバート・Ｆ・ケネディとロバート・マクナマラ国防長官のアドバイスに従ったのである。

数年後にインタビューを受けたマクナマラは、一三日間の後半のある日にホワイトハウスから帰宅したときのことを語った。美しい夕日に感動し、あるいはこれが自分たちの見る最後の夕日になるのではないかと思ったという。この時にはワシントンＤＣの政府職員の家族も、他のアメリカの都市の人々も、核攻撃から逃れるため疎開をすませていた。

膠着状態が解けたのは、ロシアがキューバのミサイル基地を撤去し、将来ももう基地は建設しないことを、アメリカがキューバに侵攻しないという約束と引き替えに同意したときであった。ロシアの顔を立てて、ジョン・F・ケネディはさらに秘密裏に、トルコとイタリアからミサイルを撤去することにも同意した。全世界がほっと溜め息をつき、キューバ・ミサイル危機は終結した。

「狡猾」とは、表面的にはたとえ「クレイジー（たとえば、奇矯、非理性的、衝動的など）」に見えても、それは巧妙に計算された仮面にすぎず、自分の真の目的にかなうよう他人を欺き誘導するためにそうしているような人物を指している。トランプの行動の一部は確かに「狡猾」である。「狡猾」と「クレイジー」は、表面的には似ていても、実質は対極にある。〔……〕

そして、トランプが「単にクレイジー」すなわち妄想性障害だということを示す証拠はいくつもあり、その中で最も不快感を惹起する証拠は、三月のある日の早朝の彼のツイッターでの（後にこれは削除された）、トランプタワーの電話が「**悪人（病んでいる！）オバマ**」に盗聴されていたという主張である。このときのツイッターには、オバマによる盗聴をウォーターゲート事件やマッカーシズムと同列に扱うという狂気も記されていた。このツイートは即座に党派を超えて人々からの強い批判を浴びた。トランプが盗聴されていたなどという証拠は一切なかったのだ。そして「盗聴されている」というのは、精神病の症状としての被害妄想の典型的な形である。フェイク・メディアが自分とＣＩＡが不仲だというニュースを捏造したと主張したときのトランプは、嘘発見器にかけられてもパスしたであろう。彼は自分の妄想が真実であると確信していたからである。〔……〕

核にかかわる緊急事態の歴史的な事例である前述の「午前三時の電話」。もしトランプがあの電話を受けていたと仮定したとき、プレッシャーの中で彼がブレジンスキーのような冷静さを保てたと期待できる人がいるだろうか？　もしトランプが本当に誇大妄想と被害妄想を持っていたら（本当に持っているという証拠は山ほどある）、即座にミサイルを発射していたであろう。しかる後に妄想的なツイートを発信していたであろう。

キューバ・ミサイル危機の一三日間の極限の緊張の中、そして何より軍事参謀からの圧力の下、トランプがジョン・F・ケネディのように冷静で賢明な判断を下すことができたと考える人がいるだろうか。もしトランプが「狡猾」というだけだったとしても、かなり難しいであろう。実際には彼は「クレイジー」と思われるのだから、難しいどころではなく、不可能と言うしかないであろう。

訳　注

＊1　一九八九年四月にニューヨークのセントラルパークで起きた女性暴行事件。

＊2　レジーム（regime）という単語は、しばしば圧政的な政権を指して用いられる。

COGNITIVE IMPAIRMENT, DEMENTIA, AND POTUS
David M. Reiss, M.D.

8　認知機能障害・認知症・アメリカ大統領

デイヴィッド・M・リース(M.D.)

ノースウェスタン大学医学部(化学／生物医学工学研究室)に勤務すると同時に、一九八二年以来カリフォルニアでクリニックを開業、一万二〇〇〇人以上の患者の診療経験を持つ。プロビデンス病院(マサチューセッツ州)の臨時院長を務め、最近ではブラトルボロ・リトリート精神科病院(バーモント州)の仕事もしている。カリフォルニア州認定医の資格を持ち、精神療法統合学会、スポーツ弁護士協会、国際精神史学会などにも所属。各種メディアで社会・政治現象を臨床医学や心理学的観点からコメントしている。

アメリカ大統領ほどストレスに満ちた、要求の厳しい仕事はない。たしかに大統領の「休暇」としてのゴルフなどについては厳しく批判的で悪意さえ感じられる質問が聞かれることはあるものの、それは脇におくとして、大統領の仕事とは心も脳も研ぎ澄まされたベストの状態を要求され、二四時間を通して常に休む暇はない性質のものである。そして何百万人もの人々の生活が、大統領が次々に下す決断によって左右され、時には危険にさらされる。彼が決断を下す状況は様々である。側近と相談できることもある一方、突然訪れた危機に、情報不足の状態のまま、数分以内に下さなければならないこともある。言うまでもなくアメリカ大統領には、ほとんど超人的にまで常に頭脳が明晰であることが要求される。

個人としてのコンディションなど言っていられない。しかも外交政策と国内政策はそれぞれまったく別人の顔で行わなければならず、一人二役が要求される(Rediff.com n.d.; Smith, 2015; Lerer, 2016)。それは至難の業であり、完璧に実行できた大統領はまだいない。

国民は大統領に、気迫、エネルギー、経験のすべてを求める。この三つの中の優先順位は局面によって異なると言われている。歴史的には経験が重視され、「父親的」、時には「祖父的」な大統領が望まれ、高齢の男性がそのイメージに一致していた。そしてトランプはアメリカ史上最高齢の大統領である。

年齢を重ねれば経験が重ねられ、より賢明になることが期待されるが、医学的な観点からは、認知機能の低下も懸念される。人間の神経機能の一部(たとえば反応速度)は、二〇代がピークでその後は低下し続けるが、認知機能一般については、健康な高齢者の場合、かなり高齢になるまではほとんど低下しないことが現在では知られている(七〇代になってはじめてわずかに低下するにすぎない。八〇代には低下はかなりはっきりする。ただし低下しない人も多数存在する(Levin, 2016; Ramer, 2013))。したがって、高齢者に認知機能低下が見られたとき、単純に加齢によるとみなすべきではなく、病気や、その他年齢とは無関係の要因(医薬品、薬物乱用、頭部外傷後遺症など)を考えなければならない。一般的には高齢になると医者から処方された薬を何種類も飲んでいることが多く、そうした薬は認知機能に微妙に影響することがあるが、それは年齢そのものの認知機能への影響とは別物である。

したがって、高齢のアメリカ大統領の認知能力は、次の五つに分けて検討する必要がある。

(1)元々の認知機能
(2)脳の病気(アルツハイマー病などの認知症)による障害
(3)脳以外の病気(高齢者では脳以外の病気が認知機能に影響しやすい。たとえば尿路感染症)

(4)医薬品や違法薬物の影響
(5)頭部打撲の累積効果や、合法・違法の有害物質の影響(アメリカンフットボールなどのスポーツでの頭部打撲による認知機能低下も最近では注目されている)

以下、これらについて順に説明していこう。

(1)元々の認知機能

現在の制度では、アメリカ大統領候補の認知機能のチェックは行われていない(身体的な健康のチェックも行われていない)。これは明らかに問題である。しかし同じように明らかなことは、大統領候補の必要条件としての心身の健康状態の明確な基準を定めることは、それをどの時点で誰が行うかということを含め、認知機能についてはは特に困難だということであり、実現は永遠に不可能であろうと私は考えている。結局は候補者本人の申告による病歴(トランプはその申告さえ満足にしていないが)を信用する以外になく、候補者の知的能力が基準に達しているかどうかは有権者の目にかかっているが、有権者に提供される判断材料は、候補者の前もって準備された演説やディベートしかないから、正確な判断はとても無理である。

もちろん専門家が見れば、限られた情報からでも候補者の知的能力についてそれなりの意見を述べることはできる。それでも情報不足は否めないので、客観的かつ臨床的に「確実な」意見と、政治色に染まった意見の区別は宿命的な問題である。現時点ではこれは解決不可能な問題であると私は考えている。

（2）脳の病気（アルツハイマー病などの認知症）による障害

日常的には、アルツハイマー病という言葉は、特定の疾患ではなく、認知症一般を指して使われることが多い。しかし本章のテーマに関連するのは、医学的に正確な診断名ではなく、原因はともかくとして認知機能低下が存在するか否かという点である。稀な病気の場合を除けば、認知機能低下はゆっくり進行し、始まりがいつであるかは曖昧である。先に述べた通り、そして一般にはあまり認知されていないことだが、単なる「加齢」だけでは、八〇歳以上にでもならない限りは、認知機能はあまり低下しない。逆に、神経疾患の始まりが単なる「加齢」であるとして見過ごされ、重症化してはじめて疾患であると気づかれることがしばしばある。

慧眼の医師であれば、公の場での発言を見聞きしただけでも、認知症のかすかな兆候に気づくことができる。もちろん直接診察しなければ確定診断を下すことはできないが、認知症のサインを指摘し、精密検査を勧めることまではできる。

もっとも、軽々しく認知症のサインだと指摘すればかえって問題を生むばかりである。十分に専門的能力があり、客観的で、公正中立な医師の意見でなければ信頼できない。現にトランプをめぐってはこの問題が発生した。選挙中も当選後も、複数の専門家が懸念を表明し、「警告する義務」という言葉もよく聞かれた。多種多様な意見が出された。曰く、彼には医学的に何の問題もない。曰く、精密検査が必要だ、などなど。診断名については、あらゆる推定・確信・噂が飛び交った。

客観的には、一五年前のビデオのトランプと現在のトランプを十分に経験ある精神科医が見て比較すれば、その二つに有意な違いがあることに気づかないとは私には思えない。そしてその違いはトランプの認知機能低下を示唆するものであり、精密検査が必要であると、十分に経験ある精神科医であれば意見を述べるに違いない。

しかし同時に、ビデオの制作状況は様々であるから(台本にそって会話されていたり、編集もされていたりする)、一般的な警告や、医学でいうところの「鑑別診断の呈示(考えられる診断名を指摘すること)」を超える発言はしないという方針を私は一貫して堅持してきた。それ以上のことを言うのはデータ不足で無理だし、倫理的にも疑問だからである。

大統領選挙中、トランプに認知症のサインがあることを医師が指摘したこと自体は適切なことだったと私は思う。しかし社会での取り上げられ方があまりに混迷していたため、正当かつ深刻な警告が埋もれてしまったのは残念なことである。

ドナルド・トランプが大統領になって比較的すぐに、私を含めた多くの人々が、彼の認知機能には相当に問題があり、とても高いリスクがあるという印象を持った。アメリカの過去の歴史を見ると、すでに少なくとも一回は、大統領についての同じようなリスクが顕在化しそうになったことがある。それは一九八四年、ロナルド・レーガンとウォルター・モンデールのディベートでのことである。このときレーガンは、一過性の激しい混乱状態になったのだ。ごく短期間の混乱は、ストレスがあれば誰にでも起こり得ることで、病気のサインとは限らない。もっとも、後から考えてみれば、一九八四年のレーガンの混乱は誰にでも起こるレベルのものではなかった。当時すでに彼の病気を懸念する声が国民からも出ていたが、後に明らかになったことによると、すでにその時点でレーガンの友人や家族は、彼の認知機能低下が進行していることに十分に気づいていたのだ(Corn, 2011)。しかし、医師から警告の声が挙げられることはなく、レーガンへの「礼儀」という理由で(私はそれを「礼儀」と呼ぶのは見当違いだと思うが)、政治の場で彼の認知機能が真剣に論じられることはなかった。医師からの警告があれば、レーガンの医療記録のチェックと、場合によっては精密検査が求められるのが自然かつ正当であったであろう。もしそうなれば社会は大混乱し、大統領選はその時点で決定してしまったかもしれない。だが私は個人的には、モンデールが二回目のディベートでレーガンに、丁寧にしかし狡猾に次のような質問を投げかけたらどうなっていたかと考えずにはいられない。

「先日の私とのディベートで、あなたは一時的にかなり混乱していたように見受けられましたが、もし同じことが国家緊急事態に際して起きたらどうなるでしょうか？」

レーガンは巧みにこの質問をかわし、モンデールは国民から嘲笑され、敗北が決定していたかもしれない。だがもう一つ別の可能性として、自分の精神的問題を多少なりとも意識していたレーガンが、モンデールに指摘されたことで狼狽し急に混乱することで彼の問題が露わになり、レーガンが敗勢になったということも考えられる。どちらの可能性が現実になっていたかはわからないし、幸運なことに、レーガンがいかなる疾患に罹患していたにせよ、大統領在任中には、（知られている限りにおいては）問題行動や不合理な意思決定がなされることはなかった。だがそれは結果論であって、今後、同様のリスクを再び見過ごしていいということにはならない。

認知症性の疾患が若い年齢で発症することは稀なので、現実的な対策として考えられるのは、一定以上の年齢の候補者について、認知症を発症していないことを証明するために認知機能検査を義務づけることであろう。具体的にどの検査を、どこで、誰が施行するか、また、大統領の業務遂行可能と判定する基準をどう定めるかなど、問題はいくつも残るが、党派を超えて公正に検査を行うことで、認知症の兆候のため大統領には不適格という客観的な判定基準を定めることは可能と思われる。

こうした制度が整備されていない現在においては、医学の専門家は、大統領候補の認知機能について懸念を持ったときは発言を躊躇してはならないと私は考えている。もちろんその発言は、どこまでも慎重なものでなければならない。可能な限り十分な医学的情報を国民に正確に提供しなければならない。その一方で、こうした情報を示すことには反対意見もあり、国民に混乱を招くこと、また、軽薄な医師による悪質な情報歪曲もありがちであることも認識しておくことが必要である。

(3)脳以外の病気/(4)医薬品や違法薬物の影響

脳以外の病気でも認知機能を悪化させるものはたくさんある。病気そのものはどんな年齢の人にでも起こり得るが、一般には高齢になればなるほど、認知機能が身体的不調の影響を受けやすくなる。医薬品も、たとえ適切に処方された場合でも副作用として認知機能に影響することがある。軽いものとしては、適切な言葉が出るのに少し時間がかかるといったかすかなものから、せん妄のような重度なものまで、認知機能への影響にはかなりの幅がある。そして言うまでもなく向精神薬には認知機能に影響しやすいものが多く、もちろん違法薬物やアルコールによる影響は大きい。薬の副作用の大部分は一時的なものだが、一部の薬剤は持続的な認知機能低下を引き起こす(アルコールと違法薬物は確実に引き起こす。通常は安全と言われている医薬品でも、持続的な副作用があり得ると言われている)。

候補者にこうした問題があるかどうかを確認するのは、認知症の確認に比べればさほど困難ではない。薬物反応や副作用所見などの検査結果を含めた客観的な医学的所見が開示されれば十分である。その結果、もし何らかの所見があれば、神経心理学的検査も必要になろう。そうすれば急性の認知機能障害があれば十分確認できるし、仮に陽性所見があったとしても多くは治療可能である。あるいは、少なくとも違法薬物使用の可能性や、気づかれにくい副作用(たとえば高血圧治療薬の副作用としての言葉の障害）は開示されるべきである。もしそれが治療しても治らなければ、前記（2）の脳の病気と本質的に同じ扱いが求められることになるであろう。

（5）頭部打撲の累積効果や、合法・違法の有害物質の影響

たとえ軽度の頭部外傷でも、特にそれが複数回の場合、また、合法・違法薬物の使用も、長期にわたる認知機能障害の原因になり、しかもその障害は進行性に悪化することが、現在では医学的定説になっている（そのメカニズムはまだ解明されていない）。最近の研究で明らかにされているのは、身体的接触のあるスポーツでは（サッカーのように、比較的身体接触は少なくても、頭部を使用するスポーツも含む。また、ＤＶや虐待による頭部打撲も含む）、何年も過ぎてからでも認知機能障害が発生し、進行性に悪化することがあり得ることである。原因となった頭部打撲が軽いように見えても同様である。これはＣＴＥ（Chronic Traumatic Encephalopathy，慢性外傷性脳症）（Boston University CTE Center, 2017）と呼ばれており、そのメカニズムについての医学的研究はまだ進行中の段階だが、過去に頭部外傷や物質乱用がある人の多くは、アルツハイマー病などの認知症性疾患に罹患していなくても認知機能障害をきたすことはもはや否定できない事実となっている。もっとも、その診断や経過の予測は、昔から知られている認知症性疾患に比べると複雑で困難である。

したがって、頭部打撲の累積効果や、合法・違法の有害物質の影響は、結果としての認知機能障害としては前記の（2）脳の病気と異なるものではないが、見逃されやすい原因であり、大統領候補者の過去のスポーツ歴などについての慎重なチェックが必要である。

要　約

アメリカ大統領の認知機能に障害があっても構わないと考える人はいないであろう。しかし今日に至るまで、アメリカ大統領候補者の認知機能障害やそのリスクについて確認する制度は存在しない。

ドナルド・トランプの精神疾患やパーソナリティの問題については多くの人が指摘している。元々精神状態や性格に問題がある人物に(その時点ですでに認知・判断・意思決定に問題があるわけだが)、認知症などの疾患が発症すれば、認知機能障害はさらに深刻になる。トランプが大統領選に立候補し、そして当選するという具体的状況が発生した今こそ、大統領選挙という制度の中に認知機能についての検討の導入を考慮するチャンスである。

とは言うものの、客観性や基準の設定や(たとえば、大統領としての適格性の基準をどう定めるか)、悪意によって情報が歪曲されることの回避など、複雑な課題が山積している。大統領候補者の認知機能を検討するプロセスが実現すれば、様々なリスクを生み出さずにはいられない。声をあげる時は慎重な上にも慎重な姿勢が必要である。そして聴く側の人々は、良い意味で懐疑的でなければならない。

大統領候補の認知機能について問題を指摘するのは、とても滑りやすい坂道を進むようなものだ。しかし、その坂の存在そのものを否認して、アメリカや世界への潜在的リスクについて見て見ぬふりをするより、慎重にバランスを取りながら坂道を進むほうがはるかに賢明である。

PART 2: THE TRUMP DILEMMA

第Ⅱ部　トランプ・ジレンマ

SHOULD PSYCHIATRISTS REFRAIN FROM COMMENTING ON TRUMP'S PSYCHOLOGY?
Leonard L. Glass, M.D., M.P.H.

1　精神科医はトランプの精神状態についてのコメントを控えるべきか

レオナルド・L・グラス(M.D.)

公衆衛生学修士。マサチューセッツ州ニュートンの精神科医・精神分析医。ハーバード大学医学部精神医学准教授(非常勤)、マクリーン病院上級精神科医、ボストン精神分析学会元会長。米国精神医学会の終身名誉会員であったが、二〇一七年四月にゴールドウォーター・ルールに抗議して辞任。倫理学、心理学、集団の危険性についての精神医学、精神療法とその境界領域について専門的論文を執筆。自動車運転中の発作的な怒りやスポーツの観衆の暴力についての一般向けの文章も書いている。

精神科医はトランプの精神状態についてのコメントを控えるべきか？　この問いに対しては相反する二つの立場がある。

明らかに「ノー」とする立場

ゴールドウォーター・ルール[*1]は、精神医学・心理学の専門家が政治の分野にかかわる意見を述べることを禁じている(Friedman, 2017)。当時大統領候補だったバリー・ゴールドウォーターの診断について、一九六四年に精神科医たちが意見を述べたことをめぐる訴訟に懲りた米国精神医学会が、精神医学の権威失墜を避けるため、このルールを定めたのである。

ゴールドウォータールールの基本理念は、専門家が人の精神状態について意見を述べることが許されるのは、本来の診断方法を遵守した場合に限るというものである。すなわち、直接対面しての診察が必須なのはもちろん、過去の病歴聴取(本人及び信頼できる家族からの情報)、心理・身体についての十分な検査なども不可欠で、こうした手順なしに述べられた意見は、それでも専門家の意見なので正しいものとして社会に受け入れられがちだが、実際には信頼に値しないというのがゴールドウォータールールの立場である。

最近、米国精神医学会の倫理委員会はゴールドウォータールールの範囲を拡大し、精神科医は、有名人の職業的地位にかかわるいかなる意見も述べてはならないと定めた(American Psychiatric Association, 2017)。

米国精神医学会は有名人の診断を述べることを禁止する理由をいくつも挙げているが、いずれも、精神科医という同業者集団の権威を守るという目的が根本にある。精神科医が、偏った意見や、不十分な情報に基づく意見や、そもそも専門外の領域についての意見を述べることは、精神科医そのものへの不信を生むことになりかねない。それどころかまともに取り合われず、新聞や雑誌の一コマ漫画レベルと同等の軽い馬鹿話とさえ捉えられかねない。

それでも「イエス」とする立場

ゴールドウォータールール(特に拡大版)には、基本的なレベルに欠陥がある。それは「臨床場面での専門的意見」(患者についての診断等)と「非臨床場面での専門的意見」(一般論としての医学的見解)を混同しているという問題である。後者の場合、対象はそもそも「患者」ではないから、患者についての規定である守秘義務の適用外であり、精神科医の「意見」は投資やレシピについての専門家の「意見」と変わるところはない。

同様に、いわゆるタラソフ原則の厳密な適用についても私は疑問を持っている。タラソフ原則は、治療中の患者が特定の他者に危害を加えるおそれが高いことを精神科医が知った場合に限り通常の守秘義務は解除され、その他者に危険を警告する義務が発生するというものである。しかし、自分が治療中の患者に関連する人物以外については、警告する義務の意味あいは変わってくる。つまり専門家は、一見関連性がないように思える情報を適切に結びつけることで見えてくるものを、社会の人々に警告することができる。世界で最も強力なポジションに就いている人物が非理性的だったり衝動的だったり人の意見を聴かないことがいかに危険な兆候であるかを示すことができる。ここでいう警告する義務とは、ある特定の専門知識を持った市民としての義務であって、主治医が担当患者の暴力から他者を守る義務とは異なるものである。

表面を見ただけでは一般の人々には理解し難い現象も、専門家から説明を受ければ理解できるようになるものである。医師の倫理ガイドラインにも、「一般の人々に必要な情報を提供する」という記載がある(American Psychiatric Association, 2013)。たとえば、自分の成功を声高に述べるばかりで、決して自分の誤りは認めず、それどころか誤りを指摘した人を非難する人間の心理はどう評価するのが正しいだろうか。見る人が見れば、自分の不安を解消するために強がっているだけであることが明らかでも、中にはその強がりをそのまま信じてしまう人もいるものである。この例ひとつから見ても、正しい視点を広く一般に提供することも専門家の責務であることがわかる。

ドナルド・トランプについては、確定診断に必要な直接の診察所見がないのは事実である。しかし彼はもう何年も前から有名人で、何より彼の言動を記録した動画が膨大に入手できるから、診断のためのデータは十分すぎるほど十分にある。ゴールドウォータールールは、元々は有名人の見えざる心理状態を推定することを禁止するためのものであったが、拡大版ゴールドウォータールールは、広く公開され目に見える言動について精神科医がコメントすることまでも禁じている。

では、フットボール選手の試合中の受傷について、それをテレビで見ただけの整形外科医がコメントするのはどうだろうか。選手を直接診察していないから、専門家としての意見を述べることは禁止だろうか。もちろん、診察もせずレントゲン写真もない状況での意見には限界があるが、そんなことはあまりに明白なのでいちいち断らないのが普通である(限界があると断ったうえで意見を述べる方が慎重で望ましいとは言えるが)。精神科医の発言を学会が封じるということは、会員である精神科医の判断や成熟度を、学会が尊重も信頼もしていないことの証にほかならない。

精神医学を診察室の中だけのものに限定しようとする米国精神医学会は、精神医学の権威を保護しようという意図とは逆に、精神医学の存在意義を低下させている。

もちろん精神科医の意見にもバイアスがあることは認めなければならない。マスコミに軽々しいコメントをする精神科医がいることも認めなければならない。専門家は個人的な感情や信条によって判断を歪めないよう研鑽を積んでいるが、専門家といえども人間であり、弱さを持っていることは否めない。私は、米国精神医学会が本来精神科医に対して取るべき行動とは、発言そのものを禁じたり、違反されるためにあるような倫理コード(現在のゴールドウォータールールがそれにあたる)を作ることではなく、コメントする場合の慎重さを強く求めることであると考えている。そうすれば精神科医に、自らのコメントの重さを認識し、社会に対する責任を自覚させることになるであろう。それこそが精神科医に求められる倫理意識であって、一部の精神科医の軽率な発言による信頼性の失墜から精神医学を保護することを主眼とする倫理コードで精神科医すべてを縛るのは不健全である。

自分が直接診察していない有名人に「診断」を下すことと、専門家としての「意見」を述べることとは、はっきりと一線を画した二つの行為であることを私はここで再確認しておきたい。「診断」は「意見」よりも確定的なものであり、高い確実性を求められるものであり、確立された専門的手順に従って初めて示せるものである。診断を下すためには、本人の同意を前提とした精密な診察が必要で、それなしには、診断とは名ばかりの推測か、それどころか中傷にもなり、医学の信頼性を低下させるだけの結果を招く。だがそれでも、メディアに開示された情報のみに基づくことの限界を認識したうえであれば、有名人の精神状態についての価値ある「意見」を呈示することが精神科医には可能である。

「イエス」も「ノー」も一理ある

有名人の精神状態について直接診察することなしに精神科医がコメントすることは許されるかという問いに対しては、「イエス」という答えも「ノー」という答えも、それぞれ倫理的に正しいとする根拠があると私は思う。コメントしないという立場は、専門家としての慎重さを貫く姿勢である一方、専門家の権威とイメージを守ることを優先して医師としての良心の声を抑えているという批判は免れない。逆にコメントするという立場は、メディアに開示されたデータだけに依拠している(直接の診察によるデータはない)という前提を明確に示したうえであれば、専門家の目から見た社会への危険を人々に知らせるという義務を積極的に果たすことができる。

「イエス」「ノー」どちらも専門家としての良心に裏打ちされた倫理的な答えであり、どちらかを非倫理的であると決めつけることだけが非倫理的だというのが私の見解である。

なぜ私は声をあげることを選択したのか?

恐ろしい時代になっている。ホワイトハウスの現在の主が無軌道で執念深いことはもはや誰にも隠すことはできない(Chollet, Kahl, and Smith, 2017; Remnick, 2017; Shelbourne, 2017; Tumulty, 2017)[1]。ところが、トランプのそんな性格が、彼の人気を支えるところとなっているのだ。彼の発言には躊躇も反省もない。彼は「ポリティカル・コレクトネス」という概念を否定する。それを見て彼こそは本物だと感じる人もいる。みんなが心の中で思っていながら口に出せなかったことを堂々と言う姿勢を尊敬するのだ。彼はすぐに怒りを露わにし、ろくに考えずに報復に走るが、それもまた一部の人にとっては魅力的に映っている。現在の社会経済システムのため生活が圧迫され先行きに不安と無力感を持っている人々は、彼のそんな姿勢に希望を見出しているのだ。私はそうした人々に共感できる。皮肉なことであるが、以前にも増して共感できるようになった。なぜなら私も同じ種類の無力感に苛まれているからだ。もしそれを解消してくれそうな強力で権威ある人物が登場すれば、私は元気をもらえるであろう。だが悲しいかな、登場した強力で権威ある人物は、逆に私の無力感を高める人物であった(もっともトランプが、彼を支持する人々のためを真摯に考えて行動しているとは私には到底思えないのであるが)。

それでも私は、私と同じ問題意識を持つ人々との一体感を感じることができている。そして警告の声をあげることで、社会の人々に、自分と同じ問題意識を持つ人が多いことを知ることで安堵していただきたいと思っている。さらには、いま私たちが直面している危険の本質が精神医学的に解明できることを知って力を得て、ご自身の行動を決定するにあたって本書の内容を参考にする人々もいらっしゃることを期待したい。

米軍最高司令官としてのドナルド・トランプの本質的に危険な性質

私を含めた多くの人々は、トランプの言動の中に衝動性を感じ取っている。彼は自分に反対する者には誰にでもすぐに攻撃をしかける。立ち止まって考えるということをしない。自分がよく知らないことや自分にとって不愉快なことの中に大切な物があるという考えは浮かばないようだ。自分は「将軍たちより物を知っている」と言い、自分の「偉大な」計画は必ず成功すると言う。「吐き気がするくらい成功ばかりになる」とまで言っていた。このような自信過剰と短絡反応の組合せは、不動産業界では長所であったかもしれない。そこで出会う危険は、個人の資金にかかわるレベルのもので、おそらくは回復可能なものであったからである。しかし複雑な状況を無視した「早撃ち」は、国家の安全保障や地球環境を扱う場合にははるかに深刻な帰結をもたらす。

精神医学的観点から見ると、常に自分の能力を絶賛し、他人を貶めたり嘲笑したりせずにはいられない人物は（私は選挙キャンペーンのことを言っているのではない。選挙では対抗馬より自分を良く見せようとするのは誰もがすることである）、深層心理に強い不全感を持っており、それは表面に出ている強烈な自信とは対極にあるものである。

一見すると奇妙なことだが、一つの分野で成功を収めた人物は、まったく別の無関係な分野でも自分は優れているのだと根拠なく主張するものである。しかしそれは自己の内部にある不安感を打ち消すための態度にすぎず、同時に、スターを求める人々に対しては強くアピールする態度でもある。

衝動性と肥大しきった自己イメージは、自分の無知をますます覆い隠す。そんな状態では権力を理性的に行使することなどできるはずがない。だがトランプとその取り巻きは、このことを認めようとしない。私たちの暮らしの安全が彼にかかっている以上、それなら私たちがこのことを何より認識しておく必要がある。彼のパーソナリティから生まれる判断は信頼できない。危機に慎重に対応することも彼には不可能だ。私たちは法に認められた適切な行動を取ることでダメージを最小にし、力を結集して危機を未然に防がなければならない。

ドナルド・トランプは精神疾患に罹患しているのか？

私はこの問いにはあまり意味がないと考えている。理由は二つある。第一に、精神疾患だからといって、優れた仕事ができないということには決してならない。エイブラハム・リンカーン（うつ病）、ウィンストン・チャーチル（双極性障害）などの例を見れば、それは明らかである。第二に、本人を直接診察せずに診断について推測することは、文字通り推測でしかない。精神疾患か否かよりもはるかに重要な問いは、トランプ氏が大統領かつ最高司令官としての複雑な重責を果たす能力があるか否かである。

トランプ氏が日々述べる自分の言葉が明白な誤りであることを自覚しているのか自覚していないのかを知る術は私たちにはない。確実にわかっているのは、彼が自分の誤りを認めないという事実である。加えて、彼は経験から学ぶこともできないようで、確信犯的に同じ誤りを何度でも繰り返している。

結　論

いまホワイトハウスは精神医学界のみならずアメリカという国に難題をつきつけている。私たちは特異なパーソナリティの（衝動性、自分は常に正しいという確信、強い復讐心、複雑な状況について根拠なく断を下すなどの特性を持つ）人間を大統領に選んでしまったのだ。彼には健全な意思決定をする能力がない。いま私たちは、強大な権力が濫用されるおそれを現実のものとして捉えておかなければならない。

原　注

（1）トランプのビデオ分析に基づいた判断であり、直接の診察に比べて限界があることは認識されている。

訳　注

＊1　本書「見えるものは見る、知っていることは言う」〔Ⅱ－2〕参照。

ON SEEING WHAT YOU SEE AND SAYING WHAT YOU KNOW: A Psychiatrist's Responsibility
Henry J. Friedman, M.D.

2　見えるものは見る、知っていることは言う――精神科医としての責任

ヘンリー・J・フリードマン(M.D.)
ハーバード大学医学部精神医学准教授(非常勤)。専門は精神分析。『サイコアナリティック・クォータリー』『アメリカン・ジャーナル・オブ・サイコアナリシス』『ジャーナル・オブ・アメリカン・サイコアナリティック・アソシエーション』編集委員。米国精神分析学会が隔年開催している「著者に聴く」の主宰者も務めている。

精神医学と精神分析を学び、何十年もの臨床研究を積んだ精神科医が、自らの観察能力をオフにすることができるものだろうか？　仮にできるとして、では、なぜそんなことをする必要があるのだろうか？　そんなことをすれば、一般の人々に対して精神科医の専門知識を隠蔽することになるのになぜ？　これらの問いについてよく検討しなければ、メディアを通して見られるドナルド・トランプ大統領の精神医学的な分析結果を公表することはできない。ただし、米国精神医学会の立場から離れれば、そんな検討はまったく必要ない。米国精神医学会には、トランプのような有名人については、直接診察していない限りはコメントしたり診断名を述べたりすることを禁ずるゴールドウォータールールという倫理規定があるのだ。だが米国精神医学会の立場には皮肉なパラドックスがある。もし逆に直接診察したとす

れば、今度は守秘義務によって、本人の承認がない限りは何も開示できないことになるから、仮にトランプは大統領として不適格であるという結論に達しても、精神科医はそれを口にすることはできないのだ。

ゴールドウォータールールは一九六四年、『ファクト』誌が当時の大統領選でリンドン・ジョンソン氏の対立候補だったバリー・ゴールドウォーター氏について精神科医たちの診断意見を掲載したことを機に作られたものである。回答した精神科医の大多数は、ソビエトとの冷戦で核兵器使用を是認するゴールドウォーター氏はパラノイア(あるいは、妄想型統合失調症)であるという意見であった。読者の多くはそれをゴールドウォーター氏の確定診断であるかのように受け取った。そしてゴールドウォーター氏は名誉毀損訴訟を提起し、『ファクト』誌は敗訴した。当時の米国精神医学会の狼狽と懸念は容易に想像できるが、一九七〇年代初頭以後の変革した世界では、ゴールドウォータールールに修正が必要なことは明らかである。メディアが大きく進歩し、三六五日二四時間ニュースが流れ、人々が指導者の姿を直接見ることができるようになった現代の状況では、ゴールドウォータールールは破棄すべきだというのが私の考えである。ところが米国精神医学会の倫理委員会は、会員の意見を聴くことなしに、逆にゴールドウォータールールを拡大し〔本書「プロローグ」参照〕、診断名のみならず、いかなるコメントも、大統領をはじめとする有名人について述べてはならないと決定したのである。

テレビの発達に加えて、現代では電話やスカイプによる遠隔診療が精神療法や精神分析で活用されるようになり、精神科診察で患者と直接の対面が必須であると考える精神科医は少なくなっている。人によって温度差はあるものの、電話やスカイプの活用は、日々の診療にも、医師不足の地域の患者の治療にも欠かせなくなっていることはもはや否定できない。新しいコミュニケーションツールによるこのような「遠隔」診療への移行により、トランプ大統領についてコメントすることには抵抗がなくなり、むしろ必要なことになったと言えよう。

現代の私たちは毎日テレビのニュースでドナルド・トランプを見ている。ツイッターなどでリアルタイムに彼の意見に接している。こうした状況にある以上、専門家であれば、彼の思考スタイルと、自分にとって気に入らない現実のストレスに対する彼の反応について述べないわけにはいかない。専門的に見れば、トランプ大統領にはパラノイア的思考とパラノイア的性格を見出すことができる。このことを示すことで、一般の人々はより正確かつ批判的に彼を見ることができ、適切な対処行動を取ることができるようになる。

パラノイア的思考が持続するのは、パラノイア的な性格構造がある証拠である。パラノイア的な性格構造を持つ人物は、他人の中に常に悪意を見出し、出来事の中に常に危険を見出す。二〇世紀の全体主義的指導者は例外なくパラノイア的思考を持っていた。彼らの破壊的行動は、その思考の現れにほかならない。彼らは国土すべてを支配する。常に自らの権力拡大のため、報道の自由を抑圧する。政敵を拘留したり抹殺したりする。政治権力を軍事力として行使する。何百万人もの人々を殺害したヒトラーとスターリンはいずれもパラノイア的思考を持っており、その思考に基づいて「人民の敵」とみなした人々を無慈悲に殺害したのである。

ヒトラーとトランプの類似点の話になると、嵐のような反論にあうものである。強く反論する人は、ヒトラーがすぐに報道人を逮捕したり政敵を殺害したりしたことを指摘する。トランプがそのようなことをしていないのは事実であるが、それは現代アメリカ民主主義の力があるからであって、トランプの感情的思考パターンがヒトラーと大きく違うことを意味しているわけではない。

全体主義的な考え方は現代にも容易に蘇る。なぜなら全体主義の根底には、人々に恐怖と憎悪を強く煽るパラノイア的思考があるからである。特に、教育レベルがあまり高くない国民は煽られやすい。トランプはヒトラーと同様、祖国が凋落し始めているという指摘を主張の中心に据えている。その責任は、アメリカで最初のアフリカ系アメリカ人大統領オバマにあるとトランプは指弾した。オバマがアメリカをめちゃめちゃにしたというのだ。オバマがしたことを「アメリカ大虐殺」とさえ呼んだ。実際にはオバマ大統領は、二〇〇八年の不況から経済を立て直して大恐慌を未然に防止し、貧困層や中流階級に医療保険を拡大し、マイノリティや女性の権利を拡大したのにもかかわらずである。

「深刻な危険が現実に目前に迫っている、その証拠に人々が心の中でそう感じている」というのは独裁者に共通する主張である。ヒトラーにとっては、ユダヤ人の脅威は現実のものであった。そしてトランプにとっては、不法移民とメキシコ人が特に脅威であった。さらには、事実を軽視し、想像を「事実化」することによって、危険が迫っている、ある特定の大集団(ヒトラーにとってはユダヤ人。トランプにとってはイスラム教徒)が悪意を持っている、という主張を強化することも、パラノイア的性格の独裁者に典型的な手法である。人々の憎悪を敵に集中させることができるからである。

トランプを批判する人々の多くは、いわゆるナルシシズムを指摘する。彼はまるで子どものように、自分が注目されていないと気がすまない。この指摘は主にジャーナリストから、さらには精神医学・心理学の専門家からなされている。だがこのことは、トランプの持つパラノイア的傾向を過小評価し、彼の精神的機能障害をむしろ実際より軽く評価していることにほかならない。同様のことは、トランプが不法移民やイスラム教徒を攻撃するのは単に自分の支持基盤を固めようとしているだけだという見解にも言える。そのような見解の人は、トランプは自分の支持基盤である白人労働者階級の男性にアピールするために不法移民やイスラム教徒を利用していると、したり顔で述べるのである。だがこれはもっと不穏な可能性を軽視している。それは、トランプがパラノイア的で、彼の個人的な憎悪と彼の支持者の憎悪にオーバーラップがあるという可能性である。トランプと彼の支持者は手に手を取って、フランクリン・デラノ・ルーズベルトがニューディール以来培ってきたアメリカ合衆国の社会と生活をすべて振り出しに戻そうとしている。

私たちの自由民主主義の進歩は決して急速だったとは言えない。ゆっくりだったと言ったほうがいい。画期的な運動がなされて変化が統合されることを繰り返しながら進歩してきたのだ。しかしその統合は常に、変化を受け入れない人々の反対にあってきた。公民権運動は、アフリカ系アメリカ人の新しいアイデンティティを確立した。彼らは白人より劣った二級市民として扱われることを拒否した。白人と同等の地位の認定を獲得する運動は、非暴力による抵抗とデモ行進という形で行われた。そしてついに黒人が選挙権を獲得し、彼らの票が国政選挙と州選挙の両方における強力な決定要因になることで、公民権運動はさらに前進を続けることになった。アフリカ系アメリカ人と、女性と、リベラルな有権者の力を合わせて、アフリカ系アメリカ人の最初の大統領が選出された結果、オバマ大統領を含む多くのリベラルは、アメリカ合衆国の人種差別の時代は終焉したと信じた。しかし残念ながら、そうではなかったことが判明した。黒人がホワイトハウスの主になることで逆に、過去の奴隷制度や、アメリカ合衆国の南北戦争による分裂の傷がまだ癒えていないことが示されたのである。

共和党の大統領候補指名獲得キャンペーンでトランプは、白人労働者階級の人種差別主義をくすぐり熱狂的な支持を得た。対立候補を攻撃する言葉はこの種のキャンペーンでは前例のないものであった。だがそれにも増して彼が大いに利用したのは、既存の政治に対する支持者の不満や軽蔑といった感情にアピールするポピュリズムであった。この段階ですでにトランプは、でっち上げを人々に信じさせる自らの能力にはまっていたと言える。デカルトは「我思う、ゆえに我在り」と言ったが、トランプの思想は「我思う、ゆえにそれは事実なり」である。トランプは現実を見ようとしないのだ。彼はしばしばオルタナ右翼のウェブサイト[*1]の情報を信じているが、事実確認もしなければ疑問さえ持たずに信じているのである。この誇大妄想的とでも言うべき思考パターンが、トランプの特徴であることはあまりに明らかである。

読者は私がトランプ大統領に精神科の診断を下そうとしているように思われるだろうか？ それはイエスでありノーでもある。イエスとノーの中間かもしれない。だがいずれにせよ、私は一つのことだけはきっぱり拒絶する。トランプについて、テレビや信頼できるメディアから私が見たり聞いたりしたことを否定することは絶対に拒絶する。CNN、MSNBC、「ニューヨーク・タイムズ」、「ワシントン・ポスト」の尽力による、トランプと彼の政権についての報道は、彼がヒトラーのような過激路線に走り、今以上の害悪をもたらすことを防ぐために不可欠である。したがって、事実の報道を「フェイク・ニュース」だと言ってトランプが非難するのは、全体主義国家の常道である報道弾圧までは達していないものの、同じ方向性を持っている攻撃行動だと言わなければならない。トランプはメディアの掌握や報道の禁止まではできなかったし、今後もできないであろうが、彼の選挙キャンペーンへのロシア干渉疑惑の調査をやめさせようとしたことは忘れてはならない。トーマス・フリードマン〔「ニューヨーク・タイムズ」のコラムニスト〕、レイチェル・マドー〔ニュースキャスター、政治評論家〕、ローレンス・オドネル〔政治アナリスト、脚本家、俳優〕などの一部のリポーターたちは、トランプ氏は「クレイジー」だと述べている。FBIのジェームズ・コミー長官の解任を見た人々の多くは、トランプは精神に異常をきたしていると述べている。いずれも精神医学の専門家でない人の言葉だが、トランプの思考についての印象を素直に述べたものであると言えよう。「モーニング・ジョー」〔MSNBCの番組〕でドニー・ドイチュは、精神科医は一体いつトランプ大統領の見立てについて口を開くつもりなのかと発言していた。ドイチュは、ゴールドウォータールールは無視すべきだという考えであった。トランプの精神状態が大統領として不適格であるという合理的な疑いがあるのであれば、そう述べるべきであるというのである。

ドナルド・トランプ自身が、パラノイア的で、過度に敏感で、誇大的で、無知な指導者であるのみならず、側近たちも彼のパラノイア的猜疑心や主張をただすことができずに彼と結託しているという状況は、アメリカだけでなく全世界への脅威である。私が患者から最もよく聞く懸念は、トランプが衝動的に北朝鮮との核戦争を始めるのではないかというものである。この懸念は非常に強いので、アメリカ国内ですでに始まっている問題が覆い隠されてしまっている。それは、ルーズベルトのニューディール以来、アメリカ国民が進化させてきた公正で真正な社会の侵食である。アメリカ社会は、オバマ大統領の下で、良識の頂点に達していた。オバマは偉大で強力な国家の安定したリーダーの具現であった。トランプには、オバマが達成したすべてを破壊しなければならない理由があった。それは善き物を憎む彼のパラノイア的性格である。善き物の達成した地点にパラノイア的性格は達することができないのみならず、理解することも容認することもできないのだ。トランプのような破壊的な性向を持つ人物は、患者として治療することも困難である。セラピストの持っている善き物、すなわち治療能力が、破壊のターゲットになってしまうからである。それでも患者本人が苦悩を自覚して治療を求めてくることはしばしばあるのだが、するとセラピストには有効な治療手段が乏しいことが直ちに明らかになるものだ。

こうした背景の下、トランプ大統領を直接診察せずに分析することが可能なのか、倫理的なのか、誰がそれを決めるのかをあらためて考えなければならない。特に問題となるのは米国精神医学会のスタンスである。ゴールドウォータールールを改訂した米国精神医学会は、精神医学の専門家にトランプを分析することを禁ずるという立場を取っているのだろうか。一時代昔の精神科医は、電話やスカイプを使えば遠隔でも精神分析を行うことができるという考えを批判するだろう。古典的な精神分析では、自由連想[*2]している患者を直接観察することが必須とされていた。患者の無意識は、セラピストとの相互作用の中で発見され解釈されるものとされていた。このような古典的精神分析の考え方からすれば、トランプの分析は不可能である。しかし、最近の対人関係精神分析の視点から見れば、逆に患者と距離を置かなければ分析は不可能なのである。トランプが直接セラピストの診察を受ける可能性はほとんどないので、私たちは、彼を治療の対象としてではなく、観察して記述する対象として見る必要がある。すなわち、彼が開示しているものすべてを、躊躇なくありのままに受け入れて分析する必要がある。このとき、開示された内容を正常だと錯覚しないよう十分に注意しなければならない。その内容が今後変わっていくと考えるのも禁物である。トランプは私たちにこう迫っているのだ。「私を信じるのか、それとも自分の曇った目を信じるのか」と。

　トランプがいま何を考えているかは、ツイッターやスピーチの中に見ることができる。それらを見れば、彼が前に述べた内容とは矛盾することを言っていることがわかる。精神分析を最も広く定義した場合でも、トランプはその対象からはみ出すかもしれないが、自分に反対する人に対する彼の反応に彼の性格特徴が現れていることは、膨大なツイートやスピーチの中に読み取ることができる。彼に対する批評の定番は、彼が幼稚だということである。彼の言動は成熟した大人ではなく子どものようだというのである。裏を返せば、彼はまだこれから成長できるということになるが、それは希望的観測にすぎず、トランプのパラノイア的性格の問題を過小評価しているという点において間違っている。彼は、アメリカは弱体化し凋落しており、そんなアメリカを救えるのは自分だけであり、刃向かってくるリベラルな民主党からアメリカを守らなければならないという黙示録的パラノイア的思考にとりつかれているのである。彼が育った環境から現在のトランプを「理解」しようとするのは、希望もなければ必要もない試みである。パラノイア的性格の発展は自律的に進んでいくもので、いったん形成されてしまえば、その由来を説明したところで無意味なのである。

最終的には、トランプ政権への反応は有権者から生まれて来なければならない。彼が推進する政策のすべてが私たちの国を壊滅させるものであるとまでは言えないだろう。それでも貧困層と失業者が苦しむのは間違いないが、真の危険は大統領の性格にある。それは変わることはない。そして彼がホワイトハウスにいる限り、この国に影響し続ける。精神科医をはじめとする精神医学・心理学の専門家が見れば、トランプ大統領の真の脅威は彼の政策ではなく、彼のパラノイア的性格にあることは明らかである。トランプ大統領の不合理な言動の説明にコメンテーターやリポーターは四苦八苦しているが、精神科医の目から見れば、彼の言動はパラノイア的性格の現れとしてごく自然である。ジェームズ・コミー氏の解任の時期と理由や、彼と交わした話の内容についてトランプが嘘をついたのもまったく驚くべきことではない。トランプはこれからも、裏切られたと思い込んで部下にかみつくことが何回もあるであろう。パラノイア的性格の人は、周囲の人々が常に自分を裏切ったと感じ、怒りによって報復するものだ。ヒトラーとスターリンは次々に敵を作っては殺害した。トランプは殺害はしなかったが解任した。精神医学の知識があれば、リポーターも国民もトランプの言動に慌てふためくことはない。パラノイア的性格からすべて説明できるからである。彼のパラノイア的性格への認識なしには、民主主義と国家安全保障の維持と発展を確保することは不可能である。

訳　注

＊1　アメリカにおける主流の保守主義の代替（オルタナティブ）として出現した、右翼思想の一種。移民への反対などが特徴とされる。

＊2　精神分析の基礎的な技法で、患者に心に浮かぶすべての思考を言い表させ、その内容を分析することで心理的抑圧などを解明していくこと。

THE ISSUE IS DANGEROUSNESS, NOT MENTAL ILLNESS
James Gilligan, M.D.

3　問題は危険性である。精神疾患ではない

ジェームズ・ギリガン(M.D.)

ニューヨーク大学精神医学教授および法律学准教授。暴力研究の専門家として高名で、著書『暴力――死への疫学とその原因』『暴力の予防』『危険な政治家とは』は高く評価されている。また、マサチューセッツ州刑務所の精神科部門部長および併設精神科病院院長、国際司法精神療法学会理事長でもある。クリントン大統領、トニー・ブレア、コフィ・アナン、国際司法裁判所、世界保健機関(WHO)、世界経済フォーラムのコンサルタントも務めている。

今日のアメリカの精神科医は、二つの異なる公的機関によって、二つの正反対の職業的義務を負わされている。どちらに違反しても倫理違反とみなされるのである。その第一は、患者本人の承認がない限りは、その患者については沈黙を守る義務である。第二は、患者が他人に危険をおよぼすおそれがあれば、その患者本人の承認がなくても、その危険について公表する義務である。第一のほうは一九七三年に米国精神医学会が定めたゴールドウォーター・ルール[*1]で、精神科医は、直接診察していない人物についての専門的意見を公表することが禁じられている。第二のほうは一九七六年の裁判所判決に基づくタラソフ原則で、精神科医は、警告の義務を課せられている。すなわち、ある患者が他人に対して危険であ

ると判断した場合には、被害を受けるおそれのある人にそれを知らせ、危険から守る方策を講じるため、その危険を公にすることが義務づけられている。

倫理的にも法的にも、タラソフ原則はゴールドウォータールールに優先する。

精神科医が臨床医として医療に従事する限り、受け持っている「患者のため」の仕事が第一の責務である。しかし他のすべての医学分野と同様、精神医学の守備範囲は臨床だけではない（臨床とは、病気になってしまった患者を診断し治療することを指している）。精神医学は公衆衛生と予防医学の一分野でもあり、その意味では「社会のため」の仕事が第一である。なぜなら一次予防・二次予防[*2]は、社会レベルで行ってこそ有効だからである。ここでいう予防とは、患者自身を病気から守ることはもちろんのこと、病気や逸脱行動によって他者を傷つけたり殺したりすることの防止も含んでいる。社会レベルで介入すれば、社会全体の病気や怪我や死亡の発生率を低下させることも可能になる。臨床は公衆衛生の観点からすれば三次予防[*2]にすぎず、一次予防・二次予防と比較すると、効果はきわめて限定的である（Gilligan, 2001）。そのような観点からすれば、ある特定の有名人の行動が社会に対して危険をもたらすおそれがあることが、これまでの研究データから推定できるのであれば、私たちはそれを社会に警告する義務がある。その人物が危険か／危険でないかは、その人物が精神疾患に罹患しているか／していないかとは無関係である。

ゴールドウォータールールのプロトタイプは、ヒトラー登場よりずっと以前に、ドイツの大学者マックス・ウェーバー（Weber, 1917）が『職業としての学問』に記した、「知識人や学者は政治的意見や党派的なことを述べてはならない」という意見である。一般論としてなら政治を語ることは容認されるが、特定の政党や政治家への支持や反対とみなされ得ることは一切述べてはならないというのである。

私はこの意見に対して常に疑問を持っていた。なぜならこの意見は、ドイツの知的専門的指導層に対して、いかなる未曾有の危険に直面しても沈黙を保つよう指示しているように解されるからである。一九三〇年代のドイツ精神医学会が、ヒトラーの勃興を目にしながら沈黙を固守したことには何ら正当性を見出せない。それどころか現代の観点からすれば、沈黙することは、ヒトラーの暴虐の不作為的促進であると言えるだろう。それは当時のドイツの聖職者、教授、弁護士、裁判官、医師、ジャーナリスト、その他の専門家や知識人と同罪である。彼らはみな、ヒトラーという明確なサイコパス[*3]が権力を手にしドイツを史上最悪の大惨事に導くのを見て、口を開くことができたのに、それをしなかったのである。現在のアメリカと大統領の関係は、当時のドイツとヒトラーの関係と同様である。それはトランプがヒトラーの生まれ変わりである／ないとは関係ないし、私は彼がヒトラーの生まれ変わりであるなどと言うつもりもない。

私たちが提起している問題は、トランプが精神病であるかどうかではなく、彼が危険であるかどうかである。「危険」は精神医学の診断名ではない。危険すなわち「精神的に病気」ではない。法律にも精神医学にもそんな定義はない。実際、大部分の精神病患者は暴力的ではないし、大部分の暴力は精神病でない人によってなされている。暴力と精神病との関連性は、仮にあるとしても非常に低い。アメリカの殺人事件のうち心神喪失で無罪になるのはわずか一％である。残りの九九％は精神的には健康で、刑事責任能力ありと認定されるのである。

トランプ大統領は、DSM－5などに収載されている精神疾患の診断基準を満たすかもしれないし、満たさないかもしれないが、それは私たちがいま提起している問題とは無関係である。

それに、危険性を評価するための最も信頼性の高いデータは、本人の診察を必要としないし、また仮に必要でも診察は不可能なことが多いものである。危険性の高い人物はしばしば（常にではないが）、危険ありと判断される事実そのものについて過小に述べたり、隠蔽しようとする。最も信頼性が高いのは、家族や友人からの情報だったりする。警察からの報告や犯罪歴や既往歴や法的記録、その他の第三者からの情報の方が重要なこともある。トランプの場合にはさらに、多くの公的記録や、メディアの記録や、演説や、インタビューや、ツイッターもある。彼のツイッターには、暴力の脅し、暴力の扇動、そして習慣のように繰り返してきたと自ら認める暴力の自慢が溢れている。

あまりに危険性が明白な人物の場合には、精神医学や犯罪学の知識などなくてもそれとわかることがある。トランプの危険性を認識するためには、重大犯罪者評価のための五〇年間の専門教育などまったく必要ない。次のような言動を見れば明らかだからである。

・**「実際に使えないのだったら核兵器を持っていることに何の意味があるのか？」と尋ねた。**たとえば、MSNBCの対話集会でのクリス・マシューズの質問に対し、「ISISに攻撃されても、あなたтака核兵器で報復はしないのか？」と彼は問い返している。マシューズが「アメリカ大統領候補が核兵器使用をほのめかしていることを世界中の人が聴いていますよ。アメリカ大統領が核兵器を使用するなんて誰も聴きたいと思っていませんよ」と指摘したのに対し、トランプは、「じゃあなぜアメリカは核兵器を作っているんだ？」と聞き返した。MSNBCのジョー・スカボローによればトランプはこれまでに三回、外交政策顧問に、「核兵器を持っているのになぜ使えないんだ？」と質問しているという（Fisher, 2016）

・**捕虜に対して拷問かそれ以上に非道な扱いを政府に促した。** 大統領選挙運動中に彼は何回も「拷問は有効な手段だ」と繰り返し、「水責め」を復活させ、さらに新しい「もっと強烈な方法」を導入すると公約している。そうした方法は米国法で禁じられていると指摘されると、法律を変えて拷問を合法化するのだと言い張った。ＩＳＩＳが違法に行っている拷問を、アメリカは合法的に行うというのである（Haberman, 2016）

・**五人の無実のアフリカ系アメリカ人の青少年を、性的暴行の罪で死刑にせよと主張した。** 一九八九年、トランプは八万五〇〇〇ドルを使ってニューヨーク市の四大新聞に、ニューヨーク州に死刑を復活させるよう呼びかける広告を掲載した。そうすればこの五人のアフリカ系アメリカ人を、セントラルパークでの強姦事件で死刑にできるというのである。しかも、ＤＮＡが証拠として採用され別のある連続強姦犯が自分の犯行であることを詳細に自白してから一四年後の二〇一六年になってもトランプはなお同じ主張をしているのである（Burns, 2016）

・**自分はセレブで権力もあるからセクハラはしたい放題だと放言した。** トランプのこんな言葉が録音記録として残されている。「キスしようとしただけだよ。磁石みたいに引き寄せられたんだ。躊躇なんかしないさ。スターなら何でもやらせてくれるよ。何でもだよ。あそこに触ったりとかね。何でもだよ」（"Donald Trump's Lewd Comments About Women", 2016）

・**政治集会で彼に抗議する人の顔などを殴るよう支持者に命令し、その結果殴られた人はストレッチャ

ーで運び出されることになった。「ニューヨーク・タイムズ」の社説にトランプの言葉が引用されている。「奴の顔を殴ってやりたいよ、ほんとに」「昔だったらあんな奴らはいなかった。なぜって、ああいう奴らはひどい目にあわされてたからね」「昔はよかったよね。昔はああいう奴らをどうしてたか知ってるかい？　すぐ病院送りにしてやってたんだよね」「トマトを投げようとしているのを見たら、ぶちのめすだろう？　袋叩きだよな。治療費なら私が払ってやるよ」。それどころか彼は、支持者たちの暴力が手ぬるいとまで不満を言っていたのである（支持者たちはこの集会での暴力で逮捕され、暴行傷害罪で起訴までされているにもかかわらずである）。「抗議する奴らに手こずった理由の一つはね、誰も傷つけないように気をつかってたからだよ。違うかい？」（*New York Times* Editorial Board, 2016）

・**もしヒラリー・クリントンが大統領に選出されたら、トランプの支持者がいつでも彼女を暗殺できるとほのめかした。**暗殺しなくても少なくとも彼女を刑務所送りにできると言った。「ヒラリー監禁！　ヒラリー監禁！」と群衆に合唱させた。彼はこうも言った。「もしヒラリーに裁判官の人選をさせたら、どうすることもできない。でも米国憲法修正第二条支持[*4]の人がいたらどうかな、わからないけどな」（政治集会中の発言、二〇一六年八月九日）

・**自分はどんな暴力にも責任を問われることはないと信じている。**彼はこう言った。「私が五番街の真ん中で人を撃っても、私の支持者が減ったりはしない」（政治集会、二〇一六年一月二三日）

そのほか、枚挙にいとまがない。暴力の脅し、暴力についての放言、暴力の扇動は無限に続いている。トランプは法律を覆す独裁者にまではなっていないが、彼の話す言葉が独裁者の言葉であることは明らかである。独裁者のみが政敵や反対者を暗殺したり投獄したりする。

トランプは自分が女性を襲ったことがあると述べたが、それは「告白」ではなく「自慢」であった。つまり彼は、実際には何度も女性を襲っているのであるが、それを忘れてしまい、後悔したり反省したりするどころか、自分がセレブで権力を持っていることを自慢し、だから女性たちは尊厳を捨て意思を抑えて自分にひれ伏すのだと言っているのである。

支持者から反対者への暴力行為については、ヘンリー二世が支持者にトマス・ベケットを暗殺するようそそのかすために用いたのと同じ戦術をトランプも使うことがあった。それははっきりした指示ではなく暗示の形を取る、このような言葉である。「なんとひどい……私が育てた部下は裏切り者だったのか。あんな身分の卑しい坊主が私を貶めるのを止めようともしないとは！」もちろんヘンリーの臣下はこの言葉から彼の真意を汲み取り、彼の望みを実行したのである。

この点、しかしトランプはヘンリー二世の上を行き、暗示ではなく、よりはっきりと支持者たちに、「奴らの顔を殴ってやれ」「叩きのめして病院送りにしてやれ」などと言っているのである。そして支持者の一部はトランプ反対派を実際に襲撃し、現在は暴行傷害罪で裁判にかけられている。自分はトランプに命じられたことをしただけであると主張した者もいたが、裁判所はその主張を退けた。理由は、トランプの関与はヘンリー二世と同じように、間接的なものにすぎなかったというものであった（実際はトランプは明確に指示したのであるが）。

多くのアメリカ国民は、トランプは著しく危険な人物であるという結論に達している。しかも近年の大統領の中で最も危険である。もし暴力的犯罪者の研究を何十年も行っている精神科医たちが同じ結論に達していないのであれば、私たち精神科医は専門家としての仕事を適切にしていないと言われるであろう。それどころか、無能・無責任であると言われても仕方がないであろう。

しかし、精神科医の専門は精神疾患であっても、大部分の精神科医は暴力を専門にはしていない。暴力の原因、結果、予測、予防は公衆衛生学や予防医学の領域とみなされているからだ。危険性の評価方法についてもほとんど研究されていない。危険性と精神疾患の関係についても、危険性とDSM－5の診断との関係も何もわかっていないに等しい。

それでも少数ながら暴力を専門とする精神科医は存在する。たとえばロバート・リフトンは、ナチスの医者や日本のテロリストの心理を研究した。ジュディス・ハーマンは、性的暴力(レイプ、近親相姦など)を研究した。筆者もWHOの暴力と傷害防止部門で、暴力の疫学と防止プロジェクトとして、刑務所などの収容施設での、殺人者や強姦犯(戦争犯罪としての犯行を含む)を研究した。どの研究も、将来被害者になり得る人々への警告を目的としたものである。危険な兆候を示している人物を特定することで、社会に貢献するためである。

こうした研究によって示されたのは、原因を同定することの必要性である。そして放置しないことの重要性である。言い換えれば、危険をできるだけ早い段階で察知し、拡大して生命の危険に至るような事態に達することを未然に防ぐ必要があるということである。不気味な比喩がある。カエルに気づかれないようにカエルを煮る方法である。カエルを冷たい水の入った鍋に入れ、少しずつ熱するのだ。トランプ大統領の持つ危険性はこれに類似している。

アメリカは二世紀以上の期間、民主主義を享受してきた。千年の君主制と比較すれば短い期間であると言える。だがそれでも、私たちの大部分は、民主主義の安定性に独りよがりの過剰な自信を持ってしまっている。そんな私たちは、民主主義の脆弱性を過小評価する危険性を持っている。それは、脆弱性を過大評価する危険性よりはるかに大きい。

ここでもまた、暴力の専門家である行動科学者（精神科医とは限らない）には、人々に警告する義務がある。暴力は、ひとたび解き放たれれば、嵐のように社会を蹂躙する。それを抑止しているのは、法律であり、社会に備わるチェック機構であり、報道の自由であり、司法権の独立であり、事実の尊重であり、嘘を拒絶する姿勢であり、政治的指導者が公共の利益より個人的利益を追求することの禁止であり、政敵を投獄したり暗殺したりすること（それは独裁にほかならない）の厳重な禁止である。こうしたすべての抑止に反する発言をドナルド・トランプは、選挙キャンペーン中、そして大統領就任後にも繰り返している。

水が沸点に達するまで待つのか。すなわち、アメリカ民主主義が崩壊するまで待つのか。あるいは、待つのではなく、水温がどんどん上がっているという事実を声に出して言うのか。いま言わなければ手遅れになるかもしれないのだ。ドイツ精神医学会が一九三〇年代に犯した過ちを、私たちは繰り返してはならない。

社会科学と行動科学には、不幸で不必要なタブーがある。それは、政治や政治家を科学的な分析や議論の対象にすることである。仮に行動科学者（精神科医や心理学者）がアメリカの政治に関係する意見を述べれば、「党派的」とみなされ、「プロフェッショナル」とはみなされない、あるいは、「単なる政治的意見」とみなされ「科学的意見」とはみなされないことが多い。

私はこのタブーは正しくないと考える。現代という「エビデンスに基づく医学」[*5]が何より重視される時代には、「エビデンスに基づく政治」が何より重要なのではないだろうか。しかしもちろんそのためには、社会科学や行動科学が蓄積してきたすべての知識を結集して適用しなければならない。そして得られた結論を公表しなければならない。そうすればアメリカの有権者は、私たちの臨床研究、実験研究、疫学研究から得た、暴力の原因と防止についての知識を有効に活用することができる(Gilligan, 2011; Lee, Wexler, and Gilligan, 2014)。

ドナルド・トランプが繰り返し行ってきた暴力の脅し、暴力のそそのかし、暴力自慢についてもし私たちが沈黙を続けていれば、私たちは彼の暴力を受動的に支持し、危険を促進し、トランプを「正常な」大統領であるかのように扱うという甘い誤りを犯していることになる。トランプは「正常な」大統領でもなければ「正常な」指導者でもないのであり、それをはっきり公の場で言うことは私たちの義務だ。彼は歴史上かつてないほど異常に危険な人物なのである。

これは決して新たな事実を公に知らせているわけではない。多くの一般の人がとっくに知っていると思われる事実である。大部分の有権者はトランプに反対する票を投じているのだ。ノーベル文学賞受賞者であるボブ・ディランが「風向きを知るのに天気予報官はいらない」[*6]と言っている通りである。

実際、トランプを見れば危険性はあまりに明白なので、彼自身が他人に先がけて自分の危険性を警告する役割を果たしているとも言える。これまでの彼の公式発言だけを見ても、彼は誰よりも雄弁に自分自身の危険性を人々に警告してきている。すると私たちの役割は、もはや警告ではなく、トランプ自身がすでに行った警告に注意を向け、リマインドさせることであると言えよう。

最後に一つだけ明確にしておきたい。トランプは現在、世界で最も強力な国家元首である。そして、最も衝動的で、傲慢で、無知で、無秩序で、滅茶滅茶で、理非をわきまえず、自己矛盾し、自己肥大し、自分の利益のためだけに仕事をする男である。そんな彼の指が、世界で最も強力な何千もの核兵器の引き金にかかっている。彼は過去の歴史の中の独裁者が長年かけて殺戮してきたよりも多くの人間を数秒で殺戮することができる。アメリカ大統領であるトランプは、二〇世紀の破壊的な世界大戦と大量殺戮でさえも、人間の暴力の歴史の中の目立たない一ページにしてしまうまでの権力を持っている。彼が単に「危険」であるという表現は、それがあまりにも控えめすぎるという意味で不適切かもしれない。いま彼が世界の破滅に向けて一歩を踏み出したとする。そのとき彼に、踏み出す前に警告してほしかったなどと言う資格は私たちにはない。彼は声高に、明確に、繰り返し警告しているのだ。すると責任は彼にだけあるのではない。私たちにもあるのだ。

訳 注

＊1 本書「見えるものは見る、知っていることは言う」〔Ⅱ－2〕参照。
＊2 一次予防は病気にかかるのを防ぐこと、二次予防は早期発見早期治療、三次予防は再発防止を指す。
＊3 本書「社会病質」〔Ⅰ－4〕、「トランプになるのは誰だ?」〔Ⅲ－7〕参照。
＊4 本書「刹那的快楽主義者トランプ」〔Ⅰ－5〕参照。
＊5 科学的データに基づき、その患者にとって最適と判断される医療を行うこと。ＥＢＭと略されることも多い。
＊6 ボブ・ディラン「ホームシック・ブルース」(原題:Subterranean Homesick Blues)の歌詞の一節。

A CLINICAL CASE FOR THE DANGEROUSNESS OF DONALD J. TRUMP
Diane Jhueck, L.M.H.C., D.M.H.P.

4　ドナルド・J・トランプの危険性についての臨床的考察

ダイアン・ユエック
地域メンタルヘルス・プログラムの認定メンタルヘルス・カウンセラーとして数十年にわたり開業して精神療法を行っている。加えて、自傷他害傾向のある患者の評価と対応にも従事している。元ニューヨーク市国連女性専門官。女性と子どものフリーレストランを設立し三〇年にわたり継続中。ピープルズ・エイズ・プロジェクト設立。フィーディング・アメリカの元地区副マネージャー。食糧援助、家庭内暴力、アパルトヘイト、低所得住宅、LGBTQの権利に対処する機関を指導している。

アメリカ大統領が精神病であったからといって、必ずしもそれがアメリカ国民にとって危険ということにはならない。一九七四年までの三七人のアメリカ大統領のうち半数近くは精神疾患に罹患しており、その病名は、うつ病、不安障害、双極性障害などであることが明らかにされている(Davidson, Connor, and Swartz, 2006)。もっとも、パーソナリティ障害はこの研究に含まれていない。パーソナリティ障害が他の精神疾患に比べて軽いというわけではなく、この障害を含めればアメリカ大統領の精神疾患罹患率は五〇%をゆうに超えることは間違いない。しかし、大統領が精神疾患であるということだけで深刻な問題を生むことはない。決定的に重要な第二の問いが残されている——その大統領は、精神疾患ゆえに危険なのか?

　アメリカの法律は市民の自由を尊重し、多種多様な行動を容認している。一方で精神疾患のために本人の意に反して自由が奪われることを法は認めているし、むしろそれが積極的に必要であることも認めているが、そのためにはその精神疾患のために危険があるか、または著しく能力が低下していることを精神科医が示すことが必要条件とされている。すると第一に、精神疾患による危険とはそもそも何であるかを知る必要がある。判断が甘いことや意見が幼稚なことは精神疾患とは区別しなければならない。思想の違いももちろん精神疾患ではない。精神疾患とは、認知・感情コントロール・行動などの障害であると公式の診断基準であるDSM－5に記載されている。そして、精神疾患は危険な行動に繋がることがある。さらに考慮しなければならないのは、その危険の実体の程度である。気持ちが傷つけられるだけなのか、それとも実害が発生するのか。その人物の言動からみて、危険はすぐそこに差し迫っているのか。その人物は人を傷つける武器を持っているのか。

　政府で高い地位にある人々は、本人の意図とは無関係に、必然的に何らかの害を生み出す。軍事政策、限られた資源の配分、セーフティネット、規制緩和などの領域の意思決定をする指導者は、良い選択肢がない状況でも、悪いなりに最善と考えられる決定をしなければならないことがしばしばあるのだ。高い地位にある人間の意思決定は個人のレベルを超えた甚大な力を持っており、意思決定をするたびに一定の数の人々が何らかの形で傷つくことは避けられない。優れた指導者は、できるかぎりその被害を最小限に抑え、恩恵を受ける人の数を最大にするように努めるが、それでも被害をゼロにすることは不可能である。残念ながら何千万人、何億人といった規模の人々を統治する以上、これは宿命なのである。そしてこのことこそが、アメリカ大統領の精神状態が安定していることが重要であることの理由である。

ドナルド・J・トランプは、大統領としてアメリカの枢要部をコントロールする権限を持っている。彼は米軍の最高司令官である。核兵器使用の一方的な権限を持っている(国防長官は認証するだけで拒否権は持っていない)。不適切な言葉を口にしただけでも、その影響は雪だるま式に大きくなり、最終的に他人に甚大な害をもたらすことになるのが自由世界の指導者というものである。

マッカーサー暴力リスクアセスメント研究[*1]によれば、将来暴力を犯しやすい人の特徴は、過去の暴力歴、父親の犯罪歴・物質乱用歴、本人の物質乱用歴、猜疑心が強いこと、ナバコ・アンガースケール[*2]での高得点などである。障害別にみると、意外に思われるかもしれないが、精神病(統合失調症など)はパーソナリティ障害より他人に害をおよぼす率は低い。ヘア・サイコパシーチェックリストで同定されたサイコパス(反社会性パーソナリティ障害)は、他のいかなる因子よりも、暴力と強く相関していたとする研究結果もある(Monahan, 2001)。ヘア・サイコパシーチェックリストは二〇項目から成り、対人関係や感情表出の特徴、社会的逸脱、衝動的な生活習慣、反社会的行動などの程度を測定するものである(Hart, Cox, and Hare, 1995)。

大統領は強大な権力の座にあり重大な決定を下す立場にある以上、精神的安定に関しては高い基準が求められるべきである。しかも、全世界を何回も全滅させるだけの威力がある核兵器を使う権限を有する以上、平均的な国民よりも攻撃性が低い人物でなければならないはずである。ところが実際には、大統領の攻撃性は平均より高いとアメリカ国民は認識している。大統領とは、国民を守る人物である一方で、善人ではなく、有害な人物でもあると考えられているのである。それでも有害の程度が極端に強ければ、強制入院が考慮されるというのが現実の精神科医療システムというものである。それを実現させたら、人々の目にはどのように映るだろうか？　あるいは逆に、静観を決め込んで、後戻りできない地点に到達するまで現実から目をそむけ続けることを是とすべきなのだろうか？　しかし他方、リスクありと認めた人物に対して現実の精神科医療システムを勇気を持って適用しようとすれば、特に大統領といった人物に適用しようとすれば、自分の職や社会的地位、さらには身の安全までをも危険にさらすことになりかねないであろう。その危険をもたらすのはトランプ大統領である。そしてトランプ政権によって力を得たと感じているアメリカ社会の一部の人々である。そうした人々の怒りが爆発することは容易に想像できる。たくさんの因子が複雑に錯綜しているときには深い洞察が必要である。だからこそ、国民に広く情報を開示し説明し、専門家（政治家、法律家、社会心理学者など）と協力することが非常に重要になる。

ドナルド・J・トランプの異常行動は、報道されている内容の中に満ち溢れている。以下に示す実例は、すべてを網羅したものではなく、また、ここでは深い分析までは行わないが、どの一つを取ってみても、本書全体のテーマにかかわってくるものである。ここに実例を挙げる目的は、トランプ大統領の行動パターンが精神科臨床でいう「他人を傷つけるおそれ」に一致するか否かの検討材料にすることである。

ノースカロライナ州ウィルミントンの集会でトランプはこう発言した。「ヒラリーは米国憲法修正第二条[*3]を廃止しようとしている。彼女は本気だ。いやあ、もしヒラリーに裁判官の人選をさせたら、どうすることもできない。でも米国憲法修正第二条支持の人がいたらどうかな、わからないけどな」。この演説を報道した記者は次のように言っている。「軽薄としか言いようのない発言だが、トランプはまたも人々に暴力を推奨しているのは確かだ。それどころかこの発言は、おぞましい領域に踏み込んでいる。自分に反対する人を脅迫することにとどまらず、武器による攻撃、さらには大統領の暗殺までを示唆している」(Blistein, 2016)。記者だけではない。CIAのマイケル・ヘイデン元長官はCNNのジェイク・タッパーにこう語っている。「普通はあんなことを人に聞こえるように口にしたら、警察に勾留されてシークレットサービスの訊問を受けているさ」(Diamond and Collinson, 2016)。医療場面でも同様である。もし患者がそんなことを口にしたら、その患者は救急治療室に運ばれ診察を受けている。

トランプは、この演説はそういう意味ではなかったと述べている。彼の支持者はいつもこう説明する。トランプのその発言は冗談だったのだと。そんな説明で彼の危険性が帳消しになるはずがない。そもそも、大統領候補としての発言を冗談だと軽く扱うこと自体が危険な兆候である。さらには、生と死にかかわる問題を重要でないとみなす彼の姿勢が、深い病理性とリスクを暗示していることは明らかで、もしそれを否定しようとするのであれば、よほど詳細な検証が必要である。ヒラリーと米国憲法修正第二条についてのトランプの発言が示しているのは、「他人に暴力を加える意図」と「共感性の欠如」である。これは反社会性パーソナリティ障害の特徴である(American Psychiatric Association, 2013)。過去のアメリカ大統領に、たとえ冗談でも政敵を殺害すると言った者はもちろん存在しない。

今や有名となったトランプの「あそこだって触らせてくれるよ」発言のビデオが「ワシントン・ポスト」で報道されたとき、当時大統領候補者だったトランプは、その発言は一〇年以上前のことで、今の自分は当時の自分とは違うと述べた。問題のビデオは二〇〇五年九月一六日に「アクセス・ハリウッド」のビリー・ブッシュが撮ったものである。そこにはさらにトランプの次のような言葉が記録されている。当時新婚だったトランプは、バスの車窓から女優アリアン・ズッカーを見てこう言っているのだ。「ミントでも噛もうかな。彼女とのキスに備えて」「俺は美人には自動的に引き寄せられるんだ。それでキスするんだ。磁石みたいだな。とにかくキスだ。待てないんだよな」(Fahrenthold, 2016)。そのビデオには女性に対するトランプのもっとひどい言葉も記録されている。

このビデオの放映を受けて、共和党の上院下院議員、知事、そのほかの政治家を含むとても多くの人々がトランプ不支持を表明した。アラスカ州の共和党上院議員、リサ・ムルコウスキーは、「昨日のビデオで、トランプの真の姿がさらに明らかになりました」と述べた。「彼は女性の人格を否定しただけでなく、女性を食い物にしたことを自慢していました。私はドナルド・トランプを大統領候補として支持するわけにはいきませんし、決して支持しません。彼は共和党の候補者になる権利を失いました。彼は降りるべきです」(Murkowski, 2016)。ネバダ州の共和党知事ブライアン・サンドバルは、「このビデオに記録されているのはただの言葉ではありません。トランプという人間の確立された行動パターンです。アメリカ大統領候補の資質に反する、容認し難いパターンです」と断言した(Graham, 2016)。上院議員と下院議員はトランプと複雑な利害関係を持っているが、州知事や政府高官は彼とは一線を画しているので、よりはっきりと物を言うことが可能で、これらの地位の人々のトランプ不支持率が高いことは特筆すべきである。一五人の共和党知事のうち五三%はトランプ不支持を表明している。支持を表明した七人のうち二人は、トランプが大統領に就任後、一人は副大統領に、もう一人は国連大使に任命されている。二三人の共和党政府高官のうち八七%がトランプ不支持を表明している。支持を表明したのはわずか三人である(Graham, 2016)。全米の精神科医やカウンセラーは、「選挙トラウマ」と名づけられた新たなトラウマ患者が発生していると報告している。「私の患者の中で、特に性的虐待を経験した女性は、今回の大統領選が再度のトラウマ体験になった」とアトランタの認定カウンセラーであるスーザン・ブランクは述べている。「選挙トラウマの被害者は、トラウマから決して逃れられない。大統領選の影響は文字通りアメリカ全土にあるから」(LaMotte, 2016)。

トランプの膨大な問題発言の中の一つに、彼の娘イヴァンカとの関係を挙げることができる。以下は、録音されていることを承知のうえで彼が彼女について語った言葉である。

・「世界一の美女は誰か知っていますか？　誰もが認める美女が誰か知っていますか？　私も一役買って作った女性、イヴァンカです。私の娘イヴァンカです。身長は六フィート。体は最高」(King, 2016)

・イヴァンカが二二歳の時のハワード・スターンとのインタビューで(Cohen, 2016)
「イヴァンカが私の娘でなければ、私はイヴァンカとデートしただろうな」("Donald Trump Nearly Casually Remarks . . .", 2006)

・ハワード・スターンのラジオ番組でのスターンとの対話(Kaczynski, 2016)
スターン「ところで、あなたのお嬢様……」
トランプ「美女だ」
スターン「ということは……そそる女ですか？」
トランプ「Yeah」

・ある記者に答えて「うん、最高。美女の中の美女。もし私が今の妻に不満だったら彼女と……おっと、私は彼女の父親だった」(Solotaroff, 2015)

・二〇一三年、フォックス・テレビのウェンディ・ウィリアムズ・ショーに親娘で出演(Feyerick, 2016)
ウィリアムズ「お二人が共通して好きなことは何ですか?」
イヴァンカ「不動産かゴルフね」
ドナルド「セックスと言いたかったけど、この人とというわけには……」(と言いつつイヴァンカを指した)

トランプ大統領に対する抗議運動が最初に起こったのは大統領就任翌日だった。実に多くのアメリカ国民が街頭デモを行ったのだ。二〇一七年の女性街頭デモは米国史上最大の抗議運動だった。ジェレミー・プレスマンとエリカ・チェノウィズ(Pressman and Chenowith, 2017)は、全米で四〇〇万人以上、アメリカ以外では約三〇万人が参加したと推測している。アメリカ大統領として前例のない女性蔑視への反応が、参加者の動機の一つであった。

女性やマイノリティのような差別を受けやすい人々への大きな危険や人権侵害は、トランプのようなサイコパス的人物を支持するグループから生まれるものである。トランプは批判されることや自尊心を傷つけられることに耐えられず、尊敬されることを強迫的に希求している。だから彼が選んだ側近は、家族と「イネイブラー」[*4]ばかりである。このような側近の選択により、大統領としてのトランプの他人に対する危険性は著しく増大しており、マイノリティをはじめとする人々からの強い懸念がしばしば表明されている。ジェシカ・ゴンザレス=ロハスはトランプ政権の国家予算の分析に基づき、次のように述べている。

「白人以外を蔑視する予算配分になっている。これはホワイトハウスの顧問スティーブ・バノンとスティーブン・ミラー、司法長官ジェフ・セッションズらが心に描いている白人優位の国に向けて、アメリカをじりじりと動かすものである」(González-Rojas, 2017)。

衝動的に次々に他人を責める。幼児的優越感。妄想レベルの自己肥大。トランプのこうした精神症状は、彼の最初の選挙演説にすでに明らかだった。「彼らはドラッグを持ち込む。犯罪を持ち込む。レイプ犯たちだ。中には良い人間もいると思うが」(Elledge, 2017)。「私は立派な壁を作る。私より立派な壁は誰にも作れない。しかも私の計画は安上がりだ。アメリカの南の国境に立派な立派な壁を作る。建設費はメキシコに支払わせる。私の言ったことをよく覚えておいてくれ」(Gamboa, 2015)。米地方裁判所のゴンサロ・キュリエル判事がトランプ大学の詐欺事件を担当するのは不当であると主張するトランプは、CNNにこう語った。「彼はメキシコ人だ。我々はメキシコとの国境に壁を建設中だ」(Finnegan, 2016)(キュリエル判事はインディアナ州生まれである)。

裁判所の決定に対するトランプの反応は狂気の沙汰であり、特権意識や、さらには妄想から生まれているとさえ思われ、深刻な懸念を持たざるを得ない。彼はアメリカ大統領でありながら、裁判所の決定を尊重しない発言を繰り返している。「イスラム教徒入国禁止令はとてもスムースに運用されるはずだったが、唯一の問題は「悪しき裁判所」が禁止令発動を差し止めたことだ」(Friedman, Sebastian, and Dibdin, 2017)。二〇一七年二月のツイッターでトランプは「この裁判官とかいう人間の意見の通りにしたら、アメリカには法律はないのと同じだ。馬鹿げている。却下だ」と述べ、それに対して二〇一七年二月八日、ジェリー・ナドラー議員は、「ドナルド・トランプのツイッターは、裁判官を攻撃し、かつ、司法の独立を破壊している。不適切で危険だ」と述べている。トランプの入国禁止令は発動後まもなく複数の裁判所で違法と決定されたが、国土安全保障省によると、少なくとも七二一人とその家族が、発動直後の時期に空港でアメリカ入国を拒否されている。また、少なくとも一〇万のビザが取り消されている(Brinlee, 2017)。

「本当に本当に、みんな恐怖を感じています。トランプのキャンペーン以来、性的マイノリティを容認しない空気になるのを恐れているのです」

これはLGBTQ〔レズビアン、ゲイ、バイセクシャル、トランスジェンダー、クィア〕の権利を擁護する非営利団体ラムダ・リーガルのCEO、レイチェル・ティヴンの言葉である。また、トランスジェンダー法センター代表のクリス・ハヤシは次のように述べている。

「二〇一六年は、いまだかつてないほど強い反トランスジェンダーの年でした。今後はさらに強まることはあっても、弱まることはないと私たちは推定しています」(Grinberg, 2016)。

南部貧困法センター(SPLC)情報プロジェクト代表のハイディ・ベイリッヒは、マサチューセッツ州の学校でのヘイト・クライム増加を扱った「ボストン・グローブ」の記事で次のように述べている。

「恐怖はトランプにターゲットにされた人だけのものではない。社会全体が恐怖にさらされている」

SPLCの報告によれば、二〇一六年に米国教育省の公民権局に全国から寄せられた苦情は一万六七二〇件で、前年比六一%の増加になっている(Guha, 2017)。

米国大学教授協会の全国評議会は二〇一六年に次の決議を出している。「ドナルド・J・トランプの選挙から約二週間のうちに、アメリカではヘイト・クライムがかつてないほど急激に増加している。多くは大学キャンパスにおける身体的・言語的なものである。……ターゲットになっているのは、アフリカ系アメリカ人、移民、LGBTQ、宗教的マイノリティ、女性、障害者である。加害者の中には、ヘイト・クライムは大統領の意向にそったものだと主張する者もいる」。この決議の中で評議会は、言論の自由を次の通り支持している。「物の見方やメッセージは、その中にいかに強い憎しみがこめられていても、あるいは人を混乱させるものであっても、口にすること自体が禁じられるものではない。しかし脅迫や嫌がらせは、単に反発を招くだけでなく、人を脅えさせ、沈黙させてしまうものだ」

カンザス大学の二人の社会心理学者は、トランプとクリントンの支持者四〇〇人ずつを対象に、偏見に関する調査を行った結果、「一八か月にわたるトランプのキャンペーンは、人種差別を前面に打ち出しており、メキシコ人、イスラム教徒、女性に対する侮辱、決めつけなどの中傷に満ちていた」と結論している。この調査ではトランプとクリントンの支持者それぞれ一〇〇人ずつに対して、トランプのキャンペーンで攻撃のターゲットになった人々とターゲットになっていなかった人々への個人的感情を質問している。ターゲットになった人々とは、イスラム教徒、移民、メキシコ人、肥満者、障害者である。ターゲットになっていなかった人々とは、アルコール症者、AV女優、富裕層、全米ライフル協会の会員、カナダ人である。調査は選挙前と選挙後の二回行われ、結果を比較したクランドールとホワイトは次のように述べている。「トランプがターゲットにしていなかった人々に対する偏見は、トランプ支持・クリントン支持のどちらのグループでも選挙前後で変化はなかった。しかしトランプがターゲットにしていた人々については、どちらの支持グループも、個人的な嫌悪感はやや弱まった一方で、差別的発言についてははっきりと受け入れやすくなっていた。すなわち、心理的受け入れ基準が変化していた」。この研究結果が示唆するのは、偏見や暴力についての個人の感覚は、社会的基準に大きく左右されるということである。そしてトランプは間違いなく社会的基準を変化させてしまった(Crandall and White, 2016)。

見過ごしてはならないのは、アメリカの子どもたちへのトランプの悪影響である。それは国中に浸透し、「トランプ・エフェクト」という言葉さえ生まれている。トランプ・エフェクトとは、トラウマである。トランプの選挙キャンペーンと、さらには大統領就任によってもたらされた子どもたちへのトラウマである。SPLCティーチング・トレランス・ディレクターのモーリーン・コステロは次のように述べている。「新たないじめで弱い者たちがトラウマを体験していると、セラピストやスクールカウンセラーが報告している。新たないじめというのは、二〇一六年の選挙キャンペーンと「トランプ・エフェクト」だ。私が特に心配しているのは、子どもたちが登校することに恐怖と不安と失望を感じていることだ。子どもたちは、自分が望まれていない存在だと感じるようになっている」(LaMotte, 2016)。

トランプの精神疾患の問題は、彼が大統領選に出馬し、さらに当選の可能性が出て来てはじめて、アメリカ合衆国という国にとっての関心事になった。したがってトランプの危険性を正確に評価できるのは、大統領という職について深く理解している政治家ということになる。政治的イデオロギーがからむと評価が歪むので、まずは共和党の立場だけに絞って検討してみよう。二〇一六年八月に五〇人の共和党支持者の署名がある手紙が「ニューヨーク・タイムズ」に掲載されている。そこにはトランプの政治経験の乏しさに加えて、彼の精神不安定についての懸念もストレートに述べられている。「我々はみな、リチャード・ニクソンからジョージ・W・ブッシュに至る共和党政権下で、戦時中と平時の両方において国家安全保障と外交を担当してきた。その過程には成功も失敗もあった。我々はアメリカ大統領に必要とされる資質について熟知している。我々のうちでドナルド・トランプに投票する者は一人としていない。外交政策という観点から見て、彼には大統領の資質も最高司令官の資質もない。彼が当選すれば間違いなく危険な大統領になり、我が国の国家安全保障と幸福を危険にさらすであろう」。さらに次の記述もある。「大統領たる者、側近や高官のアドバイスに耳を傾けなければならない。相反する見解を積極的に検討しなければならない。誤りを認め、そこから学ばなければならない……自制心を持たなければならない。感情を制御しなければならない。行動するときは、必ずその前に熟慮しなければならない……様々な背景の国の指導者と真摯な関係を維持しなければならない。側近や高官を尊敬し信頼することを忘れてはならない」。また、「真実と虚偽を区別できること」が大統領かつ最高司令官を志す者の必須条件であり、特にアメリカの核兵器の使用決定権を持つ以上、このことは強調されなければならないことも述べられている。そして手紙は次のように結ばれている。「我々は確信している。もし当選すれば、ドナルド・トランプが米国史上最も無謀な大統領になることを」

ヒラリー・クリントンの発言「ツイッターで人を非難するような人に核兵器を任せることはできない」は、単なる選挙運動用のオーバーな表現ではない（Broad and Sanger, 2016）。アメリカ大統領は、約二〇〇〇の核弾頭を握っており、たとえアメリカが攻撃される前でも、発射を命ずる権限を持っている。潜水艦からアメリカに対してミサイルが発射されれば一二分で首都ワシントンに到達する。他国の国土からの発射でも三〇分で到達する。不安定で衝動的で責任転嫁しやすく復讐心が強い人物に内在することの悪夢のシナリオの中では、意思決定までには数分の時間しかない。これは現代における最も深刻な懸念である。

フォックス・ニュースのインタビューで、ディック・チェイニー副大統領（当時）は次のように述べている。「アメリカ大統領はいまだかつて世界の誰も見たことがない破壊的な攻撃を発動する権限を持っている。発動は大統領単独で決定できる。誰にも相談せずに決定できる。議会の承認もいらない。裁判所の承認もいらない。現代世界のアメリカ大統領にはそういう権限が必要なのだ」（Rosenbaum, 2011）。ひとたびミサイル発射の命令が下されたときは、もはやその命令が合理的なものかどうかは論の外になり、その命令が本物かどうかだけが問題になる。ロン・ローゼンバウムの述べるハロルド・ヘリング大佐の実例がある。彼は、ニクソンの行動が不安定だった時期に、どうしてもしたい質問が許されずに苦悩していた。「ヘリング大佐は結局はその質問をした。ニクソンのミサイル発射命令が「合法」だということを知る方法があるのか？　精神が不安定で凶暴な状態ではなかったのか？　命令を出した大統領が正常だったとどうしてわかるのか？　精神が不安定で凶暴な状態ではなかったのか？　ヘリング大佐がこう質問したときの様子を、彼の弁護士が具体的に語っている」。高い将校の地位にあったヘリングがこの質問をしたのはミサイル訓練中で、この質問をしたために彼は空軍の任を解かれた。今日に至るまで、ヘリングの質問への答えは出されていない。

本書の著者たちの見解が正しいということになれば、ドナルド・トランプの危険性がなぜもっと早く指摘されなかったのかという問いにも答えなければならないであろう。公開されている情報によれば、彼はトランプ家の財産を受け継がせてもらうことはできず、また、彼の父も彼と同様の精神的問題を抱えていたことが知られている。政治の経験がない娘と義理の息子がホワイトハウスの要職についたことは今や周知である。トランプは得意としていた金勘定の世界から身を引くと同時に、自らの障害を悪化させる一途をたどっている。彼の障害の特性は、洞察力を欠き、事実確認もしようとしないことで、どちらも権力の座にある人間の精神障害を特に危険にする特性である。

彼の危険レベルは、自由世界のリーダーという役割を得て大きく変化した。大統領就任によって彼は地球的規模の政治構造を揺さぶった。それはアメリカ大統領というものへの信頼性を急速に失墜させるという結果になった。彼のナルシシズム的な傾向（厚顔無恥の嘘、不合理で衝動的な意思決定、他者と関係する能力の未熟さを見れば明らかである）は深刻な欠点であり、側近による多大な援助がなければリーダーの職責を果たすことは不可能である。ところがトランプは、精神機能に障害があるため、自分の真の状態と影響を評価することができないのである。

私たちの国の最高位の代表者となった今、ドナルド・J・トランプのこれまでの激しい攻撃的な行動は正常なものとして受け入れられるようになりつつあり、他国のリーダーやアメリカの子どもたちに大きな悪影響をおよぼしている。大統領就任のその日から彼は、まだ明らかに国民からの信任を得ていないのにもかかわらず、自分は「最も偉大」「凄い」「誰よりも物がわかっている」などと繰り返し声高に言っている。彼の言葉はDSM－5の自己愛性パーソナリティ障害の記述、すなわち「十分な業績がないにもかかわらず優れていると認められることを期待する」そのものである。彼は自分の描いているセルフイメージと一致しない事実も、自分の精神病質傾向も、強く否認している。結果として彼は学ぶということができない。大統領という職に求められる種類の人間に成長することができない。それどころか、自分を否定する事実に対しては復讐心を燃やすという形で反応する。大統領就任は彼の病的な万能感を強化する一方で、彼の心理の根底にある脆弱さが傷つけられる機会を増すことになる。トランプの行動パターンは、それがアメリカ大統領としてなされるとき、この国だけでなく、地球上のすべての人類に悲惨な影響を与える。地球そのものも危機にさらされる。それは、トランプが対処しようとしない緊急の課題による危機と、トランプが新たに作り出す緊急の課題による危機である。トランプは危険そのものだ。その危険は、人類すべてにおよぶ。

謝辞

この章を準備するにあたって、バンディ・リー医師に格別の協力をいただいたことに感謝する。

訳注

＊1　アメリカの「精神保健と法についてのマッカーサー研究ネットワーク」が一九九〇年代に行った研究。
＊2　怒りの評価尺度の一つ。
＊3　本書「刹那的快楽主義者トランプ」〔I－5〕参照。
＊4　精神医学用語で、本人の病気の進行を促進する人物のことを指す。

NEW OPPORTUNITIES FOR THERAPY IN THE AGE OF TRUMP
William J. Doherty, Ph.D.

5 トランプ時代を新しい精神療法の機会に(1)

ウィリアム・J・ドハーティ(Ph.D.)

家族社会科学の教授であり、ミネソタ大学のミネソタ危機カップルプロジェクトの代表とシチズン・プロフェッショナル・センターの所長を兼任している。二〇一六年五月、三八〇〇人を超えるセラピストによって署名された「トランプイズムへの市民セラピストの反対声明」を発表。大統領選挙後には「民主主義のための市民セラピスト」(www.citizentherapists.com)を設立。アメリカ社会の融和を目指した市民による草の根運動であるベター・エンジェルズも指導している。家族療法〔家族を対象とする精神療法の総称〕の開発にも多大な貢献があり、二〇一七年にはアメリカ家族療法アカデミー生涯功労賞を受賞している。

個(personal)と公(public)の境界は、トランプ時代となって崩れ去った。もちろん個と公の間に確固たる境界があるというのは幻想である。個人は常に社会の影響を受けており、個人の行動は社会全体に影響する。とは言え、民主主義社会を支持する私たちセラピストは、トランプ時代の前までは、セラピストとしての自分と一市民としての自分は一線を画するものと考えていた。セラピストとしての自分はプロの治療者であり、一市民としての自分は、社会の動きに関心を持ち、選挙民として一票を投じていた。二つの自分に重なる部分があるとすれば、それは質の高い精神保健政策を求める気持ちであった。

ただし例外的に、フェミニスト、少数民族、そしてLGBTのセラピストは何十年もの間、セラピストとしての自分と一市民としての自分を分離しないという姿勢を維持していた。学問的にも、また、社会正義的にも、それが正しいと考えられていた。しかしこの姿勢は最近では否定される傾向にあり、抑圧されているマイノリティの患者の治療においてのみ肯定されるようになっている。伝統的に精神療法は、主として患者の心の中と対人関係に焦点を絞って行われてきた。その理由の一端は、私の考えでは、患者の症状は社会の混乱やストレスとは直接には関係なく生ずるという考え方が優勢になっているからである。もちろん9・11のテロのような例外はあるが、そのような社会の影響はほどなく消えていくものであった。

しかし二〇一六年一一月のドナルド・トランプ当選後は、そうはいかなかった。様々な社会階層、様々な人種の患者が、アメリカ社会の変動に苦悩し、現在と将来に不安を感じ、過去のトラウマ体験を再燃させた。この状況は、移民のように喫緊の危険を実感している患者にも、そこまでではない患者にも共通していた。大統領選後のアメリカでは、憎悪が高まり、真実が軽んじられ、報道の自由や法の尊重といった民主主義の根本的な価値が打ち消されようとしているのである。そしてその中心には、治療というものを全否定するような大統領がいて、「吟味されざる生」[*1]を堂々と公認させている。彼は個人的な不安を世界に投影し、自分だけの信念を吟味しないまま事実にしてしまっているのだ。

この苦境の中、多くの専門家がパラダイムの危機に直面している。彼らの仕事の基盤である民主主義が揺らいでいる今、従来通りに仕事を続けていくことができるのだろうか。たとえばジャーナリストはどうか。彼らの仕事は今、トランプから次々に発せられる言葉の嘘を指摘することばかりになっている。

それは真実の翳りとか事実についての異なる立場からの見解を報道するといったレベルではなくなってしまっている。

精神療法の業界では、セラピストとしての自分と一市民としての自分を統合するという難題が求められるようになっている。治療の対象である患者が患者としての自分と一市民としての自分を統合しなければならない事態になっているから、それを支援するためにセラピスト自らも統合しなければならないのである。そのためには、セラピストの個人としての私生活と職業としての治療の接点をまず確認しなければならない。私が知っているほとんどすべてのセラピストは、患者の状態の変化に個人的なストレスを感じている。患者の反応は、虐待された過去の体験から始まり、国外退去させられる恐怖や、もはや道徳も正義も失われたという感覚にまで及んでいる。家族関係も友人関係も政治によって分裂している。トランプの当選を好ましいと感じているセラピストもいるが、彼らもまた、アメリカの分裂と社会構造の破壊を危惧している。

これはトランプや二〇一六年一一月の選挙よりも深刻な問題である。少なくともこの二〇年間をみる限り、アメリカ文化と政治の分裂は、いま頂点に達している。マイノリティの人々が、単に阻害されるだけでなく、危険な敵であるとみなされるようになってしまっている。このうねるような潮流の中で私たちは、セラピストとして、また一市民として、トランプの衝撃にどのように対応したらいいのだろうか。自己の個人的な反応をどう制御したらいいのだろうか。何より第一に、基本的な考え方をあらためなければならない。自分も患者も、広い社会の一員であって、単にセラピストと患者という契約関係ではないことの再認識から始めなければならない。

トランプ時代の精神療法

いまセラピストは、患者にトランプ・エフェクトへの対処法を指導しなければならない。しかしそれは従来の精神療法の技法にはおさまりきれない。トランプ・エフェクトはあまりに大きく広範囲に及んでいるからである。新たな技法が必要である。それに関連する二つの概念を紹介したいと思う。「社会的ストレス」と「政治的ストレス」である。この二つは次のように定義される。

・社会的ストレスとは、個人とその人間関係の安寧を脅かすストレスである。地域のコミュニティ（学校や警察など）からも生ずるし、政治・経済・文化・歴史のような大きな分野からも生ずる。

・政治的ストレス（社会的ストレスの一種）とは、政府機関や政治家の言葉・行動・政策が個人や人間関係の安寧を脅かすことを指す。

社会的ストレスおよび政治的ストレスという視点を持つことによってセラピストは、旧来の精神療法の狭い枠組みから自由になる一方、個人としての患者の心も今までどおり見つめ続けることができる。すなわち、ストレスに直面した患者が何を考え、何を感じ、どう行動するかという点を見つめ続けることができる。

このように、患者の生活を従来より広く見渡すという視点は、初回面接の問診票にも反映される。初回の問診内容はその後の方向性によって定められている。たとえば身体医学の初回問診は、身体の病気についての質問項目が主である。精神医学では精神症状と対人関係的な質問項目が主になる。社会的ストレス・政治的ストレスという視点から、私は初回面接で用いる二つの質問項目を作成した。第一は社会的ストレスそのものについて、第二は社会生活についてである。

1　お住まいの地域や国や世界からストレスを感じている方がいらっしゃいます。もしあなたがそうしたストレスを感じておられるのであれば、その具体的内容をお書きください。

2　あなたが家庭や仕事・学校以外の領域での活動をしておられましたら、あなたにとってのその活動の意味を簡潔にお書きください。

私の経験によれば、この二つの質問によって、患者の生活の中の社会的な領域についての話が始めやすくなる。患者の社会的役割やそれに伴うストレスも明らかになる。現在の政治への関心の有無についても確認しておくことが望ましい。もし関心を持っていれば、患者の症状への政治の影響も質問する。その結果、多くの患者がトランプに関連した不安や緊張を抱いていることがわかった。それはこうした問診票の導入前には、患者が口にしなかった類のことである。おそらく患者はみな今まで、精神療法は政治とは無関係だと考えていたのであろう。私たち自身もそうであった。

待合室に置くパンフレットも、社会的ストレス・政治的ストレスを引き出すきっかけになる。パンフレットの一例を示そう。

今はまさに激動の時代。私はそう感じています。多くの方々もそう感じておられるようです。精神療法のセッションではこれまでは政治について語られることはあまりありませんでしたが、もし必要でしたら、ご遠慮は無用です。社会や政治の世界でいま起きていることがあなたにとってストレスになっていますか？　そのストレスにはどのように対処していますか？

・アメリカを真っ二つにした大統領選挙が終わった後、多くの方々がこの国の政治的内戦によって動揺し、失望しています。

・これからの数年がどのようになるかは、まったく不確実です。一方には不安と恐怖を感じている方々がいらっしゃり、他方には好転を信じている方々もいらっしゃいます。この悲観的な方々と楽観的な方々の間には摩擦が起こりがちです。

・リベラル派も保守派も、これまでの価値感が社会に受け入れられなくなってしまったと感じているようです。社会だけでなく、友人や家族にも。

同様の例はまだまだあるでしょう。まずは、社会について不安に思っていることを精神療法のセッションで話してみてください。もちろん強要はいたしません。あなた自身が必要だと思ったらお話しください。

私の役割は、まず聴くこと、そしてサポートすることです。あなたが感じているストレスへの対処法を考えるお手伝いをしたいと思います。そしてあなたの個人的な価値感も社会的な価値感も尊重し、維持できるようにしたいと思います。

患者が社会的ストレス・政治的ストレスを感じていることがわかれば、他のストレス一般の場合の対処法である「緩衝法」を応用することができる。それはたとえば、二四時間毎日流れているニュースへの曝露を減らすとか、家畜のように追い立てられることを拒否するとか、セルフケアのテクニックなどである。「アクティブ・コーピング」と呼ばれる対処法もある。市民としての自尊心と価値感を高めることを目的とし、たとえば信頼できる情報だけを積極的に取り入れる、自分が賛同できる団体に寄附をする、ボランティア活動や政治活動をする、マイノリティの人々にやさしく接する(これはある患者が自発的に決めたことである)などである。また、患者が現在の社会政治状況に強いショックを受けている場合には、その反応を和らげ、逆にこれからの人生に生かしていくサポートをすることができる。

患者を二つの危機から守るのがセラピストの仕事だと私は考えている。一つは政治的ストレスに対して麻痺してしまうという危機、もう一つは逆に過剰反応してしまうという危機である。治療が目指すところはこの二つの中間で、それは私たち自身が目指すところでもある。いわば地に足の着いた反応である。それは、自分に生じた感覚と向き合い、これまでの自分の価値感からぶれない行動をすることである。このような治療は、民主主義社会での力強い市民、すなわち、虐げられる者でもなく、ネットで誹謗中傷を撒き散らすようなこともしない市民を作るインキュベーターのようなものである。

市民セラピストという役割

ドナルド・トランプのお陰で私は、精神療法と民主主義の関係を考えることができるようになった。患者個人を中心とする精神療法に、民主主義社会と密接な関係があったことがわかった。民主主義社会は、単なる選挙制度ではなく、人々が協働で作る社会だからである。私たちは社会の一員である。責任ある一員である。精神療法では、自分に責任を持てる、民主的な個人を育てている。民主的な個人は常に社会の一員としての自覚を持って生きなければならない。言い換えれば、私たちは民主主義の市民を育てている。そして、精神療法の発展のためには、民主主義の拡大が必要である（私は独裁者の治める国からの留学生を何人も指導したことがある。彼らの母国の政治的な状況では、患者は言いたいことが言えず、したいことができず、治療が進まない）。

民主主義社会における専門家としての役割を真に果たすためには、私たちは診察室の外に出て活動しなければならない。私は強く感じている。私たち精神療法に携わる者は、人と社会のために大切な何かを提供する治療者なのだ。私は「市民セラピスト」という言葉を提唱したい。市民セラピストの職場は診察室と社会の両方である。人々が社会的ストレスに対処し、私生活でも社会生活でも積極的な一員になれるようにするのが市民セラピストの責務である。それは従来の精神療法と一線を画するものではなく、そこに統合される仕事である。

今というぎすぎすしたアメリカ社会での市民セラピストの仕事の一例として、私が最近行っている、「赤（共和党支持）」と「青（民主党支持）」のアメリカ人たちが一堂に会したワークショップを紹介しよう。特に〔二〇一五年〕一二月の週末にオハイオ州郊外で行ったワークショップは大成功を収めた。ヒラリー支持者一一人とトランプ支持者一〇人が一堂に会し、一三時間にわたって議論を戦わせた。目標は、互いの立場の違いを（ステレオタイプを乗り越えて）理解できるか、共通の価値観があるかを知ることであった。さらに可能であれば、アメリカの将来に希望を見出すことであった。このワークショップは私にとっては「一〇人」と「一一人」のカップルを対象とするカップルセラピー[*2]をしているような体験であった。強烈で、痛みを伴い、輝きがあった。そして最終的には大きな満足が得られた。オハイオ州南部でも同じように成功を収めた週末の後、「赤」と「青」の市民の融和を目指す「ベター・エンジェルズ」

と名付けられた組織が結成された。私はベター・エンジェルズが提供する新たな別の種類のワークショップも立ち上げ、各地域のセラピストに活動方法を指導している。

トランプの時代、私たちセラピストは、個と公の境界を越えて活動することが求められている。それによって初めて、一人の人間としての患者を広く見ることができるようになった。人間は独立した個人であるとともに社会の一員でもある。精神療法はその両方を視野に入れて行わなければならないのだ。トランプ時代を私は、セラピストの仕事を患者と社会にとってもっと有意義なものにするための誘いであると捉えている。

原　注

（1）このエッセイの一部は、*The Psychotherapy Networker*, May-June 2017: 34-35 の「トランプ時代における精神療法」から許可を得て転載したものである。

訳　注

＊1　ソクラテスの「吟味されざる生に、生きる価値なし」という名言に由来。

＊2　カップルで同時に受ける精神療法。すなわちカップルとセラピストの三者で行う。セラピストは第三者としてカップルの間に入り、二人の関係を改善していく。

PART 3: THE TRUMP EFFECT

第Ⅲ部　トランプ・エフェクト

TRAUMA, TIME, TRUTH, AND TRUMP: How a President Freezes Healing and Promotes Crisis
Betty P. Teng, M.F.A., L.M.S.W.

1 トラウマと時間と真実とトランプ
――大統領が治癒を停止させ危機を促進する時

ベティ・P・テン

美術学修士、ソーシャルワーク修士。マンハッタン南端地区の主要病院の被害者治療部門でトラウマ治療に携わっている。イェール大学卒。UCLA演劇・映画・テレビ学部卒業。ニューヨーク大学のソーシャルワーク学部卒業。コンテンポラリー・サイコセラピー研究所で精神分析の教育、実践に従事。映画の脚本、編集部門での受賞歴もあり、アン・リー、ロバート・アルトマン、マイク・ニコルズの作品にも参加している。

トランプの大統領当選は多くの人にとってトラウマになった。トランプは外国人差別、人種差別、性差別、イスラム教差別を激しい言葉で言い続けてきた。差別のターゲットになった人々は特にトランプの当選をトラウマに感じたが、その理由がよく理解できていなかった。セラピストの一人はこう言っていた。「9・11の時と同じような感覚だった」。患者の一人はこう言っていた。「ショックで何を考えたらいいのかわからなかった」

トランプが当選した二〇一六年一一月八日からの数週間、私の患者も同僚も異口同音に、トランプが大統領だということ自体が、無力感と絶望感を生んでいると言っていた。「トランプがターゲットにしている六項目のうち、私には四項目があてはまる。私はアラブ出身で、同性愛者で、移民で、女だから」とある患者は言っていた。「外を歩くのが怖いです」。強姦被害の体験を開示するかどうか迷っていたその女性は、開示しないことを決心した。「開示して何になるのでしょう？ もう誰も私を信じないでしょう」と彼女は言う。もっと露骨に「アメリカは強姦魔を大統領として選んでしまったのです」と言う患者もいた。トランプが何件ものセクハラで訴えられていながら、何の罪にも問われないという結果になっているからだ(Crockett and Nelson, 2017)。ニューヨークのトラウマセラピストの一人は、患者のトラウマ反応は9・11のテロの時よりトランプ大統領就任の時の方がはるかに強いと述べていた。彼は9・11とトランプの違いをこう言っている。「9・11のテロは国外からの攻撃で、その場限りのものだった。だがトランプは我々アメリカ人の手で選ばれて大統領の地位にいるから、彼の攻撃は無限に続き、終わることがないと患者は感じている」

私自身の反応も同じだった。私もショックを受けた。患者を前にした時、治療に集中するのに苦労した。自然に涙が流れてきた。苦しみを言葉にできなかった。これらはまさにトラウマのショックだということが私にはわかった。ＰＴＳＤの前駆症状に一致する症状なのだ。

私はトラウマのセラピストである。ニューヨークの病院に勤務し、性的暴行、家庭内暴力、小児期の性的虐待などの被害者を治療している。トラウマとは何か、そして、トラウマが人にどういう影響を与え、それをどのように治療するかが私の研究テーマである。だが私は困惑していた。大統領選挙は粛々と行われた。選挙は暴力とは無縁の手続である。それなのになぜトラウマ反応が引き起こされたのか？ トランプを嫌悪する人にとっても、トランプの勝利と肉体的暴力や自然大災害はまったく異質の出来事である。

それとも、異質ではないのだろうか？

米国心理学会によるトラウマの定義は「事故、強姦、自然災害のような恐ろしい出来事に対する情動反応」である。そして、多くの人々にとって、中でも特に選挙キャンペーン中にトランプのターゲットにされていた人々にとって、彼の当選とそれに続く大統領就任は真実恐ろしい、破滅的とも言える出来事である。

実際、一一月の大統領選からの数か月、アメリカ全土のセラピストからの報告によれば、治療セッションで政治がテーマになることが前例のないほど多くなったという。また、トランプが次々に発信する過激なツイートや衝動的な行動に反応して不安やストレスが高まった患者が急増したという(Gold, 2017)。たしかに社会は混乱していた。移民入国禁止令。オバマ大統領がトランプタワーを盗聴したという事実無根の非難。シリアと北朝鮮に対する突然の軍事行動。トランプ大統領は世間の注目を自分に集めるために、危機を解決するどころか新たに作り出しているかのようだった。

世界で最も強力なリーダーシップを握っている人物のこのような不穏な行動は、過去にトラウマ体験を持つ人々だけでなく、あらゆる人の不安や恐怖を高める。そして「選挙後ストレス障害」(Gold, 2017)、「トランプ後ストレス障害」(Pierre, 2016)、「ヘッドラインストレス障害」(Stosny, 2017)などの言葉が生まれた。[*1]トランプの影響によって増加した現代アメリカ人の症状とPTSDの症状が類似しているためである。PTSDは本来は戦場体験者や初期対応者、そして強姦、暴力犯罪、自然災害、拷問、虐待などのサバイバーにつけられる診断名で、不眠、集中力低下、過覚醒、いらいら、情緒不安定のような症状が特徴的である。私の得た情報が事実なら(後述するように「事実」の概念が大統領府によって変えられてしまっているので、私はあえて「事実なら」と仮定法を用いた)、そうしたことの体験者でない多くのアメリカ人にもＰＴＳＤの症状が認められるようになっている。

トラウマのセラピストとして私は、現代アメリカ人の間に増加しつつある症状とＰＴＳＤの関係性については困惑している。彼らにトラウマがあるとすれば、それは身体的被害でもなく、自然災害によるものでもない。ナルシストで目立ちたがりの人物からの弾幕のような言葉の嵐と、連日報道される彼の不行状が原因である。「トランプ後ストレス障害」の実在性については議論がある。「すぐキレるリベラル」が、大袈裟な左寄りのメディアに煽動されてよく起こす大騒ぎの一つにすぎないのではないかとも言われている。また、「真の」トラウマを経験した真のＰＴＳＤの人々の苦しみを矮小化しているのではないかという批判もある。

しかし、臨床的な視点からは、このような議論は、控え目に言えば問題から目をそらすものであり、はっきり言えば今まさに起きている特異な現象の根本原因の徹底的な考察から逃げるものである。その現象とは、ドナルド・トランプのような大統領の当選と行動によって、アメリカ国民の多くがトラウマを体験させられたり再体験させられたりしているという事実である。ホワイトハウスとトランプは前例のないミスマッチだということにもう一度目を向けてみよう。我々は今、未知の世界にいるのだ。法律の専門家でもなく、政府や外交の仕事の経験もまったくない、テレビ番組で有名なセレブのニューヨーク不動産業者がアメリカ大統領だという状況は、多くの人にとっていまだに理解困難である。アメリカ大統領のスキルの重要さは、心臓外科医のスキルと同じであろう。心臓外科医の専門的判断と技術はそのまま患者の生死を分ける。アメリカは手術室に足を踏み入れたことさえないトランプという人間に、国民の生死を託しているのである。彼は、アメリカ政府の心臓について何の知識もないばかりか、おそらく関心さえない心臓外科医である。自分に与えられた役割の複雑さと意義に鈍感で、そもそも資質もない大統領を見れば、国民に限りない不安が生まれるのは当然である。政治的立場やトラウマの既往にかかわらず、彼の手に運命を握られた我々は、パニック寸前の不安を感じている。

トラウマの既往がある人々にとっては、トランプの影響はさらに大きい。トランプの気まぐれで、復讐心に満ちた、一方的な行動を、暴力的な親や不条理ないじめや権威的な教師やセクハラ上司の体験に重ねずにはいられないからである。トラウマの既往がある人々の脳は過覚醒状態にあることが多いため、トランプが毎日のように見せる激しい攻撃性は神経生物学的な過剰刺激となって、彼らの「耐性の窓」を狭くする。人が安定した気持ちでいられるとき、その人は「耐性の窓」という空間の中にいるとされる。「耐性の窓」の外に出ることは、不安が高まった状態にあることを意味する。「耐性の窓」が狭くなるということは、何かあればすぐそこからはみ出てしまうということで、パニック発作、フラッシュバック、解離などが起こりやすくなった状態である。そのような状態にある人の実数から逆算すると、何らかのトラウマ体験を持つアメリカ人の数は普通に考えられているよりはるかに多い。ハーバードのトラウマ専門家ベッセル・ファン・デル・コルク博士は、疾病管理予防センターの調査に基づいてアメリカ人のトラウマ体験を次のように述べている(Van der Kolk, 2014)。

・五人に一人は幼少期に性的虐待を受けている。
・四人に一人には親に殴られた傷跡が残っている。
・三組に一組のカップルの間に身体的暴力がある。
・四人に一人はアルコール依存症の患者が親族にいる。
・八人に一人は母親が殴られるのを見たことがある。

しかもアメリカ人の記憶には、奴隷制度、移民、戦争、自然災害、大虐殺などのトラウマがあることを考えると（それらを直接体験した人も少なくない）、歴史を無視し、差別を煽り、衝動的な意思決定をするドナルド・トランプのような人物は大統領としてまったく不適格で、私たちアメリカ人すべての不安を高めることが明らかである。

トラウマ、時間、真実、トランプ

トランプ大統領は社会を揺さぶっている。人の心や社会や政治を蹂躙する竜巻の被害に遭っていると感じている人もいる。そもそも「トランプ後ストレス障害」が実在するかどうかとか、実在したとしてそれはＰＴＳＤに匹敵するかどうかとかの議論をすること自体が、すでにトラウマに対する反応の一種である。トランプの当選と大統領就任後の一〇〇日間への反応として、アメリカ中でこんな質問が交わされた。

「これは現実ですか？」「大変なことが起きたというわけではないんですよね？　それともこれって大変なことなんでしょうか？」「何が起こったのかわからないんです」

これらはまさに、トラウマ治療のために私を訪れる患者の第一声と同じである。患者は、考えることができないほど強烈で、否認できないほど圧倒的なトラウマ体験と闘っているのである。国民のために選ばれた大統領が、いま、国民を混乱させている。ドナルド・トランプはトラウマを国中に蔓延させているのだろうか。

私はトラウマセラピストとしての視点から、トラウマの持つ二つの要素である「時間」と「真実」をキーワードとして、トランプのもたらすトラウマを明確にしたい。そしてトランプの影響を最小限に抑える方法を示したい。トラウマの構成要素を理解すれば、そこに働きかけることでトラウマの影響を小さくすることができる。トランプの不条理な行動に対する怒りや不安にかき乱されないようにすることができる。

・時間とトラウマ

メディアエコロジー〔メディアの人間への影響を研究する学問〕を専門とする文化人類学教授であるジェイド・E・デイヴィスは過去や現在の出来事についての人々の認識へのオンライン・デジタルメディアの影響を研究している(Davis, 2014)。彼女は「トラウマは振り返ることができたとき初めて存在する」と述べている。すなわち、トラウマとなった恐ろしい出来事を、振り返って言葉にすることができたときに初めてトラウマはトラウマとして認知されるのである。言い換えれば、人がトラウマを認知できるかどうかは、常に「時間」がキーワードになる。

「トラウマは過去のストーリーであり、証人と証言を通してのみアクセス可能になる」とデイヴィスは述べているが、これはまさにトラウマ治療の最大のポイントである。トラウマ治療の第一の目的は、患者に安心感を与え、過去の体験を受けとめられるようにすることである。そのためにはセラピストが患者のトラウマに伴う痛み・恐怖・羞恥をそのまま受け入れる「証人」として信頼されることが必要である。そこで初めて患者は、トラウマによってもたらされた深く苦しい孤独感から解放されるのである。

ファン・デル・コルクも同様のことを述べている(Van der Kolk, 2014)。

語られなかった言葉が見つけられ、口にされ、受け入れられることで、患者はトラウマ体験が心に刻んだ孤独感から解放され治癒に向かう。それを目の当たりにすることは、セラピストとしての最も深遠な体験の一つである。コミュニケーションを尽くすこと、それはトラウマ体験を被ることの対極にある。

トラウマの治療としての「コミュニケーションを尽くすこと」は、内省という形で患者の内部で行われることもあれば、セラピストとの間で行われることもあるが、どちらもスキルとケアと時間を要するものである。内省のためには、まずトラウマ体験を認識するための空間と時間が必要である。そしてその体験からポイントを切り出す必要がある。そのようにしてはじめて人は自分の経験・考え・価値感に自分を向き合わせることができる。そのようにしてはじめて人は現実を検証できる。そのようにしてはじめて人は「考える」ことができる。

人はトラウマを受けると、思考の能力もコミュニケーションの能力も損なわれるため、特別なサポートが必要になる。脳科学的にはトラウマは脳の言語中枢を抑制し(Van der Kolk, 2014)、文字通り人から言葉を失わせることがわかっている。トラウマ体験について語る言葉が失われている状態を、ジェイド・E・デイヴィスは「クライシス」と名づけている。デイヴィスの言うクライシスとは、閉じた円であって、時間からも証言からも疎隔された状態である。そこには空間も視点もない。そこからは変化することも成長することもできない(Davis, 2014)。それに対してトラウマは、言葉として語られるものを指す(図)。

トラウマとは悲惨な出来事への反応で、言葉と時間の中に存在する。この図でトラウマを囲む円が破線になっているのは、トラウマは患者の中での閉じた体験ではなく、外に向かって開いていることを示している。患者はトラウマ体験を振り返り、体験を言葉で「証言」する。セラピストはその証言に耳を傾ける「証人」である。患者と証人の対話によってトラウマ体験は自然に明確化され、ストーリーが洗練されていく。そして最終的に患者はトラウマによって心に刻まれた不安から解放され、不安が原因のフラッシュバックやパニック発作も治癒する。

対照的に「クライシスは閉じた円の中に封じ込められた歴史である。……そこには証言もなく、証人もいない。……クライシスにおいては、人は空間と時間の中で停止している」(Davis, 2014)。デイヴィスの図では、クライシスは実線で書かれた円の中にある。クライシスの段階では、トラウマ体験は時間からも言葉からも分離され、アクセス不能であることを実線は示している。時間も言葉もないから、そのトラウマ体験について考えることができない。セラピストに伝えることもできない。癒すこともできない。そこには証人はいない。いるとしても傍観者だけである。閉じた円の中にあるものに耳を傾けることも、反応することもできない。クライシスの状態では、人は空間の中で停止している。そこには成長はない。通り過ぎることもできない。心の中のカオスは変化しない。語る言葉がないからである。言葉がなければ、人の行動は単純な反応でしかない。恐怖やパニックや解離に駆動された行動が繰り返されるのみである。

トラウマとクライシス

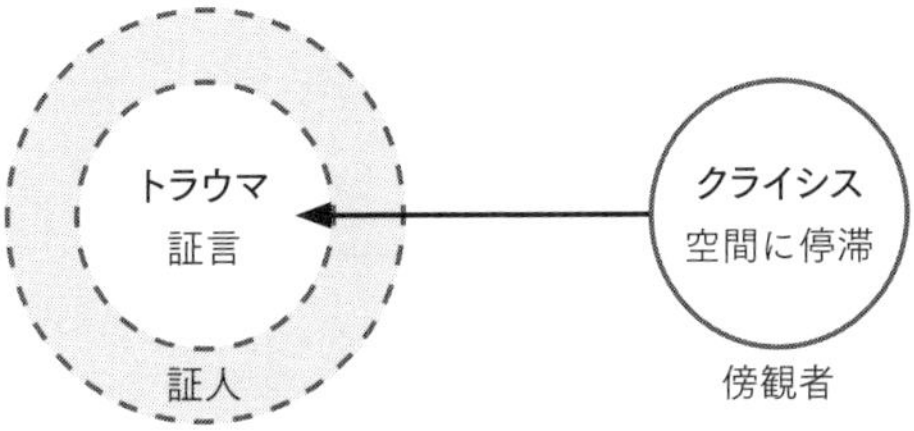

Illustration courtesy of Jade E. Davis

まさにいま我々はその状態にある。原因はトランプである。メディアへの洪水のような発信の連続、悪意に満ちた無数のツイート、自分の非を認めない記者会見、政府高官の突然の解任などによりトランプは、私たちをクライシスに陥らせている。もしトランプが大統領でなければ話はまったく異なる。彼の言動は、高慢で軽薄で声ばかり大きいテレビタレントの妄言で、ただ人から注目されたくて全国民にショックや怒りを巻き起こしているだけのものでしかない。メディアではどんな言動でも許されると言わんばかりのトランプの態度が受けるのは、テレビのワイドショーや週刊誌だけである。大統領選挙前にはトランプの大げさな自己宣伝が発信されていたのはそんな世界だった。ただのタレントだったトランプを自由世界のリーダーに押し上げた社会的状況を分析するのは、本稿の範囲を超えているが、そこには現代のIT環境があることだけは指摘しておきたい。大統領という地位と彼のナルシスティックな性格を結びつけているのもITであるし、アメリカ国民が彼の毒のある行動によって無意味なカオス的クライシスの中に停止させられているのもITによるところが大きい。

インターネットの急速な発展に伴い、人は情報をスーパーコンピュータの速度で処理することを要求されている。ブラウン大学のデジタルメディア学者ウェンディ・チュンは次のように述べている(Chun, 2016)。「現代はアップデートとレスの時代である。受信ボックスは常にツイートでいっぱいだ。レスする時間はいつも足りない。コンピュータは非人間的なスピードで新しいものをすぐ古いものにし、しかもレスが強要されるから、人はインターネットから離れられなくなっている」

「我思う、ゆえに我在り」というデカルトによる人間存在の定義は、二一世紀のいま「我発信する、ゆえに我在り」に書き替えられなければならない状況になっている。この状況はもはや必然のようだが、そうあっさりと受け入れるわけにはいかない。ネットに時間を費やしすぎるという深刻な問題があるからだ。私はPTSDの患者には、就寝前に少なくとも一時間はPCから離れるよう勧めている。ネットサーフィンは注意力を散漫にし、脳を過剰に刺激する。さらに、スクリーンのバックライトは脳内メラトニン(睡眠促進ホルモン)の生成を抑制することが証明されている。PTSD患者は脳が過覚醒状態にあり、そこに睡眠障害や不安が加われば、「耐性の窓」はさらに狭められることになる。心の平静を保つことがさらに難しくなり、治癒を著しく遅らせる。

私たちは機械ではない。「我思う」と「我発信する」を合成すると、いびつで不安定なものが立ち現れる。知りたいという欲求をインターネットで満たすことは、渇きを強烈な水圧の消防ホースの水で癒すようなものだ。それは渇きを癒すかもしれないが、同時に人を強く傷つける。洪水のように押し寄せる情報は、立ち止まってじっくり考える時間を人に与えないので、検証されていない虚構を信じこんでしまうという危険をはらんでいる。チュンとスタンフォード大学の選挙法学者のナサニエル・パーシリーは、真偽を検証できないネット情報の政治への影響について警告している(Persily, 2017)。チュンはこう言っている(Chun, 2016)。「インターネットは、バーロウの夢(規制がなく自由にアイデアを交換できる空間)とはまったく逆の、噂や嘘を広めるナショナリスト・マシンになってしまった」

チュンが警告するのはインターネットがナショナリストのプロパガンダに利用される危険性であるが、パーシリーは民主主義そのものが破壊されることを危惧している。「民主主義はインターネットを超えて生き残ることができるか?」という単刀直入のタイトルをつけた論文で彼は、二〇一六年のアメリカ大統領選挙のネットキャンペーンの分析を通して、現代のネットが増幅する情報に注意を喚起している。SNSのリツイート、虚偽のニュースの蔓延、ボット機能によって作成された文章、掲示板荒らしなどは、混乱に混乱を生むばかりで、真実を伝える機能はかけらもない。「インターネット上で雄弁なキャンペーンメッセージは、激しい怒りや、そのほか、とにかく人の注意をひくものばかりである。劇場型の政治は民主主義として不健全だ。インターネットはまた、外国からの無制限な影響を妨げることができないから、選挙が行われている国の主権も脅かされる。健全な民主主義のためには、事実について判断する能力と意思を有権者が持っていなければならない」

煽動的なテレビワイドショーのスターであるトランプ。IT時代としての現代。この二つが不幸にもマッチしてしまったというのがパーシリーの指摘である。インターネットのサイトは、ページビューの数によって決まる広告料で運営される世界である。そんな世界だからこそ、トランプの浅薄だが無視できないショック効果を持つ妄言が易々と拡散し、強い感染力を発揮するという結果を生んだのである。トランプはなぜマスマーケットとソーシャルメディアをあれほどまでにうまく利用できたのか。社会学者も、政治学者も、デジタルメディア学者も、キャンペーン専門家も、ジャーナリストも、官僚も、その背景を何とか解析しようと努力している。パーシリーは言う。「トランプにとっては、自分の名声も、信者も、現代のメディア空間で立ち回る能力も、彼の資産なのである。しかも、扇情的な言葉がメディアの注目を浴びたり、世論の流れを変えることもよく知っている。こうした戦略を組み立てることで彼は、大統領予備選の期間中、広告費にすれば約二〇億ドル相当のメディアを無料で獲得することができた。大統領選挙期間中もほぼ同額であろう」

世間の注目を集め、それを物質的な富と権力に変えるトランプの溢れる才能が、彼を類い稀なるマーケティング王にしている。チュンとパーシリーがともに指摘していることは、インターネットには真偽とり混ぜた情報がオープンかつインタラクティブに存在し、しかも情報の流れが速すぎて真実性を確認する時間がないままに、噂やスペクタクルが拡散していくという現代の実態である。「新しい」がすぐに「古い」になる今という時代(Chun, 2016)、情報を発信するモバイル機器が文字通り人々の手の中に常にある時代には、自分が驚いたことや怒りをおぼえたことをSNSで「友だち」に伝えるのは実に容易で、抑制がきかない。その「友だち」との距離はたったワンクリックしかないのである。

・トラウマと真実

トラウマの治療という立場から最も懸念されることは、いま我々が、ナルシストの大統領を中心とする強烈な嵐の中にいるということである。トランプは一方的でしかも一定しない自分だけの現実を拡散することに専念している。背景にはインターネットが作り出した現代文化がある。情報があまりに速く伝わるために、真実より虚偽が大きな顔をする文化である。トラウマ治療の原則は、まずトラウマ体験を事実として尊重することで、それなしには治癒への歩みはあり得ない。自分が信じてもらえていること、自分の体験が否定されないことは、言語を絶する恐怖体験や、拷問・強姦・身体的性的虐待といった体験を持つ人にとっては常に何より重要である。強度のトラウマ体験は本人にとって世界を完全に崩壊させるものであり、トラウマの治療とは、患者の体験が真実であることをともに認めることから始まる。そこで初めて患者は精神の安定を取り戻し、トラウマ体験を言葉にすることができ、ストーリーとして語ることができるようになる。孤独と苦悩から脱し、辛すぎる重荷を軽くしてくれる証人を得ることができるようになる。体験をクライシスからトラウマに脱皮させる。痛みが言葉になる。言葉で語られるのは過去についてのストーリーである。時間をかけて真実を確認し、カオスを意味ある形に再構成する。こうしてパニック発作、フラッシュバック、解離は回復に向かう。無意味なクライシスの悪循環から脱し、精神の安定を取り戻し、平静の感覚を増し、また人生を歩むことができるようになる。再度ファン・デル・コルク(Van der Kolk, 2014)の言葉を借りよう。「コミュニケーションを尽くすこと、それはトラウマ体験を被ることの対極にある」

だが今のホワイトハウスは、「コミュニケーションを尽くす」どころか、自分の目的を達するだけのために真実を操作している。それによって生まれる混乱は人々にとってトラウマになる。コロンビア大学の精神分析学者ジョエル・ホワイトブック（Whitebook, 2017）は、トランプと彼のチームにとっての真実とは「ドナルド・トランプの真実」であると述べている。

SNSという武器を手にしたトランプは、真実を「ドナルド・トランプの真実」に変えようとしている。「もう一つのファクト」[*2]が存在すると言い張ることは、とりもなおさず、トランプによる支配のために最も都合の良い「事実」を取り込んだもう一つの、妄想的な現実が存在すると言い張ることである。トランプが主張する「ファクト〔事実〕」を受け入れるのか、それとも拒否するのか。この問いが常に我々の混乱と不安の源泉である。

アメリカの大統領のような強力な世界的リーダーが、自分だけの「もう一つのファクト」こそが真実であると言い張るのを見れば、私たちは驚き慌てるほかはない。何が真実かについての認識が政府と国民で一致していなければ、民主主義も法もない。真実の定義が権力者の手に委ねられることになる。そのような事態は、歴史を振り返ってみれば、人々の権利よりも自らの権力の維持を優先する機関の暴挙を生んできたことが見て取れる。カトリック教会の司祭による子どもたちへの性的虐待がそのあまりにも明白な実例である。教会は、虐待された子どもたちの声を否定し、教会の説明が「事実」だと主張したのである。権力を維持するために、教会が最も保護する義務がある社会で最も弱い者たちへの性的虐待を容認しようとしたのである。

トラウマを治療していると、事実が否定されたとき、人の心には癒せぬ傷が残ることを見ることができる。特にそれは、人間としての基本的な尊厳を奪われるトラウマを体験した患者で顕著である。ドナルド・トランプは、自らの不正行為が不正でなくなるように真実を作り変え続けている。彼は獲物を狙う肉食獣のように行動している。自分に同意しない人々の権利と主体性をまったく尊重しようとしない。自分の意見や意思にそむく人々に対しては、打ち負かして後悔させてやると言い続けている。トラウマの専門家としての立場から見ると、ドナルド・トランプがアメリカ社会にもたらしている害はあまりに悲惨だ。それは犯罪的で、深刻な傷跡を残し、治癒するには何年もかかることを私は危惧している。

結論

常に世界的な注目の的であるアメリカ大統領という地位にドナルド・トランプのような極端な人物が就けば、その芝居がかった、しかも一貫性のない行動は、あらゆるメディアの注目を集め、誰もが強制的にトランプに曝露され続けることになる。トラウマ体験を持つ人々にとっては、この種の曝露は特に過度の刺激になり、トラウマからの治癒を妨げる。言葉で真実を検証し、トラウマ体験をストーリーにして意味を見出す時間が得られないからである。何がショックだったのか、何によって精神が混乱させられたのかを振り返って分析する時間がなければ、トラウマ体験をストーリーとして把握することができない。体験した恐怖を人に伝えることもできない。それはすなわち、テロや虐待などの圧倒的な影響を和らげたり、それらに伴う孤立や苦悩を取り除く機会を持てないということである。

さらには、ナルシスト・トランプの持つ注目を浴びることへの激しい渇望と、私たちの刺激を求める欲求(インターネット時代が生み出した欲求である)が不幸にもマッチしてしまい、派手なニュースや情報の洪水が生まれている。その膨大さはどんな人間の処理能力も超えている。それでも人は、トランプの発する毒のある情報とも娯楽ともつかない言葉を、差し迫った破滅を予感しながら際限なく吸収し続ける。ホワイトハウスの報道官ショーン・スパイサーの記者会見の視聴率が前例のないほど高いと指摘した『ニューヨーカー』の編集長デイヴィッド・レムニックがこの状況を見事に言い表している。「スパイサーの会見をエンターテイメントとして見ている人たちが存在することは疑う余地がない。だが別の理由もある。国民の多くは、ホワイトハウスへの強い懸念を持っているからこそ、記者会見を見るのだ」(Remnick, 2017)。

たしかに、アメリカ国民の懸念は強い。トランプの気分は常に変化し、コミュニケーションも不確実で、重要な事実についての発表もめまぐるしく変わるため、大部分のアメリカ人の「耐性の窓」は狭められ、ストレスを処理しにくくなっている。大統領としてのトランプは強度の不安の拡散を生み出している。人々から考える時間を奪うことによって、現実と非現実の区別を混乱させ、過剰反応とストレスを高め、クライシスという耐え難い状態に陥れている。

国民の一人一人が、また社会全体が、この状態にどこまで耐えられるかを予測するのは難しい。不確実な時代にこそ人々の団結力が求められるのであるが、いま国民も社会もトランプによって力を削がれ、精神が荒廃させられてしまっている。だが私たちには、トラウマについての、そしてトラウマの要素としての時間と真実についての深い洞察がある。この洞察を活用すれば、固まったり、パニックになったり、投げ出したりすることなく、冷静に考えることができる。現代の新しいメディアが、慎重に深く検討された事実を伝えるよりも、感情を刺激する虚偽の発信に価値をおくという性質があることを意識することができる。ネットを遮断し、偏りのない自由な思考を深めることができる。アメリカ合衆国の私たちにはまだその力がある。ドナルド・トランプは私たちをクライシスに向けて誘導しているが、この力があれば、私たちはその誘導から自分自身を守ることができる。

訳注

＊1　ストレスになる新聞などのヘッドライン（見出し）を見ることによって起きる、不安を主症状とする障害。

＊2　本書「病的ナルシシズムと政治」〔I－1〕参照。

TRUMP ANXIETY DISORDER: The Trump Effect on the Mental Health of Half the Nation and Special Populations
Jennifer Contarino Panning, Psy.D.

2 トランプ不安障害
――アメリカ国民の半数以上が罹患

ジェニファー・コンタリノ・パニング

心理学博士、認定臨床心理士。マインドフル・サイコロジー・アソシエイツ主幹。イリノイ州エヴァンストンでグループ療法に従事。二〇〇三年にシカゴ・スクール・オブ・プロフェッショナル・サイコロジーで臨床心理学の博士号を取得。ノーザン・イリノイ大学とノースウェスタン大学で研修。二〇〇四年開業。現在は三人の心理学者とポスドクの特別研究員を雇用している。気分障害、摂食障害、大学生のメンタルヘルス、ストレス、トラウマを専門とし、認知行動療法、マインドフルネス、弁証法的行動療法を統合したアプローチを実践。催眠療法の素養も有している。

予測不能の激変が続いた二〇一六年は、一一月八日の大統領選挙で頂点に達した。世論調査ではヒラリー・クリントンが勝つ確率が七〇~九五%で、トランプは泡沫候補だと多くの人は思っていた(Silver, 2016)。ところが、勝ったのはトランプだったのである(ただし三〇〇〇万人以上がトランプへの反対票を投じた)。

この驚愕の結果は、アメリカ国民の約半数に、前例のない選挙後のショックと悲しみと不安をもたらした。それは決してトランプの政策に対する不満に連動するものばかりではなかった(American Psychological Association, 2017)。

本章では、アメリカ全土に蔓延した選挙後不安(「トランプ不安障害」と呼ぶ)について述べる。しかし、後述の全般性不安障害[*1]とは異なり、これはトランプの当選とその結果としての政治状況に限定した不安症状である。偏向した情報や虚偽の情報を流すメディアもこの症状の悪化に一役買っている。本章の最後には、筆者の精神療法患者の中からトランプ不安障害の実例を紹介する。筆者の患者の大部分は、高学歴の中流~上流階級の人々である。

大袈裟に大言壮語するトランプが選挙キャンペーンで嘘を連発した結果、一体何が真実か確信が持てない環境がアメリカに生み出され、人々は危機感をもって暮らすようになった。トランプ不支持者の不安が高まる完璧な環境要因が作られたのである(Sheehy, 2016)。米国心理学会が毎年出している『ストレス・イン・アメリカ』によると、アメリカ人の半分(四九%)は二〇一六年の選挙が自分の人生における重大なストレスの一つになったと感じている(American Psychological Association, 2017)。アメリカのセラピストには、このストレスによる障害の治療という新たな仕事が発生した。アメリカの大統領としてとても正常とは思えない言動を正常なものとして受け入れなければならないことによるフラストレーションも、治療のターゲットになった(Sheehy, 2016)。

全般性不安障害とトランプ不安障害の区別は重要である。米国精神医学会が作成し、現在広く用いられている公式の診断基準DSM-5によれば、全般性不安障害の特徴は、不必要な心配に過剰にとらわれることである。その結果、生活に支障が出ることが多い。健康、金銭、家族、友人関係、対人関係、仕事などの日常的な事が破綻するのではないかと心配し過ぎるためである。身体にも実に様々な症状が出る。列記してみよう。疲労、貧乏ゆすり、頭痛、手足のしびれ、筋肉の緊張、筋肉痛、嚥下困難、胃酸過多、胃痛、嘔吐、下痢、呼吸困難の発作、集中困難、震え、筋肉の攣縮《れんしゅく》、いらいら、興奮、発汗、不穏、不眠、ホットフラッシュ。どれも、不安をコントロールできないことに関連した身体症状である。DSM－5では、定められた症状が六か月以上定常的に続くことが正式診断のための必要条件とされている（American Psychiatric Association, 2013）。NIMH（国立精神保健研究所）によれば、年間でアメリカの成人の三・一％（七〇〇万人以上）が全般性不安障害に苦しんでいる。

一方、トランプ不安障害の症状としては次の項目を挙げることができる。

・コントロール喪失感
・無力感
・堂々巡りの心配（特にトランプがホワイトハウスにいることによる不確実な社会政治状況についての心配）
・過剰なSNS使用傾向

トランプ大統領就任後のアメリカでは、家族や友人の間に、トランプ支持・不支持による深い亀裂が生じている。トランプ不安障害の発症を促進する因子として、トランプの特異な性格傾向と人を心理的に操作するツールであるガスライティング〔後述〕や嘘や責任転嫁も指摘できる。

トランプ不安障害はいくつかの点で全般性不安障害とは異なっている。一つは発症までの時間経過である。二〇一六年の選挙までのめまぐるしい出来事（偽のニュース情報、クリントンの私用メール問題についてのFBI捜査など）は不安を煽るものではあったが、多くの人々は、どの世論調査もクリントン圧勝を予想しているのを見て安心していた。そしてトランプがアメリカ大統領になったという報道に、耳を疑い、強いショックを受けたのである。

トランプ不安障害のもう一つの特徴は、不確実な社会政治状況に症状が直接関係していることである。イスラム教徒の入国禁止、オバマケアを廃止するという脅しと公約、北朝鮮との緊張増大、二〇一六年の大統領選へのロシアの干渉およびロシアとトランプの資金的つながりの可能性、メキシコとの国境の壁、移民問題、環境関連当局(国立公園局や環境保護庁など)への資金援助の停止、医学研究への資金援助の停止などについての情報に接するたびに、人は強いストレスを感じさせられている。トランプ不安障害の発症要因はこれらの情報のうちの一つのこともあれば複数のこともある。あるいは、これらの情報がもたらすアメリカ民主主義の将来への懸念のこともある。トランプ不安障害は、社会政治状況についての堂々巡りの心配に関連しているという特有な性質を持っているのである(Clarridge, 2017)。

SNSはニュースを変えた。インターネット・ニュースサイト(CNN、「ハフィントン・ポスト」など)やフェイスブックやツイッターなどでは、ニュースそのものはもちろん、他の人の意見にも文字通り瞬間的にアクセスできる。トランプ不安障害のアメリカ人の多くは、ニュースウェブサイトのチェックに病的に執着するようになっている。そこには常にトランプについてのカオス的ニュースが溢れており、圧倒的とも言える量に達していることも多い。不安になると人は、少しでも多く情報を得ることで安心が得られるのではないかと錯覚し、必死に情報を求めるものである。しかしそれによって得られるのは偽りの安心でしかない。そして、得られた安心が偽りであることに気づくと、不安の症状はかえって高まるのが常である。

大統領選後の多くのアメリカ人に発生したその他の症状としては、無力感や麻痺したような感覚、仕事や家事に集中できないこと、睡眠障害などがある。不適応的な対処方法としての、過食、飲酒、喫煙なども認められている。

前述の「ガスライティング」[*2]はここ一〇年から一五年の間に心理学の論文でよく扱われている概念で、力が上の立場の人間が下の立場の人間を惑わせる言動を指している(Stern, 2007)。ガスライティングを行うのは、「自己中心的で、自分が権力者であるという感覚にしがみつき、絶望的なまでに自分が正しいと頑なに信じる人物」(Stern, 2007)である。トランプはガスライティングによって多くのアメリカ人に不安をもたらした。選挙キャンペーン中には、嘘や、事実でないことや、その他ありとあらゆる情報を駆使して、人々に猜疑心をかきたて、また、人々を思うままに操作した。しかしガスライティングは自分自身も欺くので、人から見ると本人の現実検討能力が損なわれているように見えることもある(Gibson, 2017)。

『ストレス・イン・アメリカ――変化への対処』と題された米国心理学会の二〇一七年二月の調査によれば、アメリカ人の三分の二が、国の将来についてストレスを感じていると回答している。民主党支持者ではその率は七六%と特に高いが、共和党支持者でも五九%にのぼっている。

セラピストもこのストレスに無縁というわけにはいかない。セラピストの仕事は選挙後の患者のストレス対処をサポートすることであるが、セラピスト自身もしばしば患者と同じストレスを自覚し、対処を必要としたのである。

トランプ不安障害患者の実例

私が認定臨床心理士として治療にあたっているシカゴ北部のイリノイ州エヴァンストンの患者は、リベラルで、社会経済的地位も教育歴も高い。エヴァンストンの人口六万五〇〇〇人の多くは地元ノースウェスタン大学などで専門職に就いているホワイトカラーである。私の患者の多数を占めるのはノースウェスタン大学の学部生および大学院生で、診断名は適応障害、大うつ病、双極性障害、摂食障害などである。不安を主訴とする患者が多い。[*3] 私の患者にはトランプ支持者は一人もいないが、それはエヴァンストンが非常に進歩的な地域だからであろう。

二〇一六年の大統領選挙の後、私の患者の大部分は選挙についての気持ちを話題にするようになった。逆に選挙の話題が出ないほうが珍しかった。ほとんどの患者が同じように、ショック、悲しみ、心配、パニック、将来の不安、怒りを訴えた。ショック状態が持続している患者もいる。多くの患者は選挙結果をいまだ醒めない悪夢のように感じていた。

最も顕著だったのは、選挙の翌日のセッションでの患者全員が、選挙結果が信じられないという気持ちを持っていたことである。セラピストとしての私の第一の務めは、安心できる場所を提供し、そこで彼らの混乱した気持ちについて話し合うことであった。さらに、十分な睡眠と健康的な食事をとる、友人や家族とのつながりを維持する、選挙のニュースや記事を見る時間を制限するというような、基本的なセルフケアについての助言も必要であった。そうした助言や相談だけで選挙から気持ちを切り替えられる患者もいたが、何日も何週間も、日常生活に支障が続く患者もいた。

私は(他の多くのセラピストや精神科医と同様に)、患者の治療にあたる一方で、自分自身も選挙結果へのショック、怒り、不信、欲求不満、恐怖などと格闘していた。セラピストや精神科医の大部分はリベラルな思想を持っている(Norton, 2016)。仕事を通して社会正義や公平な医療などを考える機会が多いことからすれば自然であろう。そのため、二〇一六年の大統領選後、多くのセラピストは、患者の不安の治療をすると同時に、自分自身の症状とも格闘していた。そこには利点もあった。患者の不安の治療そのものが、弾幕のように降りそそぐニュースからの救いをセラピストに与えてくれた。私も患者の治療が無力感からの救いになった。患者とともに弾幕を避けて「塹壕の中にいる」ことが、有意義であると感じられたのである。

私は、パーソナリティ障害(特に自己愛性パーソナリティ障害)[*4]を持つ家族やパートナーがいる患者が、特に大統領選の影響を強く受けていることに気づいた。とりわけセラピーの焦点となったのはガスライティングの確認である。すなわち、決して自分の方が病的で視点や判断が誤っているわけではないことを確かめ、また、パーソナリティ障害の家族やパートナーの限界を認め、彼らの情緒不安定や他罰的傾向や嘘に振り回されない対処法を話し合うことにもセッションの時間が費やされるようになった。

クレア(仮名)は、障害を持つ子どもと自己愛傾向のある夫を持つ女性で、夫からの勧めで私のクリニックを受診した。夫によればクレアは「発狂した」ので、専門家にみてもらいたいということだった。治療セッションは、クレアについての夫の評価には正しい面もあることを彼女に理解させつつ、夫との関係の中から発生した不安への対処を続け、夫との適切な距離を設定するという線で進行した。クレアは高学歴で、政治的にはリベラルで、トランプの当選に強いショックを受けていた。彼女の不安症状は、トランプ当選後とトランプ大統領就任後の期間に悪化していた。クレアの治療の焦点は、彼女の感じている不安は自然な感情であることを伝え、彼女にできる範囲で不安をコントロールする努力を促すことに絞られていった。その結果クレアは自助努力として、ボランティア活動を始め、子どもをサポートする教師らに感謝の気持ちを表現し、地方議員にコンタクトするという行動を取った。

イダ(仮名)は、二〇代前半の大学生で、頭脳明晰で感受性と知識欲が非常に強い女性である。彼女は、自己愛傾向のある父親との関係で悩んでいた。大統領選挙後にイダはこう語っていた。「私たち全員が大統領から精神的虐待を受けているように感じるんです」。彼女も不安の増悪に苦しんでいた。治療の焦点は、自分でコントロールできることとできないことを明確にすることであった。彼女は抗議デモに参加することで、無力感を軽くすることができた。しかしSNSを制限するのは難しく、治療セッションがニュースの話題ばかりになってしまうことも少なくなかった。

トランプ支持者が一人もいない非常に進歩的な地域で働くことで、私は患者に対して、自分が患者と同じ不安を感じていることを正直に表現できていた。大統領選挙後には進歩的な人々はみな同じ不安を感じているということも伝えやすかった。患者の立場からすれば、セラピストから正直な言葉を聴くことができ、セラピストの人間的な側面を見ることがプラスになったと私は思いたい。しかしセラピストとしての本来の役割は、患者の生活に希望と自信を与えることであり、セラピストが患者と同じような無力感の中におかれている今、この本来の役割をはたすことは非常に難しくなっている。専門的知識があるからこそトランプの行動とパーソナリティの問題に強い懸念を持たざるを得ないからかもしれない。

訳注

＊1 DSM－5に収載されている診断名。不安を前景とする病態。

＊2 本書「病的ナルシシズムと政治」〔I－1〕参照。

＊3 DSM－5に収載されている診断名。うつ病の中核群にあたる。

＊4 本書「病的ナルシシズムと政治」〔I－1〕参照。

IN RELATIONSHIP WITH AN ABUSIVE PRESIDENT
Harper West, M.A., L.L.P.

3　大統領からの精神的虐待

ハーパー・ウェスト

文学修士、心理士。ミシガン州クラークストンの認定心理療法士。ミシガン州立大学でジャーナリズムの学位を取得し、企業広報部門勤務を経て、ミシガン・スクール・オブ・プロフェッショナル・サイコロジーで臨床心理学の修士号取得。自己受容心理学を開発。自己受容心理学とは、精神障害の生物学的モデルを否定し、情動の問題を、恐怖、トラウマ、恥、アタッチメント障害への適応的反応として再構成する心理学である。セルフヘルプについての著書『パック・リーダー・サイコロジー』は、インディペンデント・ブック・パブリッシャーズ・アソシエーション・ベン・フランクリン心理学賞を受賞。(www.HarperWest.co)

アメリアが話す夫ジャスティン(1)の行動を聴いて、すぐに私は彼女が夫から精神的虐待を受けているとわかったが、彼女は夫の行動はまったく正常だと思っているようだった。

ジャスティンがアメリアを辛辣に非難するのは日常茶飯事だった。彼女を「デブの負け犬」と呼んだ。彼女が作った料理を「大惨事」だと言った。彼女がごく普通の質問をした時でも「お前はいつもネガティブで文句ばかりだ」と暴言を吐いた。彼女が事実を言っていても、その内容が気に入らないと、彼女が作り話をしていると非難した。家族にも家計にも不安はないのに、ジャスティンはいつも不機嫌だった。

アメリアは戸惑っていた。夫とのほんの些細な食い違いが、なぜいつも大事になるのかがわからなかった。ジャスティンが自分の間違いを認めたり謝ったりしたことがあるかと私が尋ねると、彼女は言った。「いえいえ、ありません。ジャスティンはとても頑固です。いつでも間違っているのは私だと言われます」

ごく最近のエピソードとして、彼女がジャスティンに、請求書の支払いをしたかどうか尋ねた時のことがあった。彼は怒って、支払ったと答えた。後になって、実際には支払っていないことがわかったのだが、ジャスティンは自分の嘘も、嘘の結果のごたごたも、自分が怒ったことも、どれ一つ謝ろうとしなかった。夫は嘘ばかりついているのに、いつも自分が間違っていると言われ続けているうちにアメリアは、自分は頭がおかしいのではないか、記憶力がなくなったのではないかと心配するようになった。ジャスティンは自分の間違いは忘れろと言う一方で、アメリアの間違いは何度も蒸し返して言うのが常だった。

ジャスティンは、仕事には有能で、非常に決断力があり、強力なリーダーであるとのことだった。アメリアはジャスティンに異を唱えることはしなくなっていた。何か言えばこじれるだけで、解決に向かうことはないからだ。いつも彼女が妥協していた。

アメリアは強い不安を訴えていた。彼女はジャスティンの反応にいつもびくびくしていた。

このカップルは、精神的虐待の多くの実例を合成した架空のものである。そしてアメリアとジャスティンの関係は、アメリカ国民と現大統領との関係によく似ている。それは決して偶然ではない。情緒不安定で、人を精神的に虐待する傾向が、トランプには見られるからである。

妻を精神的に虐待する夫とドナルド・トランプ大統領の性格傾向には、欲求の発動の仕方や、情動や、周囲に対する反応などの面で共通点がある。どれも周囲との関係を悪化させる特性である。家庭であれば家族との関係を悪化させ、国であれば全国民との関係を悪化させる。虐待を受けている家族や全国民の健康のためには、この性格傾向について分析することが必須である。

「他責者」の心理構造

精神医学・心理学の専門家はトランプについて、自己愛性パーソナリティ障害、反社会性パーソナリティ障害、妄想性パーソナリティ障害、妄想性障害、悪性ナルシスト、認知症などの可能性を指摘している(Lenzer, 2017)。これらは主にＤＳＭ－５の診断名である。ＤＳＭ－５は公式の診断基準であるが、非科学的ないしは恣意的な分類体系であるなどとしばしば指摘されている。感情や行動が平均から外れているだけで病気と診断されてしまうという「医療化」[*1]と呼ばれる問題が発生しているという批判もある("DSM: A Fatal Diagnosis?", 2013; Caplan, 1995; Deacon and McKay, 2015; Kinderman, 2014; Miller, 2010; Whitaker and Cosgrove, 2015)。

そこで私は、ＤＳＭ－５を用いることは避け、精神的虐待加害者の性格傾向の核心に純粋に焦点を絞るための命名として、彼らを「他責者」と呼んでいる。

彼らが他人を責める理由は、彼ら自身の自己評価の低さにある。自己評価が低いから、すぐにプライドを傷つけられたと感じやすい。恥をかかされることに対する耐性が低いと言うこともできる。原因は子ども時代にある。プライドが傷つけられる場面を常に避けるという、健全でない対処方法を続けてきたために、耐性ができないままに成長してしまったのである。

プライドが傷つきやすいことは、右に挙げたＤＳＭ－５の各診断名にも関連する特徴である。他責者に同時に見られるのは、執念深い怒り、洞察力と責任感の欠如、不誠実、衝動性、特権意識、強い猜疑心、内省や共感性の欠如、自意識過剰、注目を浴びたいという強い欲求などである。トランプはそのあまりにも顕著な実例であるが、そこまでのレベルには至らない「サブクリニカル」と呼ばれるケースは何百万人も存在する。妻を精神的に虐待する夫もそうした例である。

他責者の自己評価の低さは、周囲には気づかれにくい。むしろ攻撃的で怒りっぽい人物だと見られていることが多い。他責者は自己防衛の手段として怒りや攻撃を用いるのが常だからである。他責者自身も自己評価の低さを認めることはほとんどない。それを認めれば、逆に自分の方が精神的虐待の被害者になるとおそれているからである。

私の精神分析療法クリニックには、他責者からの精神的虐待を受けた被害者が訪れる。軽度の他責者の起こす問題は、対人関係を乱すか、人と疎遠になる程度だが、重度の他責者は配偶者や子どもを精神的・身体的に虐待したり、依存症になったり、さらには刑事事件を起こすこともある。だから私はよく言っている。クリニックを訪れた人に診断名をつけるのではなく、そもそもの原因となった他責者を診断しなければならないのだ。

有害な行動をしているにもかかわらず、他責者は自分から治療を受けることはめったにない。自分の問題を認めるのはプライドが許さないのである。しかし、クリニックを訪れた患者の治療セッションでは、患者の家族の中の他責者のことがポイントになることはとても多い。

実際には家族が、自分を責めたり、他責者から責められないように行動することによって、結果として他責者がある程度支えられているものである(West, 2016)。

他責者は本能的に、自分の意のままにコントロールできる人や、自分が支配できる人を求める。その結果、他責者–従属者という人間関係が成立する。従属者とは、逆らったり、間違いを指摘したり、責めたりしない人である。歴史を振り返ってみれば、独裁者は、彼の怒りをおそれて質問しない家族や追従者にいつも囲まれている。

(話をわかりやすくするため本論では他責者を男性としているが、もちろん女性の他責者も存在する)。

他責者の行動の原因

他責者は子ども時代に、虐待、侮辱、養育拒否などのトラウマ体験を経ていることが多い。親が薬物依存や精神障害であると、子どものニーズを満たせないことはよくある。ナルシスティックだったり他責的だったりする親をモデルとして育った子どもが、他責者になることがある。事なかれ主義で物事と真剣に向き合わず、養育者としての責任をはたさない親も、子どもを他責者にする。子どもに過大な期待をかけ高すぎる要求をする親も、子どもに失敗の恐怖を持たせ、結果として他責者の傾向を持つ人間を育てることになる。

このような親に育てられた子どもは、自分が愛されているとも保護されているとも感じることができず、自己評価も十分に育ちにくい。人に対して共感を持つことが難しく、すぐにプライドを傷つけられたと感じる。そう感じた時に他人を責めるのは、子どもの時なら許容されても、成人になって同じことをすれば人間関係を壊す。それが個人と家族の人間関係であっても大統領と国民の人間関係であっても同様である。

・恐怖、侮辱、怒りへの情動反応

生命が脅かされる状況下では、人間の脳は生存という目的のみに向けて作動する（Pasquali, 2006）。トラウマに曝されている子どもは、「戦うか、それとも逃げるか」という切迫した反応を繰り返すうちに、脳がそれに合わせて変化し、生存という目的に直結する情動反応ばかりが発生しやすくなる（Anda et al., 2006）。人は恐怖という体験に慢性的に曝露されると、不安をベースとする行動特性を表すようになる。それは、衝動性、活動亢進、不合理、気まぐれ、欲求不満耐性低下、集中力低下などで、どれもトランプに日常的に見られる特徴である。トランプの一貫性がない言葉は、彼自身が感じている恐怖に対する情動反応のサインなのかもしれない。彼は頭を冷やして文法的にまとまった一つの文章を書くということさえできない。人が自分の考えや感情や経験をまとめて客観的に考えるためには、頭を冷やす必要があることは言うまでもないことである。

他責者の内心は恐怖に満ちているが、彼らはそれを巧妙に隠している。他責者の人生は生存を脅かされるパニックの連続である。人からの判定を受け、価値がない人間だと決めつけられることをいつも恐れている。自分の中でのプライドを死にもの狂いで維持しようとしている。少なくともプライドを傷つけられて恥をかかされたと感じないよう自己防衛している。防衛の手段としては怒りを用いる。「怒りは恥のボディガード」という箴言もある。

特に重度の他責者では、「戦うか、それとも逃げるか」の反応は、プライドを傷つけられたと感じた時の激怒や、暴力として現れる。家庭内暴力事件が発生する典型的なきっかけは、妻から逆らわれたり、侮辱されたり、拒否されたりしたと夫が感じた時である。他責者は自分の恥の感情を健全な方法で処理することを身につけてこなかったので、ごく些細なことでも自尊心を傷つけられたと感じ、たとえば、夕食がいつもの時間にできていなかったというだけで、激しい怒りの反応が引き起こされるのである。

トランプの最初の妻イヴァナは、強姦罪でトランプに訴訟を起こしている。高額の慰謝料を提示された離婚に伴って訴えのレベルは下げられたが、完全に撤回はされなかった。イヴァナの訴えの内容を見ると、トランプが、拒絶への恐怖と強度の不安を常に持っており、きっかけがあればすぐに激しい怒りが惹起される性格であることがわかる。他責者は、人との関係が終わりそうになったり、人から拒絶されるという屈辱に直面したとき、殺人や自殺のような極端な行動を取ることがある。それはまさに、恥という感情を持つことが他責者にとっていかに耐え難い苦痛であるかを示している。このパターンはトランプにも見られる。大統領という重責や、ロシアとの結託についての捜査などのストレスが高まれば、彼は恐怖に圧倒され、もともと不十分な彼の認知機能や社会機能はさらに危ういものになる。彼の行動はますます脈絡を失い、予測不能になると思われる。

健全な人間関係を維持するためには、人は冷静さを保ち、思慮深く、慎重でなければならない。何かを恐れて短絡的に反応するようなことは避けなければならない。恐怖にかられて行動する人物や、洞察力のない人物は、パートナーとしてもリーダーとしても到底信頼を得ることはできない。

・責任感の欠如

他責者の行動パターンの根底には恥の感情と恐怖感があるが、表面に現れる最も顕著な特徴は、自分の言動についての責任を取ろうとしないことである。

他責者は内省したり、自分の行動の影響を認識したりすることができない。洞察を持ったり、自分の誤りを認めたり、反省の念を示すことができない。そうした行為は他責者にとっては自分が壊れかねないほどまでに屈辱的なのである。彼らはあたかも両手で耳を塞いで楽しい歌を口ずさみ、現実を聴かないようにして生きているかのようである。他責者は責任を取らされることを毛嫌いする。自分の責任という観念がそもそもないからである。

一般に他責者は、自分は社会のルールや掟に従って行動する必要はないと思っている。それもまた妻を途方に暮れさせる一因である。トランプが自分の納税申告書の開示を拒否したり、倫理規定を遵守しなかったりすることは、まさにこの特徴の表れである。

責任感の欠如は、妻との争いをエスカレートさせる。他責者は、目の前に事実を突きつけられてもなお、自分の誤りを頑として認めないからである。渋々ながら誤りを認めたとしても、そこに至るまでにはたくさんの嘘と弁解が重ねられている。信頼は地に堕ち、二人の関係には深い亀裂が入る。

他責者は、妻との口論中、責任を転嫁したり、言い訳をしたり、行動そのものを否認したりして、自分の恥の感情を必死に和らげようとする。他責者を夫に持つある妻はこう言っている。「夫は私の話を聴いていないんです。ただ自分は悪くないという理屈を何とかつけようとしているだけなんです」

妻を精神的に虐待する夫が自分の非を認めようとしないという特徴があることはよく知られている。極端な合理化[*2]も辞さない。ある夫は妻を、何時間もクローゼットに閉じ込め、何度も床に投げ倒し、銃を頭に突きつけるなどしておきながら、自分は妻を殴ったことはないと言い張っていた。あたかも、自分の犯罪的行為の免罪のために、犯罪とそうでないものの間に自分で勝手に決めた線を引いているかのようであった。他責者はいつも被害者を責める。他責者にとっては、夕食の支度が遅れたことでも、妻を殴る理由になるのである。

トルーマン大統領がホワイトハウスのデスクに「責任は私が取る」と掲げていたことは有名である。トランプはそれとまったく反対で、責任感が完全に欠如している。トランプはいつも他人に責任を転嫁する。自分の嘘や誤りについては決して謝罪しない。トランプの責任転嫁はあまりに日常的なので、彼の言葉の中に誠実なものは何ひとつ存在しないと思わせるほどである(Millbank, 2017)。自分は訴訟を和解で終わらせることはしないという彼の主張は(この主張自体が嘘であるが)、彼が責任を取らされることを嫌うことの表れである。トランプは事実も人の意見も尊重しない。現実の事態を誠実に受けとめることを頑なに避けているのだ。

責任を取らないということは反省する機会もないことになるから、他責者は頑なに自分を変えようとしない。そのため妻はほとんど何の口も出せないという状況におかれることになる。妻であれば離婚することができるが、大統領と国民の関係においては、民主主義の仕組みがトランプを監視することに期待することしかできない。

不幸なことに、トランプのように他責者であり、かつ権力者でもある人物は法律を嫌う。法律とは最終的に人に責任を課するものだからである。法律が尊重されなければ、民主主義は危機に陥る。

情緒的に成熟した人であれば、他人が確立した境界を受け入れることができるものである。自分の誤りで境界を越えてしまったことがわかれば、すぐにそれを認めて穏やかに謝罪することができるものである。それによって争いは避けられ、人間関係は修復される。健全な人間関係は、自分の誤りを認識することの上に成り立っている。健全な人間関係には、自分の言動の他者への影響を気にかけたり、自分の誤りや敗北や自分に向けられた批判を真摯に認める能力も欠かせない。

・社会感情の欠如

自分の非を認めて謝るということができないのは、良心や共感性が欠如していることを示している。他人に同情したり、親切にしたり、自分より他人のことを考えるのは、人に備わっている社会感情であり、道徳が教えるところでもある(Martin and Clark, 1982)。だが社会病質者やナルシストと呼ばれる人々には、後悔の念や罪悪感や共感性が欠如していることがよく指摘されている。

他責者にもこれらは欠如しているが、そこにはいくつか理由がある。たとえば、親との早期のアタッチメントの段階で、温かい関係を与えられなかった。たとえば、父が母を虐待するのを見て、人を傷つけるという行動パターンを学習した。トラウマ体験がある環境で成育したことで、「戦うか、それとも逃げるか」という反応ばかりが身につき、「思いやりと絆」という反応があまり身につかず、人を助けることができず、時には人が助けを求めているのに気づくことさえできなくなっている。

苦しいときや困ったとき、人は爆発することがよくある。特に、自分の中に安全で愛情のある人間関係のモデルを持っていない人にはその傾向がある。他責者の激しい怒りは、社会感情の欠如が極端な形で表現されたものである。他責者は、自分は妻を愛しており、傷つけたことなどないと言うこともあるが、真実は彼の感情的な行動が語っている。恐怖感と恥の感情で制御不能になると、他責者は自分のことしか考えられなくなるのである。

他責者にとっては、深く物を考えないことが、脆弱な自己イメージを恥の感情から守るためのものがきなのである。他責者は感情の痛みに耐えられないので、痛みを周囲の人に負わせようとする。結果として人が苦しんだり人間関係が破壊されても意に介さない。

他責の傾向がそれほど重度でなくても、妻の気持ちに寄り添ったり優しく受け止めたりする能力がないと夫婦関係は傷つく。二人に情緒的な関係ができないことが、関係が壊れる主因である。カップルセラピー[*3]で難しいのは、自分が妻に与えている影響に他責者の注意を向けさせることである。セッションの最中に目の前で妻が泣いていても、他責者は座ったままで何もせず、それどころか自己防衛の言い訳に終始していることもある。自分自身を恥や責めから守ることに全力を投じているので、人に対して温かく接する余裕がほとんどないのである。それどころか逆に暴力的な反応を繰り返し、その度に二人の関係を破壊していく。

他責者は人の気持ちに合わせて行動することができない。理由はある他責者の言葉の中に現れている（このように内省するのは非常に稀なことであるが）。「私は、たとえ妻との関係が壊れても、自分が正しいと思うことを優先してしまうのです」

まさに同じことが今トランプとアメリカとの関係で発生している。彼は、脆弱な自己を守ることを優先し、国のことは二の次にしている。トランプの共感性の欠如は、何十年にもわたり、偏見、貪欲、中傷、威嚇、執念深さなどの形で明らかにされている。

彼の感情は生き残りを第一の目的とするモードにあるので、記者会見で見せる怒りやツイッターによる中傷の異常さに自分では気づくことができない。ただ暴言を吐いて、その時の自分の気を晴らすことだけを目指している。差別的なヘイトスピーチで多くの人々の安全や自由を脅かしても意に介さない。国への長期的な影響も意に介さない。彼は自分が正しいと自分に思わせるための努力で頭がいっぱいで、自分の嘘や他責が自分とアメリカ国民との関係を破壊することに気づく余裕がない。

トランプは他の人を気遣ったり、自分が治める国の人々に奉仕するというような倫理道徳観に動かされることがない。「アメリカ・ファースト」のスローガンをあげてはいるが、真の愛国者に必須の滅私の精神を理解する能力はない。自分はベトナム戦争中に五回の徴兵猶予を得ておきながら、戦争の英雄を何度も罵った。政策はと言えば、恵まれない人に冷酷で、地球資源の保護を放棄することが際だった特徴である。

大部分の他責者と同様、トランプは自分のことしか考えていないことに、アメリカははっきり気づいている。他責者が人のことなど意に介していない人間であると気づいた時、人は裏切られたと感じ、当然に不信を抱き背を向ける。他責者の行動は人間関係の基本中の基本である互恵と信頼を損なう。彼らと関係を持つことは人にとって有害で、決裂に終わるのが常である。

・被害者の人格否定

人の気持ちに合わせることができず、社会的に適切な反応もできないことは、他者の人格否定につながる。他者を物として扱うと言ってもよい。それは他責者にとっては、人を傷つけても罪悪感をさほど持たなくてもよくなるという自己防衛的な意味がある。

「妻を虐待する夫は思いやりという感情を深い穴の中に埋めてしまう。そうすることによって、他者が苦しむのを見る時に人が本能的に持つ深い嫌悪感から逃避するのである。そして自分の言い訳や合理化を堅く守り、自分が引き起こした痛みから自分を守り、自分の力が妻を支配することに満足するようになる」(Bancroft, 2002)。

トランプは何十年にもわたって女性の容姿について辛辣なコメントを繰り返してきた。セクハラを自慢するビデオも公開されている。選挙キャンペーン中には身体に障害のあるリポーターを嘲笑した。

専門筋のほとんどは、ホワイトハウスに入ればトランプの行動は改善するだろうと言っていたが、私は逆に悪化すると予測していた。権力の座に就けば彼の特権意識は増長し、他者の人格を否定するという元々の特性はますます強くなると見たのである。

「虐待にはどんどん悪化していくという特性がある。その大きな理由は、加害者が被害者の人格を否定することにある。あるレベルの残酷さ(暴力)に彼の良心が適応すると、次にそれは一つ上のレベルに進む。妻の人格を否定することで、彼は人間の持つ罪悪感や共感をシャットアウトし、一日が終われば良心の呵責に苛まれることなくぐっすり眠ることができる。妻の人間性を否定することで、彼女の感情を気にする必要はなくなる。さらには彼女の感情そのものの存在がなくなる」(Bancroft, 2002)。

大統領の責務は国民の生命を守ることである。我々の大統領が、人の生命のことを考える能力を失っているのかもしれないと考えると、戦慄せざるを得ない。

・特権意識

他責者は特権意識が強い。これは人格否定と責任の欠如に密接に結びついている。トランプは、自分が非難を受けることなどないと信じているようで、自分がニューヨーク五番街で誰かを撃っても票を失うことはないと豪語したこともあった(Johnson, 2016)。

ほとんどの他責者は、自分の持つ社会的に受け入れられない特性を隠そうとするものである。家で妻を虐待しても、外では他人に礼儀正しく接するのが普通だ。ところが悲しいかなトランプは、言葉による虐待を隠そうともしない。自分には公の場で人に恥をかかせたり侮辱したりする権利があると思っているのだ。「負け組」「ヒラリーを牢屋に入れろ」のような中傷の台詞は、彼の選挙キャンペーンの定番だった。彼は道徳意識に縛られるところはまったくないように見える。非常に危険な最悪の虐待加害者だ。社会病質者は自分を魅力的に見せて病的な面を取り繕おうとするのが常だが、トランプはそれさえしない。富と権力を手にした有名人であるにもかかわらず、善人のふりをすることさえできないのである。

・欺瞞

他責者は嘘をついて自分の業績を誇張する。それによって人から認められようとし、非難を避け、責任を回避するのである。まったくの虚偽でも巧妙に述べるし、省略による嘘や、ねじ曲げた答え方や、否認や、問題のすり替えなどにも長けている。

他人に対して嘘をつくことは、他責者の第二の天性である(自分自身に対して常に嘘をつくことが第一の天性である)。責任転嫁は、自己欺瞞のために生涯にわたり続けている大仕事である。他責者は合理化によって自分の行動は正しいと自分に信じさせる。その目的は、真実から耳を塞ぎ、恥の感情を持たないようにすることである。

『トランプ自伝』の著者トニー・シュワルツはトランプを評してこう述べている。「嘘は彼の第二の天性だ……私がこれまでに会ったことのある誰よりもトランプは、いついかなる時でも、自分が言ったことが真実であるとか、真実の一種であるとか、真実であるべきだと自分に信じ込ませる能力を持っている」(Meyer, 2016)。

あまりに嘘ばかりつかれるので、他責者の妻は何を信じたらいいかわからなくなることが多い。嘘や言い訳や否認ばかりの裏切りにあっても維持できる人間関係など存在するだろうか?

その人を信頼するかどうかを決める時には、「いざという時この人は頼りになるだろうか」「私を守ってくれるだろうか」ということが基準になるものだ。何回も嘘をつかれれば、妻は（そして、同盟国も）、この問いに対する答えが「ノー」であるとわかる。

いま多くのアメリカ人がこれと同じ苦悩の中にある。トランプは、自分だけの目的を達するために衝動的に行動し、アメリカの利益を二の次にし、国民を裏切るであろう。アメリカ人は直感的にそう思っている。その直感は正しい。

カリフォルニア州の民主党員アダム・シフ議員は、トランプの絶え間ない嘘は、彼の言葉への信頼の喪失につながり、国際的に深刻な結果を招くと指摘している。「大統領の言葉に根拠がないことが明らかになれば、アメリカの権威は失墜し、国際社会におけるアメリカの地位と安全保障が危うくなる。いったん失墜したアメリカ大統領の信頼は、取り戻すことは不可能に近い。たとえばある日、大統領が、北朝鮮が核を搭載した弾道ミサイルの発射準備をしているから、軍事行動が必要だと主張したとしよう。もしそれが真実でなければ大問題であろう。しかしさらに大きな問題となるのは、それが真実で、しかしアメリカ大統領の言葉が信頼を失っていて、同盟国も、もちろんアメリカ国民も、信じないという事態になった場合である」(Schiff, 2017)。

他責者のその他の特徴を挙げておこう。

・**自分への忠誠心を何より重視し、自分のまわりを「イエス・マン」で固める。**トランプはホワイトハウスの顧問をほぼ家族だけで固めている。彼らにも政治経験がまったくないのだが。

・**妻を外の世界から遮断して、妻に、他人は心の底では妻に敵対していると信じ込ませる。**選挙キャンペーンを通してトランプは、「敵か味方か」という二分法を支持者に刷り込み、自分と支持者の繋がりを弱めようとする個人や団体のすべてをこきおろした。
・**権力を愛し悪用する。**権威たっぷりに話すことで、自分の嘘を真実だと信じさせる。トランプは厚顔無恥に嘘を繰り返し、真実を抑え込んでいる。
・**成功のイメージを前面に出す。**トランプの金ぴかのライフスタイル、自分の就任式への参加者の数と得票数の大きさへの執着は、脆弱な自我を守ろうとする心理の顕著な表れである。

混乱への道——アメリカ人の精神的健康へのトランプの影響

トランプ大統領の根本的な問題は、彼の浅薄な考えに基づいた政治による害だけにとどまらない。性格的に欠陥のある人物が大統領という立場で他責的な言動を繰り返すことで、本来は不道徳なことが正常とみなされる風潮を生んでいる。以前なら社会的には許されなかった言動が公然となされるようになりつつある。人種差別に基づく暴力事件の増加がその一つの指標だとすれば、トランプがそうした暴力にゴーサインを出したと言える。

子どもにとって、家庭内暴力を見ることがトラウマ体験になるのと同じように、精神的に未熟な大統領の姿は未来のアメリカの道徳や文化や精神的健康に影響を及ぼす。

他責者の行動を抑えることができるのは、迅速で冷静な限界設定と、社会道徳規範を遵守させることのみである。そうしなければ、他責者は増長し自分の力をどんどん過大評価するようになる。手に入れられるものは何でも手に入れようとするようになる。

我々は、トランプの行動を抑えるだけでなく、トランプの支持者たちに、人を虐待するというのは正しくない行動だということを示さなければならない。だが残念ながら、すでに何百万人もの他責者がトランプから他責行動のお墨付きをもらったと感じている状態を、元に戻すことは不可能かもしれない。

治療場面では、ナルシストや社会病質者を正常だとみなしている家族を見ることがよくある。時には何世代にもわたって正常とみなされてきていることもある。結果としての機能不全は、さざ波のようにトラウマを波及させ、子どものアタッチメントを不安定にしたり、家族内に依存症を発症させたり、家庭内に争いを発生させたりしている。

他責者は歩み寄りや公明正大さを拒むので、「すべての人は彼のために存在する」という事態になる。家族はいつも与える側になり、他責者はいつも受け取る側になるので、家族は憤りを感じる。他責者が嘘をつき、事実を認めないことにも憤る。他責者が自分の誤りは決して認めず、家族ばかりが責められることにも憤る。他責者と話し合おうとしても、彼は正当なルールなど遵守しないので、虐待の被害者にはフラストレーションが絶えない。

アメリカの正当な民主主義のルールを、我々はトランプに遵守させようとしている。トランプがそれを拒否し、裁判所や議会が彼の責任を追及できなければ、我々国民にはもはや尽くす手段がほとんどない。無力感に苦しむ虐待被害者としての妻と同じ立場になる。

健全な人間関係は、互いに歩み寄り、互いの利益を尊重して初めて築くことができるものだ。他責者は「俺の言うことを聞け。聞かないなら出て行け」という態度を取ることが多い。トランプが何の議論もなしにオバマケアを拙速に廃案にしたのはまさにその態度である。もしいかなる犠牲を払ってでもトランプが正しいということにしなければならないのであれば、また、もしトランプが話し合ったり歩み寄ったりすることはそれ自体が自分にとって敗北だと考えているのであれば、この国とトランプの関係に希望はほとんどない。

嫉妬に狂った他責者は、一日に三〇回も妻に電話をかけて怒鳴り、何時間も責め続けることがよくある。妻はその対応に追われて消耗し、子育てや仕事などに割くエネルギーがほとんどなくなってしまう。夫と妻の関係に限らず、他責者にかかわる被害者は、彼らとの関係に過大なエネルギーを取られ、自分のことができなくなってしまう。それは両者の関係が終了するまで続くものである。

それと同じように、二〇一六年の選挙以来、世界の多くはパニック状態にあり、トランプとの関係に過大なエネルギーを取られている。彼の愚行への対応に追われ、もっと重要なことに対処する余裕がない。世界はカオスへの対応に右往左往し、真の国際的問題に向けるエネルギーが奪われている。日本の首相が訪米したときには、話題はトランプの奇矯で攻撃的な握手のポーズ[*4]に集中し、貿易協定や北朝鮮のことがかすんでしまった。南極の氷の崩壊はどうなったのか？　戦争や難民やEUの混乱は？　こうした重要事項よりも、ホワイトハウスのご乱心のほうに世界が注目している。実に悲劇的な事態である。この事態は、アメリカ国民と大統領の機能不全的な関係が生んだのだ。

同じことを私は個人的にも体験している。ニュース記事を読んだり、集会を企画したり、手紙を書いたり、電話をかけたりすることに、以前に比べて膨大な時間とエネルギーを割き、本来必要な仕事が犠牲になっている。現に私はいまここでトランプの精神状態についての文章を書いている。本来なら私は、この国の精神医療制度改革の仕事をしたいのだ。

このナルシスト大統領は、ナルシストが皆しているのと同じことをしている。それは部屋の空気を一人で吸い取ることである。他責者と関係を持つと、人は議論のための議論に時間とエネルギーを取られてしまい、日常の生産的な活動ができなくなる。トランプは地球レベルで人々に毒を撒き続けるであろう。彼の毒は有害で無思慮な政策だけにとどまらない。人々の不安を高め、本来なら重要だった事項に注意を向けられなくするという毒もあるのだ。
真のリーダーとは、また、妻に十分配慮する夫とは、自分の行動や感情を適切に管理する人物である。アメリカは、他責者が大統領という地位に就いている間は、国が直面している内外の複雑な問題を解決に向けることはほとんどできないであろう。ギスギスした野蛮で共感を欠いた社会は、近い将来修復不可能になるであろう。我々に希望があるとすれば、彼が国を壊す前に、我々がこの大統領と決別すること以外にない。

原　注

（1）　このカップルは実在しない。

訳　注

＊1　本来は病気ではないものを病気として医療の対象にすること。DSM－5のような精神医学の診断基準では、一定の症状さえあれば原因にかかわらず診断名がつくので、医療化を促進しているという批判がある。
＊2　精神分析の理論にある防衛機制の一つ。自分の行動を無意識に正当化することを指す。
＊3　本書「トランプ時代を新しい精神療法の機会に」〔Ⅱ－5〕参照。
＊4　二〇一七年二月一〇日、訪米した日本の安倍晋三首相を迎えたトランプは、首相と約一九秒間にわたり、親密過ぎるとも解釈できる握手を行った。

BIRTHERISM AND THE DEPLOYMENT OF THE TRUMPIAN MIND-SET
Luba Kessler, M.D.

4 オバマの来歴論 トランプの思考パターンの本質

ルバ・ケスラー(M.D.)
クリニックを開業している精神科医・精神分析医。ホロコースト後に両親が移住したウラル山脈に生まれ、ソ連、ポーランド、イタリア、アメリカで教育を受けた。その学識は歴史、地理、文化、芸術、政治に及ぶ。ロングアイランドのヒルサイド病院で精神科を研修し、ニューヨーク大学精神分析研究所(現・精神分析教育研究所、ニューヨーク大学医学部と提携)で精神分析を研修した。米国精神分析学会の『米国精神分析教育』の編集も務める。

ドナルド・トランプは、自分の熱狂的な支持者と、自分を嫌悪する非支持者にアメリカを分裂させた。この激しすぎる分裂は、彼が全国に強い感情的影響を与えたことを示している。それは何か? 様々な要素が挙げられている。本章では、トランプの政治的発想パターンに特殊な角度から光を当てる。そのテーマは彼の「来歴論(birtherism)」への執着と喧伝である。トランプが来歴論を使って大統領選を有利に運ぼうとしたことは、自分の目的を達するためには現実を歪曲しデマを流すという彼の性癖の、最初に見られた明白な兆候である。

「バラク・オバマはアメリカ生まれではない」

これが、二〇一一年以来トランプが叫び続けている「来歴論」である。来歴論はもともとはアメリカ極右が言い出したことである。トランプはそれに乗って大統領選を自分に有利に運ぼうとした。しかしオバマはハワイ生まれだから、来歴論はまったくの虚偽である。トランプが述べた政治関連の最初の虚偽がこの来歴論であった。彼はさらに非常識な政策論を次々と連発し、大統領に当選してしまった。当選してからは国民との間に嘘の約束をし、多くの「もう一つのファクト」[*1]まで作り出した。

まったくの虚偽である来歴論が、なぜアメリカに浸透したのか？　また、アメリカの大統領制度と来歴論はどう関係しているのか？　本章では、アメリカの最近の歴史に照らしてこの問題を検討してみたい。

二一世紀の最初の一〇年間にはアメリカという国にとって重要な二つの出来事があった。一つは二〇〇一年九月一一日のテロである。それは一八一二年以来初めてアメリカが受けた本土への攻撃であった。もう一つは二〇〇八年の黒人大統領誕生である(二〇一二年には再選)。国外からの攻撃と、国内に発生した波。この二つの接点には何かがあるのだろうか？

9・11のテロ攻撃は、アメリカは無敵だという自信を大きく揺さぶった。それ以来アメリカは、外国の地に兵を送り、国威の回復を目指してきた。建国以来、アメリカは独立した統治国家であることを常に誇りにしてきた。明白な天命(Manifest Destiny)[*2]のスローガンの下に前進を続けてきた。世界の指導者であることを自負してきた。だが9・11以後のアメリカは、国内でも国外でも、痛みを伴うセルフイメージの変革を強いられてきた。二一世紀はアメリカにとって、これまでにない膨大な自問自答で始まった。他民族や他宗教との対峙が、緊急の問題として初めてつきつけられた。それは一方では世界へのより大きな関心と開放を促進することになったが、他方では国民生活の安定性を奪った。人々は不信と恐怖を心の中に膨らませた状態で新しい世紀を生きることになった。そしてアメリカは、かつてネイティブ・アメリカンの襲撃からの自衛策として編み出した「幌馬車で円陣を作る」という歴史的本能に回帰し、自分たちとは異質の者への猜疑心を強めるようになった——異文化恐怖症である。

二〇〇八年のバラク・オバマの大統領当選も、アメリカの生活と精神の別の意味での大変革の象徴だった。黒人は歴史的にはアメリカにおける「異質なる者」であり続けてきた。肌の色とアメリカに住むようになった経緯が、白人とは異なっていたからである。その結果、人種差別が長く続いていた。だからオバマというアフリカ系アメリカ人がアメリカで最高の地位に就いたことは、人種差別の時代は終わったと多くの人々に感じさせる歴史的な到達点であった。

だがそう簡単にはいかないことを象徴的に示したのが「来歴論」の発生であった。

オバマより前のアメリカ大統領(すべて白人)は、このような卑劣な虚偽の攻撃を受けたことは一切なかった。大統領の尊厳に対する侮辱とも言える来歴論は、オバマが黒人だからこそ口にされた中傷だということになろう。そこにはトランプの人種偏見が見え隠れしている。彼は自分が人種差別主義者であると明言こそしていないが、オバマについての来歴論は、黒人は「異質なる者」であって正当なアメリカ市民でないという主張であり、トランプは自分が大統領になりたいためにこの主張に固執していたのである。

アメリカ生まれであれば誰でも大統領になる資格がある。このルールはアメリカ国民の誇りであり、すべての国民に自由と平等があるというのがこの国が理想として抱いているセルフイメージである。アフリカ系アメリカ人で大学で憲法を教えた、政治経験のあるバラク・オバマでも、不動産業者で政治経験のない尊大なドナルド・トランプでも、等しく大統領の地位に就くことができるのがアメリカという国なのである。

この理想はしかし、まだまだ発展途上であることを示したのが、オバマ大統領を中傷する来歴論であった。来歴論の浸透は、黒人は正当なアメリカ人ではないと考える層がアメリカに存在することの証である。バラク・オバマの大統領当選が、差別社会終焉の象徴として国民に誇りを持たせ、アメリカを興奮させたのとちょうど同じように、来歴論は、アメリカの心の根底にはまだまだ人種差別が住み着いていることを示したのである。オバマがアメリカ生まれであることを否定した裏には、黒人に大統領の資格を認めたくないという欲求がある。そしてドナルド・トランプは、自分の欲求にあわせて事実を歪曲したことで、彼の人格の本質を露わにした。トランプは真実を決して尊重しないのだ。自分の利益追求のためには真実を歪め変形させることを厭わない。彼にとっては真実も現実も商売の道具にすぎない。そんな彼の本質の、政治の場へのデビューが来歴論だったのである。

二一世紀のアメリカは、そして世界も、大きな転換期にある。人は国境を越えて移動し、経済も政治も変革しつつある。アメリカ国内が国外の状況に連動することはもはや避けられない。世界に類を見ない多民族国家である移民の国アメリカは、地球レベルの変革という現実への新たな対応を迫られている。世界規模のテロもその現実の一つである。この変革の一つ一つに正しく対応すれば、アメリカは強くなれる。安全が脅かされ、アイデンティティが変化する今という時代は、アメリカ国民にとって正念場である。いま国の安寧のために限りなく重要なのは、次々に生まれる国内外の問題に耐え、良識と理性ある倫理観に基づいて解決することである。

そのような時にこそ国は、国の存続をリーダーに託す。まさにこの理由で我々は、その時代その時代の困難な現実に尊厳をもって対応する能力を持っていた大統領を称える。エイブラハム・リンカーンが「良き本性」と呼んだものを強く求める。リンカーン、ジョージ・ワシントン、フランクリン・ルーズベルトは、まさにそうした大統領であった。彼らはアメリカを高めた。決して自己の利益を優先するようなことはしなかった。先見性と倫理観をもって仕事をしたのである。

来歴論はまったく逆に、アメリカを沈める効果をもたらした。国民の間に下品ともいえる議論を巻き起こすことで、国としての統一をきしませている。

来歴論はドナルド・トランプの思考パターンの本質を示している。自称「究極のナンバーワン・ディールメーカー」である彼は、大統領選挙を完全に商取引とみなして戦ったのである。勝つためならでっちあげでも躊躇することなく行い、人種偏見も利用する。あらゆる税の抜け穴を利用するのと同じ手口である。競争相手と比べて有利な点なら何でも利用する。機会さえあれば「特別な」関係を持つことで取引を有利に進める。変革の時代の政治という場でも、彼は巧妙な計算を行った。そして彼の商取引者としてのスキルは見事に目標を射止めた。それは人々の予想を大きく覆す結果であった。だが商取引テクニックを駆使しての勝利は、アメリカの深刻な危機を象徴している。アメリカという国が最も大切にしてきたものが、勝利と引き替えに売られてしまったのだ。民主主義の価値や、道徳の体系や、真正の進歩を、アメリカは手放そうとしている。アメリカの国璽には *E pluribus unum* と刻印されている。アメリカ国民を互いに結びつける「多州から成る統一国家」「多数から一つへ」を意味するこのラテン語は、事実の世界にも商取引を持ち込み、自分に有利な「もう一つのファクト」を「真の事実(ファクト)」と交換して「事実」とする行為とはまったく相容れない。

虚偽を平気で述べるドナルド・トランプをアメリカ人に信任させたものは何だったのだろうか。たしかにアメリカは先進性を常に受け入れる度量の広さを持った国である。だがそれは建国の歴史と切り離すことはできない。計り知れないほどの苦難があった。その苦難を国民が努力と強い誇りで乗り越え、この国を築き上げた。しかしそれでも歴史を捨て去ることはできない。奴隷制があった。人種差別があった。これらの負の歴史的遺産と建国理念が完全に融合されないうちは、両者の間の見えない溝が、機会あるごとに大きな裂け目として露わになる。オバマについての来歴論という信じ難い虚偽が蔓延したのは、その裂け目を人々の前にさらけ出す出来事であった。

来歴論の裏に差別論・排他論があったことは誰の目にも明白である。テロリズムや難民流入の時代、外国人という「異質なる者」を恐れていることを人々は容易に認めるであろう。しかしアメリカ国内の黒人を「異質なる者」として、いまだ恐れと不信を持ち続けていることを認めることには強い抵抗がある。だから差別論・排他論は、来歴論という偽装された形で現れたのである。

オバマの大統領当選は、アメリカが建国以来重ねてきた進歩の一つの到達点であった。我々はこれで人種差別の時代は終わったと信じたかった。アメリカに統一と平等がもたらされたと信じたかった。だがそれは甘い楽観論であることに、トランプは気づかせてくれた。偽装された差別論である来歴論を彼が有効に活用できたことは、黒人への偏見がアメリカの精神の根底にまだまだ持続していることの動かぬ証拠である。

私はここでアメリカ社会を糾弾しようとしているのではない。私は来歴論をアメリカの歴史にあらためて目を向けよという警鐘としてとらえている。アメリカ大陸への白人の移民によって建国されたこの国は、黒人労働者の力を大いに借りて経済を発展させてきた。だが奴隷制は黒人の市民権を否定していた。それは黒人差別を持続させ、差別は黒人の市民権制限を持続させ、それがまた差別を持続させるというループが形成された。かくして白人と黒人はそれぞれ別の文化を発展させ、人種間の分裂はさらに強まっていった。

政治や文化、さらには人と人との関係を、アメリカが理想としてきた統一に向けて正していくことが、困難な課題として我々には残されている。それは現代だけでなく、将来も含めたすべてのアメリカ人の利益になるものでなければならない。すべてのアメリカ人とはもちろん、白人も黒人も、それ以外の「異質なる者」も包含している。この課題を達成するためには真実を知る勇気が必要である。差別や不平等を容認する社会システムが残存していないだろうか。偏見や人種差別が習慣として残存していないだろうか。文化の中に、我々自身の中に、黒人についての固定観念が残存していないだろうか。このような問いを重ねることで、真実らしく偽装された嘘に騙されない国民としての能力が培われるであろう。アメリカという国が持つ多様な価値感を代表する責任を自覚している指導者を選ぶであろう。来歴論は、ドナルド・トランプが国璽に刻印された言葉の精神にふさわしくないことだけでなく、その精神を破壊する危険性を持っていることを示した。*E pluribus unum* は譲れない。商取引の対象にしてはならない。

訳　注

＊1　本書「病的ナルシシズムと政治」〔Ⅰ-1〕参照。

＊2　一九世紀のアメリカ合衆国の西部開拓を、神から与えられた使命であるとして正当化する標語。

TRUMP'S DADDY ISSUES: A Toxic Mix for America
Steve Wruble, M.D.

5 トランプへの父親の影——アメリカにとっての毒素

スティーブ・ルブル(M.D.)

精神科医、シンガーソングライター、作家。Moth StorySLAM賞受賞(ペンネームによる作品)。マンハッタンとニュージャージー州リッジウッドのヴェン・センターの精神科専門医(児童及び成人)。不安障害、トラウマ、ADHDを専門としている。テネシー州メンフィスのメディカルスクール卒業。ノースウェスタン大学レジデントとして精神科を研修。シカゴのイリノイ大学少年研究所で児童精神科を研修。

精神科医として私は、人がどのようにして今のその人になったかということに関心を持っている。人を理解し、人と自分の関係を理解することは、結局は自分を理解するということである。ドナルド・トランプはどのようにしてホワイトハウスに来ることになったのか、どのようにしてこれほどまでに多くのアメリカ国民の心と、魂と、怒りの中心にやって来たのかということに、私はいま深い関心を持っている。中でも特にある一人の人物の心を捉えたことが、どうしても私には納得できない。その人物とは、私が常に、もっとよく理解し合いたいと思っている人物——私の父である。

父親と息子が葛藤し続けることはよく知られている。それはいわば互いのアイデンティティの分離をめぐる衝突である。私と父も、二人の間に起こっていることを何とか理解しようと常に苦闘している。

私もドナルド・トランプのように、強く、誇れる、成功した父を見て、影響し合って、育ってきた。私もドナルドも父のようになりたいと思っていたが、同時に、父に対する競争心も持っていた。それは父からの分離独立を求める本能によるものだった。息子の父親とのかかわり方には、幅広いパターンがある。息子と父がそれぞれ自分自身について持った最初のイメージが、その後の人生で二人が演ずるドラマの性格を決めるのである。トランプの行動に心をかき乱されている私は、私の中にあるトランプなるものと、トランプの中にある私なるものについて考えずにはいられない。あれほど多くのアメリカの有権者の、そして全世界の人々の心を捉えたこの男は何者なのか？　父親とのドラマの中に閉じ込められた息子として、私はこの疑問を解明することができるだろうか？

多くのアメリカ人は、誰に投票するかを何か一つのテーマによって決める。たとえば妊娠中絶の賛否、たとえば経済政策、たとえば外交政策について、その候補者の意見に賛同できるかどうかによって、一票を投ずる相手を決める。私の家族の場合、そのテーマはイスラエルである。私の家族が信仰してきた現代正統派ユダヤ教[*1]は、トランプ大統領の支持にまわった。トランプ政権ならイスラエルの安全を保障してくれると思われたからである。ユダヤ教の持つ数々の問題に、常にイスラエルについての懸念が影を落としているのである。

約一〇年前に私は、現代正統派ユダヤ教を棄教したことを家族に伝えるという苦悩の決断をした。私には爽快な解放感があった。実は数年前から棄教していたことを、それまで家族に隠していたからである。両親はしかし激怒した。特に激怒したのは父親だった。ユダヤ教は彼のアイデンティティそのものだったからである。父親は、家庭が崩壊することを心配した。私の子どものためにもこのことは秘密にしておいてほしいと言った。彼の言葉の根底には、父親としてのリーダーシップが危うくなるのではないかと感じていることが窺われた。

ユダヤ教を棄てるという私の決断は、私がよりリベラルな政治意識に傾いていることを意味しているようでもあった。それを認めることは当初は不愉快だった。リベラルとはすなわちイスラエルを支持しないこととされており、ユダヤ教徒の間ではイスラエルを支持しないことはすべて悪とされていたからである。ドナルド・トランプの明らかに不条理な行動は、彼のイスラエル支持にも影を落としていると私の目には映った。だがユダヤ教徒の多くはそうは感じていなかった。トランプについての私の危惧を家族や友人に理解してもらうことは驚くほど困難であった。

多くの共和党員にとってトランプは強い父親的役割を持っているが、トランプが与えてくれるものが期待に反してあまりに小さいため、両者の関係は不全な状態のまま停止してしまっているように見える。それでも共和党員は、私と同じように、「父親」に頼ろうとしている。「父親」が自分を今の状態から救い導いてくれることを期待しているのである。

まったく政治信条が異なる家族と幸せな家庭を築いていくことの困難さについて語る前に、ここでドナルド・トランプの成育歴を振り返り、現在の彼の理解に資する情報を提供したい。

父フレッド・トランプのドナルドへの影響についての鍵となる出来事はいくつかある。ドナルドは五人兄弟の中の第四子である。長姉は判事、長兄フレディ・トランプ・ジュニアはアルコール依存症で四三歳で他界している。「ニューヨーク・タイムズ」の記事(Horowitz, 2016)によると、フレディ・トランプ・ジュニアに対する父フレッド・トランプの厳しさは限度を超えていたようである。ドナルドはそれを横目で見ながら父に歩み寄り、父の不動産帝国で父の子分になった。アルコールに溺れた兄の死の後に残されたドナルドにとっては、兄がするはずだったことを自分がしようとする以外になかったことは容易に想像できる。父の世界である不動産業界でのドナルドの努力は大きく実を結び、二人は何年間も共同で仕事を続け、その後ドナルドは自分の会社を立ち上げて独立した。父フレッド・トランプは、ドナルドがなぜリスクを冒してマンハッタンに進出しようとするのかまったく理解できなかった。ブルックリンとクイーンズであまりに易々と成功してしまったことで、ドナルドがリスクに鈍感になっているのだとフレッドは思った。しかしドナルドとしては、マンハッタンのイルミネーションに魅せられ、父を超えることに挑戦したかったのである。

同じ「ニューヨーク・タイムズ」の記事には次のように記されている。「幼なじみの友人たちは、ドナルドの中には父の強さが見える一方で、家を強権で支配していた父の顔色を常に窺っていた様子も見えたと言っている。今でもドナルド・トランプは父親の手の中にいるようだ。彼の散らかったデスクには、父親の顔写真が飾られている」。ドナルドは父親について不動産の現場に足を運び、父親の金銭交渉を目の当たりにして、彼の価値観と厳しい競争力を学んだと言っている。全米住宅建築業者協会の講演では次のように述べている。「私の父は、余った釘やがらくたを拾って、使い道を見つけたり、何かの形で再利用したり、そうでなければ売ったりしていました」

一九九九年に父親が死亡したときの「ニューヨーク・タイムズ」にドナルドは、父が生前マンハッタンに事業拡大しなかったことを自分は嬉しく思うという内容の寄稿をしている(Dean, 2016)。彼はこう言っていた。「それで私は助かったんです。父が進出してきたら、競争になるところでした。父が来なかったお蔭で、マンハッタンはすべて私の物になったのです!」父親の通夜の席では、ドナルドは家族や友人やブローカーに積極的に話しかけていた。ある参列者はトランプが父を異常なほど賞賛していたと言っている。「私の知識はすべて父から教わったことです。父は私が言おうとしていることはすべて言う前からわかっていたんです」。通夜の席でこんな発表もしていた。「今、トランプ・プレイスというリバーサイド・ブルバードのすごいビルを開発中です。これはすばらしいプロジェクトなんです」。それは決して温かい送別の言葉ではなく、ドナルドと父の共通点をありありと示すものであった。不動産業での成功こそが、二人を結ぶ接点であった。フレッド・トランプは一五歳の時、母親とともに不動産業を始めた。フレッドの父がその三年前に他界したためである。ドナルドは五三歳の時、父親を亡くしたが、涙を流している暇はなかった。家族のために金を稼ぐという責務が彼に科せられたからである。

ドナルドは家の中でも父親のタフな交渉スタイルに接していた。あるとき友人から、お父さんが金持ちなのになぜ野球のグローブを買ってもらえないのかと訝られたことがあった。ドナルドが言うには、自分がセールスマンと結託して父を騙し、自分が欲しがっていた高いグローブを買わせようとしたことが父にばれたということだった。ドナルドは父の倹約癖のために自分の欲しいものがなかなか買ってもらえないことを子どもの時に学んでいたようである。同時に彼は、欲しいものを手に入れるためには狡猾になる必要があることも教えられたのかもしれない。

私は子どもの時、いったん開封したものの気に入らなかったゲームを返品して代金の払い戻しを受けたことがあり、私の父はそれを見てとても驚いたと言っていた。そのときの表情から、父が私のエネルギーに感嘆していることがわかった。息子にとって父親から注目されることは、強い成功体験になり、その後も繰り返し同じ注目を浴びたいと思うようになるものである。もちろん私は、父親から注目された同じ行動が対人関係場面でも適切な行動ということにはならないことを、苦い体験を重ねることで学んだ。それには時間と経験が必要だった。

フレッド・トランプの住宅プロジェクトは大成功を収め、彼は富と力を手にした。入居者の中には、部屋の質と値段に満足して彼を高く評価する人もいれば、黒人の入居を拒否した疑いのため彼を嫌った人もいた。「わが祖国(This Land Is Your Land)」などで有名なフォーク・シンガーのウッディ・ガスリーは、トランプのビーチ・ヘブン・アパートに二年間入居していたが、その期間に見たフレッドの人種偏見を一九五〇年代初期に二つの作品の歌詞に書き記している。一部を引用しよう。

トランプじいさんにはわかっていたはずだ
人の心臓という
血でいっぱいの鍋を
人種偏見でどんなにひどくかき回したかを
ビーチ・ヘブンの一八〇〇戸の彼のアパートに
トランプは黒い線を引いた
ビーチ・ヘブンは、黒人が入れないヘブンなんだ
ノー、ノー、ノー、トランプ
僕はもうビーチ・ヘブンになんか住まない

ドナルド・トランプと違って私が幸運だったのは、私の父は医者だったので、毎日人の命を救う仕事から帰宅する父の姿を見ていたことだった。もし私の父親が誰かから、それも特に有名なフォーク・シンガーから、人種差別主義者であると非難されたら、どんなに恥だと思っただろうか。だが実際にそういう経験をしたドナルドは何も考えなかったようである。

耐え難いほど不快なものに接すると、それを感覚から遮断することによって自分を守る機能が人間の脳にはそなわっている。都合の悪いことを否定したり、過小評価したり、合理化したりして、自分の世界観を正当化するのである。ドナルド・トランプは、父親の攻撃的なビジネススタイルと養育方針を正しいものとして受け継ごうとしているように見える。それは大統領としての仕事にも反映している。心理学用語では、これを「攻撃者との同一化」という。自分を攻撃してくる人物に同一化しようという心理があることは、一見すると理にかなっていないように思えるかもしれない。しかし人間の脳はしばしば、幼少期の体験という鋳型のうえに行動パターンを確立していくのである。人は自分が無力だったときに見た力に強く惹かれる。最初はその力に憤慨したり反発したりしても、結局はその同じ力を強く渇望するようになる。こうしたことすべてを考慮すれば、トランプ大統領の攻撃的な行動は、彼の内部にいる父親の現れであることがありありと見えてくる。

ドナルド・トランプのように父親からの強い攻撃にさらされ続けた子ども時代を体験した人は、精神が不安定で、様々な代償行動によって自分の精神を安定させようとするものである。しかしそれによっていかに不安を和らげることができても、無意識のレベルには恐怖心が根付いており、ストレスがかかるとその恐怖心が顔を出す。トランプが自分の弱みは決して人に見せまいとし、自分の力を誇張したり、真実を歪めたりするのは、彼の精神の深層が不安定であることを示している。彼のつく嘘は、彼の脆弱な自我の防衛である。そして彼の大言壮語はコメディアンやメディアのネタになっている。彼の「もう一つのファクト」[*2]や衝動的なツイートについてホワイトハウスのスタッフがリポーターに説明する様子は、喜劇的なまでにシュールである。

単純化して言えばトランプは、自分の精神内界が不安定であるという自覚を打ち消すために、さらにはナルシシズムを満たすために、外見を可能な限り強力で特別であるように見せるうちに、本当に自分が強力で特別であるという感覚を持てるようになることを期待しているのである。トランプにとっては自分の成功だけが真実なのだ。人間の脳には、本人が意識しないままに過去の強い体験の思いを蘇らせ、あたかもその思いが生まれた時をいま自分が生きているかのように錯覚させる機能がある。そのように錯覚しているほうが安全なので、人はよほどのことがない限りはこの錯覚を維持し続けるものである。トラウマ被害者の研究でも、「戦うか、それとも逃げるか」という反応を惹起した人生初期の出来事は、その後の人生に長く影響することが明らかになっている。通常その影響は、自分についてのネガティブな評価になる。そこで人は、そのネガティブな評価を最小限にするための防衛行動を取る。したがってトランプが行動パターンを変えることがあるとすれば、それはいま彼が常用している防衛を突破するほど強い現実を突きつけられた場合であろう。

　ドナルドが激動の幼少時代を通して自分を防衛するために培った思いと代償メカニズムは、現在も続いていると思われる。それらは父親との共同の仕事を通して、また、実業家としての成功体験を通して強化された。会社のオーナーとしての彼は、物事を意のままにコントロールし、人々に自分への忠誠を強要していたが、大統領という地位ではそんなことができるはずがない。自分のこれまでのスタイルが政府というカルチャーの中で通せないことが彼にはフラストレーションになり、そしてそれに対する彼の反応は人々を唖然とさせるものであった。大統領という職責に合わせてギアを切り替えるだけの柔軟性は彼にはないようである。ＦＢＩ長官ジェームズ・コミーとの関係はその顕著な例で、トランプが要求する忠誠心が彼にはないと感じられたことが解任に大きく関与したとされている。彼はさらに政府高官を次々に解任するという乱心を呈しており、トランプは自分の行動の結果についての理解力が乏しいか、鈍感かのどちらかであるようである。いずれにせよ、彼を大統領にさせておいたら次に何が起きるか、多くの国民が不安と恐怖に震えているのが現状である。

父フレッドの息子ドナルドに対する競争心は、晩年に特に明らかになった。ドナルドは三回離婚しているが、フレッドは六〇年間妻との結婚生活を続けているから、「結婚部門」では自分の圧勝だと言ったのである。また、ドナルド・トランプは自分が大統領選に立候補することについて、フレッドが存命だったら何と言ったと思うかと聞かれ、「父は立候補を一〇〇％許してくれただろう」と言ったのである。「許してくれた」⁉　ドナルド・トランプは七〇歳になってもなお、青年と父親との間のエディプス・コンプレックス的な争いを卒業していないかのような答え方をしたのだ。

二〇一六年八月、私は大統領選について電話で父と話した。父はなぜトランプがあんなに不条理な行動ばかりするのかと私に質問してきた。ちょうどこのころは、トランプに人を攻撃するツイートをやめさせるよう側近たちが苦労しているという報道がいくつもされている時だった。私は父が精神科医としての私の意見を求めたことに驚いた。父はいつも自分で物事を分析し、それを私に教える側に立ちたがっていたからである。私はすでにトランプについての自分の行動分析結果に自信を持っていたが、この質問は、私が長い間求めていた父からの注目と尊重を勝ち取るまたとないチャンスだと感じられた。力が漲り、舞い上がるような気持ちだった。

私は父にトランプの行動について自信を持って滔々と説明を始めた。トランプは選挙に勝つチャンスを無意識のうちに自ら放棄している。なぜなら彼の無意識の中には、自分が大統領という地位にはふさわしくないし、果たすこともできないことがわかっている部分があるからだ。彼は自分に不利な選挙制度を陰謀であるなどと言って非難しているが、実はそう非難すること自体に彼は満足しており、当選することは望んでいないのだ。こうした私の説明を一通り聴いたあとで父はこう言った。

「そうか、まあ何にせよ、とにかくトランプが黙ってくれればいいんだ。もしヒラリー・クリントンが当選したら、イスラエルにとっては大変なことになるからな」

——私はとっておきの深遠な分析を語ったのに、父の関心はイスラエルにしかなかったのだ。

トランプの言葉は嘘と誇張ばかりだ。異文化排除の態度もひどい。そうやって煽り立てた不安や恐怖を、自分の支持に変えている。このことを私は、トランプが大統領に就任してから、父をはじめとする家族や仲間のユダヤ人たちにわかってもらおうと努力した。だが返ってくるのはいつも「トランプは確かにちょっとおかしいね。でもオバマよりはましな政治をすると思うよ」とか「負けたからってそんなこと言うなよ。潔く負けを認めろよ」というような反応ばかりだった。アメリカ全土で平和的な抗議のデモ行進が行われている時には、「オバマが大統領選に勝った時は、誰もこんなことはしなかった」という声を聞いた。私は、抗議する権利があるということは素晴らしいことだと説明したが、ほとんど誰にも聴く耳を持ってもらえなかった。私はトランプの行動が軽く見られていることが信じられなかったが、それを口に出すとほとんど自動的にリベラルかぶれだというレッテルを貼られた。パレスチナ問題はイスラエルの犯罪だと私が信じているに違いないと疑った人もいた。私が社会主義国家を望んでいると非難する人もいた。こうした経験を通して私にはっきりとわかったのは、私の家族やユダヤ人社会には、人を敵と味方に二分する心理があることであった。精神医学の知識に基づく分析が単なる政治的信条による意見だとみなされることが、私には非常に不満だった。

私がイスラエルのことをあまり気にかけていないとか、イスラエル人やアメリカ人よりシリアの方を気にかけているなどと家族や友人に誤解されるのはとても心外なことである。私は説明しようとした。

私にとって、イスラエルを愛していることと、トランプから被害を受けている人への思いとはまったく別物である。私はどの人のことも大切だと思っている。いかなる結果であれ、それがイスラエルの安全保障に関するものであれ何であれ、不適切なプロセスによって得られたものは危険なまでに脆弱でいつ崩壊するかわからないことを説明しようとしたが、誰の耳にも届いていないようだった。

　多くのユダヤ人は政治的論争をする場所としてフェイスブックを使っており、特にトランプとの戦いに大いに活用している。私もトランプ批判をフェイスブックで展開していたが、ある時「友だち」から、私がホロコーストを忘れていると指摘されたことがあった。トランプは「危険な」人々を国から締め出すことでアメリカ人を保護しているのだとも言われた。無辜の人々が傷ついているのは残念だが、それはアメリカ人保護のための必要悪だという意見だった。しかし逆に、私の知るホロコースト生存者の子孫の中には、トランプの政策とスティーブ・バノン[*3]のような人物との結託が原因でまたホロコーストが起こるのではないかと恐れている人もいた。彼らが懸念しているのは、白人ナショナリストたちが、人種差別と偏見に基づいた行動をそそのかすメッセージを反ユダヤの人々に送ることであった。

　私は最近、過越の祭〔ユダヤの休日〕を家族と過ごしたリゾートで、保守系政治家の講演を聴く機会があった。私はその政治家は親トランプだと思っていたのだが、意外にも講演の中で彼はトランプ批判を展開し、トランプのリーダーシップは危険であるとまで述べた。それを聞いた父が唖然としているのを見て、私は笑いをこらえきれなくなりそうだった。質疑応答のセッションで私は、アメリカを間違った方向に導く危険がある一方でイスラエルを強く支持している大統領候補を、ユダヤ人としてはどう評価すべきかと質問した。その政治家は私の懸念を支持してくれた。目的は手段を正当化しないというのが彼の趣旨であった。彼は強くこう述べた。

「トランプ大統領は口を慎む必要があります。そして仕事は自分の選出した側近に任せ、保守政権としての政策を推し進めるべきです」

講演後の父は、内容が耳に入らなかったかのような態度をとっていた。その政治家がトランプを批判していたことがあまりにショックだったためであろう。私はついに父に勝ったと感じた。しかし最も重要な点は、この講演をめぐる状況は、私と父の間で互いに意識することなく繰り返されてきた葛藤の縮図だということかもしれない。

私と私の父は、ドナルドとその父フレッドのように、微妙に不安定な関係にある。知らず知らずのうちに、自分の力を判定する人物としての役割を互いに求めあっているのである。ドナルドも私も、自分を強く支えてくれるものとして父親に頼りきる一方で、自分は特別素晴らしいという感覚の実現のために父親を倒したいと思っている。父を倒すことが自分が特別だということの証明になると頭のどこかで思っているが、その思いは生まれては消えることを繰り返している。残念ながら、父を倒せば自分は素晴らしいことの証明になるという思いは、自分自身についてのネガティブな本当の気持ちを覆い隠すだけの心の支えのようなものなので、私たちはしばしばこの覆いを故意に破壊する。それは支えというより不安定な止まり木にすぎないから、長くそこにいるわけにはいかないのだ。本当は自分にふさわしくないと感じている仮の場所から、一人寂しく世界を眺めているようなものである。

ドナルド・トランプは選挙で勝利した夜、何時間も人々の前に現れず、彼の重大な勝利についてのコメントがなかなか得られなかった。三日後のテレビインタビューで、一体この時どこにいたのかと質問されたトランプは真顔でこう答えた。

「まったく別の人生の始まりだということがわかったのです」

それはあたかも、まさか本当に自分が当選するとは思っていなかったと言っているようだった。強大な敵を倒してしまった今、自分の好戦的な素顔を伏せて次期大統領として仕事をするという現実に驚愕していたようだ。本当に彼は大統領になることを望んでいたのだろうか？　彼は勝利スピーチの準備さえしていなかったのではないか。

すべての成人の例にもれず、ドナルド・トランプも幼少期の成育状況が今の彼を形作っている。子どもは親から愛され守られることで初めて自分が安全な状態にあるという感覚を持つことができるが、それは当然に親の能力にかかっている。現に、トランプの父親の強さは家族全員の人格形成に強く影響した。ドナルドの長兄は父親からの支配によって自殺したようなものである。この悲劇がドナルドのアイデンティティの形成に大きく影響し、父の権威に反抗する余地を大きく奪ったことは疑いない。ビジネスの領域での競争が唯一の例外であった。息子と父は互いを認め合いながらも緊張関係にあり、それがドナルドに今も癒えないトラウマを残している。このトラウマを代償するため自分を鼓舞してマッチョのイメージを作ることで、トランプは多くの支持者を得ている。だがそれは虚しい。自分が亡き兄のように弱く無力だと見られるのではないかという恐怖に対する防衛にすぎない。大統領に当選する前には、トランプは富と権力を駆使して自分のゴールを達成することができた。アメリカ合衆国の大統領となった彼に期待されているのは、これまでにない繊細な仕事であり、民主主義社会のルールに従うことである。彼にとって不幸なことに、そしておそらくアメリカにとっても不幸なことに、大統領当選の原動力となったトランプの力は、大統領という仕事を成功させる力になるとは限らないのである。

トランプの支持者は彼の中に、自分にも、これまでのリーダーにもない強さを感じている。しかしトランプ自身が自分に期待されている仕事をする能力を疑っていることに彼らは気づいていないのであろう。トランプの自信のなさは、嘘をつき、事実を歪曲し、本来重要なことを軽視し、自分への忠誠心に疑いが感じられる人物を解雇するなどの行動の中にありありと見ることができる。私の父もドナルドの父も、持てるものを最大限に活用して生きた。そして父と息子の独特の関係は互いに欠けているものを補ってきた。父との争いにもかかわらず、というよりも争いのゆえと言うべきかもしれないが、私は父との関係を幸運だと感じている。父は常に二人の関係がより親密になるように自分の役割を果たし続けてくれているのである。精神療法という仕事を通じて、過去の経験が原因で成長が停止したり混乱したりしている部分が自分の中にあることに気づくことができたことも幸運だった。私たちの大統領が自分の過去のトラウマを癒す方法を見つけていないことは不幸なことである。自分に同意しない人物に対して防衛的になったり攻撃的になったりしないで仕事をする方法くらいは少なくとも身につけてほしかった。私はトランプ大統領の中に、荒れ狂う水の中で溺れる恐怖と戦いながら絶望的に努力する姿を感じている。私たちアメリカ人は、その水の深みに引き込まれるのを避けることができるのだろうか。

訳　注

＊1　厳格なユダヤ教の形態を守る一派。
＊2　本書「病的ナルシシズムと政治」〔Ⅰ‐1〕参照。
＊3　実業家。トランプ政権の最初の七か月間に主席戦略官兼上級顧問を務めた。

TRUMP AND THE AMERICAN COLLECTIVE PSYCHE
Thomas Singer, M.D.

6 トランプとアメリカ人の集合的精神(1)

トーマス・シンガー(M.D.)

サンフランシスコを拠点とするユング派精神分析医。クリニック開業に加えて、精神障害者支援社会保障検討チームで活動。著書『視点』『古代ギリシアと現代精神』シリーズでは、神話、政治、精神の関係を論じている。文化コンプレックスに関する多数の本(『精神の在処』『ラテンアメリカを聴く』『ヨーロッパのたくさんの魂』『文化コンプレックス』など)、さらにはアジア論の本を編集。国立元型象徴研究文庫(象徴イメージについての文書コレクション。『象徴の書』を作成した)の現会長。

ドナルド・トランプは大統領として精神状態が不適格ではないかという議論がさかんになっているが、私はトランプ個人の精神状態ではなく、アメリカ人の集合的精神とトランプの相互作用にテーマを絞りたいと思う。アメリカ人を集団としてみた場合に共通して持っている集団的ADHD、社会病質、ナルシシズムが、トランプの中に映し出され、さらには増幅されている面が多々ある。したがって本章は一人の有名人の診断に関してというよりも、我々アメリカ人全体の病理についての論になる。[*1]

トランプほどアメリカ人の集合的精神を魅了した人物を我々は知らない。彼の特性(富、権力、有名人としての地位、性急すぎる反応)が多くのアメリカ人の集合的精神と強く共鳴したことは疑いない。

他方で別の多くのアメリカ人は、その同じ特性に反発している。下品で、人をいじめ、衝動的で、自画自賛ばかりするといったトランプの言動が強まれば強まるほど、ある人々はますます彼を崇拝し、ある人々は彼を社会に対する危険な存在として激しく非難するようになっている。トランプが活性化し、また象徴化したアメリカ人精神の乱れを、私はユング派精神分析医としての立場から論じてみようと思う。

トランプの特性についての心理学的理論
――影の結婚[*2]、元型防衛[*3]、文化コンプレックスを形成する精神の集団としての「自己」

ドナルド・トランプがナルシシズムという問題を持っていることは誰の目にも明らかである。テッド・クルーズは二〇一六年五月三日のインディアナ州共和党大統領予備選挙の日に、トランプは「病的虚言者で、根本から非道徳的で、この国にかつて存在したことがないレベルのナルシストかつ女たらし」と評した(Wright, Kopan, and Winchester, 2016)。私は過去一〇年間に書かれた一連の論文や書籍を分析して、トランプ現象の理解のための文化複合モデルを提唱した。本章で私が述べるのはアメリカ人という集団が共有する精神である。その精神は我々ひとりひとりの内部に、そして我々ひとりひとりの間に、集団精神として共有されている。集団精神から生まれるテーマと葛藤は、個人のものとは異なっている。

私はトランプ個人のナルシシズムと、アメリカ人の集合的精神には直接的な繋がりがあるという仮説を持っている。アメリカ人は各々がアメリカについてのイメージを持っており、トランプはそれを理解したうえで人々に語りかけていると感じている。これは政治的分析ではない。心理学的分析である。分析の対象は集合的精神であり、それが結果としては政治的過程にとても大きく影響するのである。私の分析が拠って立つのは、心理学的エネルギー、さらには心理学的構造とも言える概念である。それは文化ないしは集団としての精神のレベルにあり、集団の中核にあるアイデンティティへの脅威が高まったときに活性化される。集団としての「自己」と考えてもいいであろう。この心理学的エネルギー／構造には、(1)影、(2)集団的「自己」の元型防衛、(3)集団的「自己」そのもの、という三つの重要な要素がある。これらのエネルギー／構造は、特定の文脈や内容を持つ社会的、政治的、経済的、地理的、宗教的なテーマを軸に形成されている。同様の分析手法は、EU脱退をめぐるイギリス、パレスチナ－イスラエル紛争にも適用できるであろう。これらは文脈も内容も異なっているが、ある集団が、中核となるアイデンティティの危機に直面し、脅かされた、ないしは傷ついた「自己」を守るため、想像上あるいは現実の敵に対して攻撃するという点で共通した特徴を持つ出来事である。

猛烈な引力と反発力を持つ強力な磁石のようなトランプとは何者なのか？　トランプはアメリカの文化やナルシシズムの最終産物なのか？　絶え間ない刺激と享楽に溺れた無思慮な消費主義の文化の中にいる我々アメリカ人が崇拝する神を人格化したのがトランプなのか？　クリストファー・ヘッジスは『幻影の帝国――リテラシーの終焉とスペクタクルの勝利』で次のように述べている。

現代は、文章や写真や疑似ドラマによって伝えられる、いわばイメージベースの文化である。そこではスキャンダル、ハリケーン、不慮の死、鉄道事故などが、コンピュータ・スクリーンやテレビで映える。外交、労働組合交渉、複雑な緊急援助政策などは、目に見える刺激的なイメージにならない。映えない。……現実とは複雑なものである。現実とは見た目には退屈なものである。人々にとって、現実の複雑さを扱うのは難しく、扱いたいという気持ちにもなりにくい。……人々は絶え間なく繰り返される言語の牢獄につながれている。テロとの戦争。人命尊重。変革。我々は日々そうした言葉を連続的に供給されている。そしてこうした単純化された言葉の嵐の中で、あらゆる複雑な思考や曖昧さや自己批判は消滅する(Hedges, 2009)。

現代の我々は現実と幻影を区別する能力を失っているだけでなく、有名人崇拝という罠に絶望的に捉えられている。ヘッジスは、その恐ろしい結末を我々につきつけている。それは、現実と幻影の分裂をますます促進する一方で、同時に両者のギャップを埋めるものでもある。

有名人崇拝の文化は我々から道徳を奪う。見た目や有用性や物事を成功させる能力にしか価値を認めなくなる。有名人文化がゴールとするものは富と性的支配と名声である。それらを獲得するまでの過程は関係ない。獲得した結果のみに価値がある。……自分崇拝の中にいる我々は、いかなるものをも欲する権利がある。何をしても許される。人をさげすむのも滅ぼすのも自由である。それが友人であるか否かは関係ない。自分が金銭を獲得するため、幸福になるため、有名になるためなら何をしても許される。名声と富が得られれば、それを得たということ自体が正義になる。それ自体が道徳的ということになる(Hedges, 2009)。

トランプはナルシスティックである。そしていわゆる「ポリティカル・コレクトネス」を攻撃する。これらが、アメリカ人の一部が持っているアメリカの地位の低落感を挽回するという深いニーズと密接に結びついていることは明らかである。トランプのナルシシズムは、彼の支持者のナルシシズムを満足させ傷ついた心を癒すものになっているのだ。トランプと支持者は波長がぴったり一致していると言うこともできる。

以上を背景に本章では、アメリカ人の集団精神の中にあって複雑に絡み合った三つの事項とトランプについて述べる。その三つとは、(1)アメリカ人の集合的精神の核心部分の傷、(2)傷ついたと感じている人々の防衛機制、(3)傷の治癒の約束または希望、である。

1 アメリカ人の集合的精神の核心部分の傷

アメリカ人の集団としてのアイデンティティの核心部分は傷ついていると、多くの人々が深く感じている。特にアメリカの繁栄の恩恵を受けていない人々や、比較的裕福だがアメリカの政治システムやアメリカ人の生活が核心部分で脅かされていると強く感じている人々にその意識は顕著である。私は集団的「自己」(集団的スピリット)について次のように書いたことがある(Singer, 2006b)。

集団的スピリットは、人々を結びつけるアイデンティティの核心にあって、言葉にすることのできない信念や感覚である。……自分が集団の一員であり、本質的な信念を共有しており、苦しい歴史をともに生きてきており、共通の深い憧れや理想を持っていることを通した信念や感覚である。……集団的スピリットを浮かび上がらせるためには、次のような問いを発してみるとよい。

「我々にとっての最も聖なるものは何か?」

「我々を結びつけている絆は何か?」

左派も右派も中道も、今アメリカは歴史の中でも特に不安定なステージにあると感じている。特に不安を感じているのは進歩的な左派と、保守的な右派と、各分野における現在の政府指導者に不満と怒りを持っているすべての人々である。それが共和党のドナルド・トランプであれ民主党のヒラリー・クリントンであれ、現在の指導者は国を壊す大敵であると彼らは感じているのだ。右派にとっては、テロリズム(イスラム教徒)、移民(メキシコ人)、世界経済(中国との貿易協定)、進歩主義者が危機をもたらす脅威であると感じられている。左派が感じている脅威は、富と利益の分配の格差、差別(人種、肌の色、民族、性的アイデンティティ、ジェンダーなどによる)、他国との力関係、環境破壊である。

私はこれらの脅威が、人々の精神のより深い無意識のレベルで感じられている脅威によって増幅していると考えている。その脅威を私は「絶滅不安」と呼んでいる。絶滅不安は個人の中にも集団の中にも存在し、その根源にあるのはアメリカの白人支配の終焉への恐怖、世界におけるアメリカの覇権喪失への恐怖、そして最終的には地球環境すなわち地球そのものの破壊への恐怖である。絶滅不安は、集団としての死の不安と同等と考えてもよい。たとえば、地球温暖化を否定する右派は、地球という惑星が破壊されるという現実の可能性を否認することによって、絶滅=死の恐怖から自分を防衛していると解釈することもできる。地球温暖化否定派をEPA(経済連携協定)のトップに任命したトランプの行動はまさに絶滅不安から逃れようとする防衛の表れである。現実否認は、個人レベルでも集団レベルでも、精神的苦痛から自分を守ための最も原始的な防衛機制である。

トランプに魅せられた人々の集団的「自己」(集団的スピリット)の傷を、ジョセフ・エプスタインは次のように述べている(Epstein, 2016)。

トランプはビジネスでの大成功しか得ていない人間である。その大成功でさえも汚れたものである。そんなトランプには大統領の資格など皆無であるように見えるが、人々から驚くべき支持を得ている。その背後では、とても深いところで何かが轟いていると私は考えている。数週間前のニュースショーで、なぜトランプを支持するのかと問われた女性の答えの中に私はそのヒントを見た。上品な外見の中産階級と思われるその女性はためらわずにこう答えたのだ。

「私の国を取り戻したいんです」……

私はこの女性が人種差別主義者であるとは思わないし、移民や同性愛者などのマイノリティを抑圧したいと強く考えているとも思わないし、アメリカ社会の大変革を望んでいるとも思わない。彼女の望みはまさに彼女の言葉通りなのだ。「国を取り戻したい」……。彼女はアメリカの凋落をこれ以上見ることには耐えられなかった。何の満足ももたらさず、それどころか抗議や怒りや騒ぎばかり続けさせる進歩派にアメリカを従属させることには耐えられなかった。進歩派の思想に対するアメリカ人のフラストレーションはとても大きかった。進歩派は結局は国を分裂させると彼らは考えた。絶望の瀬戸際にあった彼らは、明らかに低品質なドナルド・トランプという男に賭けたのだ。

アメリカの集団的「自己」（集団的スピリット）は、三〇〇年以上にわたる進歩、成功、成果、富、創意工夫の上に構築されている。そこにはほとんど無限の機会と幸運も伴っていた。我々は英雄的な可能性を愛し信じている。自由と独立を愛し信じている。雄大さ、スピード、若さ、新しさ、テクノロジー、そして楽観主義と永遠の無垢も、愛し信じている。我々はアメリカン・スピリットの強い回復力を享受してきた。南北戦争、第一次世界大戦、大恐慌、第二次世界大戦、ベトナム戦争、9・11のテロ、イラク戦争、二〇〇八年の金融崩壊、そしてまさにいま我々が直面している危機の中にも、強い回復力は示されてきた。我々の国は、喪失、失敗、敗北の恐怖などの危機を繰り返し乗り越える能力に恵まれてきた。そんな歴史が形成した我々の楽観主義は、長期にわたってアメリカの確固たる芯となっていた。もちろんそうした自己イメージは誇大になり傲慢になる危険が常にある。アメリカだけは例外だと信じたり、自国民や他国の人々を傷つけていることに気づかなかったりすることになり得る。アメリカ人の集団的精神は、不確実な未来を前にして深刻な自己不信感に襲われている。トランプという人間の誇大妄想、傲慢は、そんなアメリカ人の集団精神を代償する解毒剤になっている可能性が非常に高い。栄光の過去を懐かしむアメリカ人の集団精神は、「私の国を取り戻したい」という言葉に端的に示されている。

2 集団的「自己」の元型防衛

いま、アメリカ社会の中のかなりの人々が、アメリカ人として生まれたことによって当然得られるはずの恩恵から遮断されていると感じている。自らの言葉としてはそう表現しなくても、彼らは集団的「自己」のレベルで傷と脅威に苦しんでいる。それは集団レベルのナルシシズムの傷害と呼ぶことができる。トランプが直感的にそれを感じ取り、うまく利用していることを私は指摘したい。彼は自分こそがアメリカの社会構造を変革できると広言する。自分こそがアメリカのナルシシズムを傷つけようとする敵から国を守ると広言する。敵として彼が指弾するのは、テロリスト、移民、旧来からのワシントンの政治家、共和党の守旧派、バラク・オバマ、ヒラリー・クリントン、ジェームズ・コミーなど多岐にわたる。要するにトランプの道を阻もうとする者すべてである。

・ポリティカル・コレクトネスの影と抱き合うトランプ

二〇一六年の大統領選挙でトランプが見せた政治的才能のうち特筆すべきことは、ポリティカル・コレクトネスを攻撃目標にしたことである。人心を掌握する天才的能力が最初に垣間見えたのが、キャンペーン中の「奴らをここから追い出せ！」という彼の言葉であった。参加者の中の強い親トランプ派の人々に対して、自分への抗議者を追放するよう指示した「奴らをここから追い出せ！」は、メキシコ人やイスラム教徒や、そのほか、昔からのアメリカ的な生活への危険な脅威とみなされている人々をアメリカから追放するというトランプの公約を象徴しているようだ。

トランプの戦略は巧妙だった。彼はポリティカル・コレクトネスがキーワードであると感知したのだ。アメリカ人の集合的精神の文化的無意識の中に蓄積していた強力な影エネルギーのターゲットがポリティカル・コレクトネスであると見抜いたのだ。彼は、アメリカでこれまで抑圧されてきた憤怒、人種差別、憎悪の巨大な波に乗り、すべての敵対者を叩き潰し、アメリカ合衆国の大統領になった。ここでいう「キーワード」とは、初期ユング心理学の語連想テストにある概念で、コンプレックスを活性化する特定の言葉を指している。[*4] 患者の持つコンプレックス、たとえば母や父にかかわるコンプレックスの中にある強力な情動が、あるキーワードによって活性化されるのである。才気に富んだ政治家は、文化や集団の持つコンプレックスを、キーワードを用いた語連想の心理プロセスによって活性化する。するとキーワードそのものが生命を吹き込まれるのである。

ポリティカル・コレクトネスをキーワードとしたのは、トランプの最悪な所業の一つであるが、結果としては彼に最大の恩恵をもたらすところとなった。アンチ・ポリティカル・コレクトネスという彼の姿勢は、多くの人にとって、彼こそが「真実を語る」人間だというサインになったのである。オルタナ右翼が示す「もう一つのファクト」[*5]と、メディアが示すファクト（それをトランプは「フェイク・ニュース」[*6]と呼ぶ）の間に繰り広げられた最も危険な争いの中、「闇の国家」に反感を持つ人々の心に埋め込まれた文化コンプレックスに妄想と敵意が吹き込まれたのである。そして集団的情動だけが真実とみなされるようになった。文化コンプレックスにとらわれた集団は、出来事の中の限定されたごく一部しか記憶に残らない。歴史的な出来事についても現代の出来事についても、記憶に残るのは自分たちの元々の意見を支持するものだけである。その証拠に、トランプが何をしようと、いかにたくさんの嘘をつこうと、世論調査が示している通り、彼の支持基盤は揺るがないのである。

この種の影エネルギーは、アメリカ社会で確固たる地位にあると自認する人々（たとえばラストベルト地域の中産階級の白人やウェスト・バージニアの炭鉱の人々）が、社会的にも経済的にも無視され没落しつつあると自覚したときに、利己的な目的で利用されることになる。そんな場合にそうした人々が、移民たちのせいでアメリカンドリームを奪われたと考えるのは想像に難くない。

ジョージ・オーウェルが小説『１９８４年』でまさにトランプのような権威主義者に魅せられた人々の利己的な姿勢を次のように描写している。

ある意味、党の世界観は、それを理解できない人々に最も影響した。そういう人たちは極端な現実歪曲でも受け入れた。要求されていることの不条理さがまったく理解できないからだ。……単にすべてを呑み込んだのである。

ドナルド・トランプは、アメリカという国の精神の奥底にある巨大な生の感情という暗部を全国民にさらけ出して見せた。怒りや憎しみや羨望や恐怖が、下層階級の白人の中に表面化した。下層に追いやられる白人はその数が増えつつあったが、アメリカ社会からは忘れられて希望を失っており、明るい未来を描く理由がほとんどなくなっていた。自分たちが密かに持っていた怒りをトランプという政治家が代弁してくれたことで、彼らは快哉を叫んだ。トランプは、人種やジェンダーやキリスト教以外の宗教など、多くのアメリカ人に寛大な思いやりが求められているものに対するネガティブな感情をくすぐったのだ。様々なマイノリティに対して多くのアメリカ人が持っている嫌悪感という、小さいが汚れた秘密の琴線にトランプは触れたのだ(現代においては我々はみなマイノリティなのであるが)。こうした傷を治療するトランプの処方箋は、希望に満ちたマントラを国中で唱えることだった。そのマントラとは、彼が得意とする「取引」である。ひとたびコンプレックスが言葉を圧倒すると、あるいはコンプレックスが言葉として声になると、事実はないがしろにされることになる。これが『１９８４年』の恐怖のシナリオにつながるのは必然である。

平和省は戦争を扱う。真実省は虚偽を扱う。愛情省は拷問を扱う。潤沢省は飢餓を扱う。この逆説は偶然ではないし、偽善でもない。ごくあたりまえの二重思考だ。……もし人類の平等が永遠に回避されるものなのであれば、もし神がその地位を永遠に維持するものなのであれば、国民の精神は制御された狂気でなければならない。

トランプの人事は、これと同じことが今アメリカに起きていることを強く示している。トランプに任命された各部署の長の任務は、それぞれの部署の仕事を逆転するか破壊するかなのである。

・祝福されない「影の結婚」、集団的「自己」の元型防衛、そして集団的「自己」

トランプによるアメリカ人の集合的精神の影の解放のより危険な側面は、解放されたエネルギーが、私が集団的「自己」(集団的スピリット)の元型防衛と呼ぶものに繋がっていること、あるいは、一致していることである。

集団精神のこの部分が活性化されると、集団的「自己」(集団的スピリット)を防衛するため、最も原始的な心理的力が表面化する。私が「自己」とカギ括弧をつけて強調したのは、それが単に脅かされている集団のアイデンティティを示すのではなく、集団精神のもっと深いレベルにあるものを指しているからである。「自己」とは、集団にとっての「神」にあたる魂の故郷なのである。部族や国のスピリットは、普段は休眠状態にあったり背景に退いていたりするが、ひとたび脅かされると、人々は非人間的なまでに猛烈な力でそれを防衛しようとする。そのような強力で原始的な防衛装置の発動は、生の集団的情動によってさらに強められる。単純で型にはまった考え方が、その集団の考えや感じ方や反応や行動を支配することになる(Singer, 2006b)。

集団的「自己」(集団的スピリット)の活性化された元型防衛は、強硬な形を取って現れる。その具体的な表現は様々である。たとえば外国からの移民の合法性についての、国を二分する不穏な論争。イランや北朝鮮などの国家による核兵器開発。テロリスト集団による自爆テロ。世界の列強の軍拡競争。また、これらと同じ種類の元型防衛は、最も神聖な価値感の危機を感知した人々の小規模な争いの形でも具現している。ＬＢＧＴＱコミュニティ、黒人、ラテン系、白人男性、女性、米国内の右派キリスト教徒、世界中のユダヤ人、中東のムスリム同胞団など。このように、自らの存在そのものや集団的「自己」のレベルが脅かされている集団は数限りなく存在する(Singer, 2006b)。トランプのナルシシズムを、影(様々な集団の人々に対する彼の攻撃性)と「自己」の要素(傲慢に肥大した自己と取り巻き)のブレンドの中でこの上なく危険なものにしているのは、ナルシシズムが「自己」と集合的精神の攻撃的で憎悪に溢れた暴力的な要素を結びつけ、誰からも祝福されない結婚を成立させているからである。

トランプという存在は、「自己」についての影の思考、感覚、行動を正当化している。ここにトランプとヒトラーの共通点を見出すことができる。ヒトラーは、ドイツ人の原始的な自己イメージを喚起し、近代史上最も邪悪な力を行使した。ヒトラーはそれを、アーリア人種の優秀性という自己イメージの回復と強化という名の下に行った。突撃隊を皮切りに、ゲシュタポ、ＳＳをはじめとする第三帝国の軍隊を強化し、さらにはきわめて効率的な官僚組織も設立した。

トランプは集団的な影を弄んでいるかのように、「自己」の名の下に破廉恥な行動を全開している。ヒトラーがドイツを動かしたのと同じようにトランプがアメリカを動かすとは考えられないが(私はこの予測が正しいことを祈りながら書いている!)、今の動きはすでに恐ろしいものになっている。ユング心理学の立場からは、集団的スピリットと集団的「自己」の影の防衛が密接に配置されれば、そこには暴力と専制と絶対主義の巨大な危険が立ち現れると考えられる。特に、そこに権威主義的なリーダーと、彼に従う国民がいる時に。

3　アメリカの傷ついた「自己」を癒す——トランプの「自撮り」とアメリカの「自撮り」

集団精神をめぐる絡み合った力の第三の構成要素は、集団的「自己」を癒すというトランプの無言の約束である。ここが、彼のナルシシズムの最も顕著かつ危険な部分である。無意識の中にある彼の約束は、言葉にすれば次のようになろう。

「私はアメリカがもう一度と望む偉大さそのものです。私がどれほど偉大であるかを確認することで、傷ついたアメリカン・ドリームを再興して、皆様とアメリカをもう一度偉大なものにします」

さらにはこのようにもっと直截な言葉にすることもできよう。

「私はアメリカン・ドリームを実現しました。私はアメリカン・ドリームそのものです。私はアメリカという国が望む「自己」の化身です」

もちろんこれはあまりといえばあまりに極端な自己肥大である。だがトランプが自分をアメリカの「自己」と同一視することが、彼の偽りの魅力の源泉になっているのだ。アメリカン・ドリームに破れた人々に対して、実業家として成功したトランプへの信頼を人々自身の成功への可能性として見るよう誘導しているのだ。『トランプ自伝』の中に、彼が人を惹きつける魅力を読み取ることができる。

私は人々のファンタジーを活性化する。人は常に自分をビッグだとは思えないかもしれない。だがそれでもビッグな人を見ればわくわくするものだ。だから少しくらい誇張しても何も悪いことはない。人は最もビッグで、最も偉大で、最も派手なものがあると信じたがるものだ。私はそれを真実を持った誇張と呼んでいる(Fisher and Hobson, 2016; Trump with Schwartz, 1987)。

トランプは、成功した強い男という自己像を作り上げた。それは彼のビジネスの才能と交渉の能力によるということになっている。彼は自分の利益になることを実現する能力があるが、自分以外の人の利益になることはめったにしない。慈善団体に寄附をしているとか、雇用を創出したという嘘はついているが、実際にはしていない。「君だって私のようになれる。前向きに、成功して、ビッグに、パワフルに」と彼は言う。彼のナルシシズムとアメリカ人の傷ついたナルシシズムを結びつける言葉である。成功も安寧も手から急速にすべり落ちてしまったアメリカ人のナルシシズム。トランプが賞賛するアメリカン・ドリームは、物質的な豊かさと力を前面に出したものである。個性の強さによって金と力を獲得した男のアメリカン・ドリームである。トランプは自説と欲望を無制限に口に出し続けている。自己肥大のゴールを、アメリカのゴールと同一視している。

トランプのナルシシズムのネガティブな側面は、国内外の特定の人々に対する彼の攻撃行動として具体化している。攻撃対象となるのは、ナルシシズムの文化に対して否定的なものを象徴するものすべてである。多くの人にとってトランプは、アメリカの悪い側面のすべてが具現した人物である。自己宣伝、傲慢ないじめ、人のニーズへの無感覚、物欲へのとらわれ、アメリカ人なら当然と思うようになってしまった高い特権意識。これらがアメリカの文化コンプレックスの核心にあることを認めることは、アメリカ人が国家と憲法の礎にあると信じたがっている良き「自己」ないしはスピリットを否定することである。トランプのナルシシズムは、アメリカという国の、さらにはアメリカ人一人ひとりのナルシシズムを完璧に映し出している。

結局のところトランプ現象は、トランプについての現象ではなく、我々アメリカ人の現象であると私は考えている。トランプとは何者なのか。その答えは、「トランプとは、我々アメリカ合衆国国民」だったのだ。考えればいかにも恐ろしいことだが、今日の我々の生活は、リアリティテレビ、ソーシャルメディア、コンピュータと携帯電話のテクノロジーにひどくかき乱されている。それらは現実を幻影に変え、「自己」をナルシシズムに変えている。

結論――アメリカの精神とその感染を掘り起こす

トランプ政権により破壊されるおそれがある事項は非常に多岐にわたっている。地球環境、マイノリティ、移民、女性の権利、憲法、中国・ロシア・シリア・イラン・北朝鮮との外交関係、それに同盟国との外交関係さえも危うい。しかし最大の問題は、トランプがホワイトハウスだけでなくアメリカ人一人ひとりの精神の中に住み着いたということである。我々はこれから、心の中で鳴動するトランプとともに生きていかなければならない。アメリカ人全員がトランプの衝動性といじめに翻弄されなければならない。トランプは自分が気に入らないことがあればどんなことに対しても不条理で棘のある言葉で激しく攻撃するであろう。一人ひとりの内部に住む大統領には、親近感を持つ人もいるであろう。トランプが「エリート」を攻撃するとき、そのエリートを妬み、恐れ、軽蔑する人々は満足し、いじめっ子としてのトランプが自分の内部に住んでいることを快く思うであろう。トランプは敵をいたぶる方法に長けている。彼の敵とは、女性、エリート、メディア、マイノリティなど、とても多岐にわたっている。

トランプを見て私が最も恐怖を感じているのは、アメリカ人の集団的精神をえぐる彼のスキルの巧みさである。多くのアメリカ人は、自分の精神の中に住み着いたクリントンにもう辟易していた。トランプの能力があればクリントンはすぐに追い出され、アメリカ人が共有する精神内界でトランプが悪臭を放つようになるであろう。長居して迷惑をかける客のように。そして、我々の多くは、そもそもトランプを自分の中に招いたわけではない。二〇一六年の大統領選で人々が受けた不快感の中で最も私の心に焼きついていることが、トランプに数年前にセクハラを受けたと訴え出た女性のことである理由はそれなのかもしれない(Legaspi, 2016)。

その女性は、飛行機でファーストクラスへのアップグレードを受け、偶然トランプの隣に座ることになった。すぐに彼は、文字通り彼女の全身をまさぐり始めた。胸も、下半身も。彼女は、タコの触手に絡みつかれているようだったと述べている。だがエコノミークラスに逃げ戻るわけにもいかなかった。今や我々は皆、あたかもトランプのタコの触手のようなぬるぬるした精神にべたつかれているような状態になっている。それは数年間にわたって我々の中に侵入し、心を締め付ける脅威となっている。トランプの下品な言葉遣いを借りれば、トランプはアメリカ人の精神の「陰部」を握ったのである。

トランプが大統領選で勝利するという予期せぬ悲惨な津波と、大統領就任後のめまぐるしく変わる方針を目の当たりにして、我々はようやく自分自身を取り戻し始めている。そして多くの人々は今、トランプの影の政策に対抗するエネルギーを今までとは違う新しい方法で充塡し始めている。アメリカにとって最も大切な価値が、いま脅かされつつある。それを回復しようとする動きが地下深くからわき起こることを私は望んでいる。自己の正当化と傲慢なナルシシズムを「進歩的」などと名づけてそこに浸かっていたいという欲求に、我々は負けない。

原　注

(1)　この章は、著者の「トランプとアメリカの自撮り」(スティーブン・バサー、レオナルド・クルーズ編『いまそこにある危険——ドナルド・トランプの時代のナルシシズム』より)、および論文「もしドナルド・

トランプが自撮り棒で撮影したら、我々全員が写真に写る」(billmoyers.com/story/donald-trump-self-ie-americas-worst-side/)を元にして書かれたものである。

訳注

＊1　ユング心理学には類似した用語として「集合的無意識」があり、無意識の深層にある、人類に共通するものを指す。本章の「集合的精神」は、集団に共通する精神を指して用いられている。

＊2　元型の一つで、「そういうものになりたいと願望を抱くことのないもの」を指す。本章中にしばしば出て来る「影」はすべてこれを含意している。

＊3　すべての人間の無意識の中に共通して存在するイメージの元。ユング心理学の基本概念の一つ。

＊4　ユング心理学では「感情に色づけされた心的複合体」を指す。人の心の中にある観念のかたまりのようなイメージである。劣等感という意味ではない。

＊5　本書「見えるものは見る、知っていることは言う」〔Ⅱ－2〕参照。

＊6　本書「病的ナルシシズムと政治」〔Ⅰ－1〕参照。

WHO GOES TRUMP?: Tyranny as a Triumph of Narcissism
Elizabeth Mika, M.A., L.C.P.C.

7 トランプになるのは誰だ？——ナルシシズムの勝利としての暴君

エリザベス・ミカ
文学修士、認定臨床カウンセラー。イリノイ州北部(シカゴ地区)の「特異な才能を持つ子ども支援施設」所属。ポーランド、ポズナンのアダム・ミツキェヴィチ大学で臨床心理学の学位を取得。専門は特異な才能を持つ子ども・成人の評価とカウンセリング。創造性と精神疾患、学習能力、感情と道徳の発達などの精神医学的研究にも従事している。

暴君による政治とは、三本の脚を持つ獣である。この獣は世界にひたひたと静かに忍び寄る。気づいた時にはもう逃げられない。三本の脚とは、暴君自身と、その支持者と、社会環境を指し、「毒を持った三角関係」とも呼ばれている(Hughes, 2017)。

この三者はナルシシズムという力によって結びつけられている。ナルシシズムがこの獣に活力を与え、しかし同時に生きたままこの獣を喰い、時期が来ると殺してしまう。この獣を強烈な破壊力を持つものに育て上げるナルシシズムという力は我々の目には見えない。見えない理由は明白なのだが、なぜか誰も気づかない。暴君の足音は、耳を澄ませば、何マイルも離れた距離からでも聞こえる。何か月も前からでも聞こえる。だがそれが聞こえないように巧妙に近づいてくる。結局我々が暴君に気づくのは、すぐ目の前に現れた時である。まったく同じことが歴史上何回も起きているのに、それでもまた同じことが繰り返されている。

暴君とはどのような人物であるか、暴君による政治とはどのようなものかは、誰もがよく知っている。暴君は人類に悲劇をもたらすこともわかっている。そして人は「決して忘れまい」と心に誓うのだが、結局また同じ悲劇が繰り返されてきている。人々が暴君による悲劇を忘れてしまう理由は、一つは間違った教育がなされてきたからであり(Giroux, 2014)、一つは現実を否認する心理である。本章ではナルシシズムをキーワードとして、今日の暴君によって我々の世界が破滅しないようにする方法を考えていきたい。

暴　君

暴君による政治という獣の三本の脚のうちの第一は、暴君その人である。暴君は形も大きさも様々だが(Newell, 2016)、本章では暴君に共通する最も顕著な特徴を示したいと思う。

「独裁者」という言葉と「暴君」という言葉は通常ほぼ同じ意味で使われているが、独裁者のすべてが暴君だというわけではない。暴君は、独裁者の悪性形である。独裁者であってもそれなりに良い政治をしているように見えた指導者が、独裁支配が続くうちに暴君になり、残酷さが強まり、社会を破壊に導いた実例は、歴史の中にいくつも見出すことができる。

すべての暴君に本質的な特徴というものがある。暴君の大部分は男性で、ナルシスティックなサイコパス(別名、悪性ナルシシズム)である。良心が著しく欠如しているか、時には完全に欠如している。権力と賞賛への飽くなき追求が、その欠如を覆い隠し、逆に彼の強い魅力となっている。フレデリック・

バークルは「二一世紀の長期にわたる紛争と戦争における反社会的パーソナリティ障害と病的ナルシシズム」(Burkle, 2015)という優れた論文で、ナルシシズムがサイコパス的な性格構造をさらに強めて非常に危険なものにすると述べている。しかも、人心を巧みに操って信頼を得る能力を持ち、本能的な欲求を実現しようとする姿が人間の一つの理想像に見えることが危険性に拍車をかけている。ナルシスティックなサイコパスの主な特性、良心の欠如、破壊的な結末を筆者も『ナルシストであることの耐えられない軽さ』(Mika and Burkle, 2016)で述べている。

衝動的で、新しい刺激を求め、共感性や罪悪感というものを持たないナルシスティックなサイコパスにとっては、他人は自分のニーズや望みを満たすための存在にすぎない。だから平気で人をいいように操る。良心が欠如しているから人間の高い価値というものが見えない。彼にとって他人は、自分の目的を達するための道具にすぎないのである。

しかしこの危険な性格的欠陥は、権力や富や他人からの賞賛の獲得のためにはプラスに作用する。共感や良心による抑止力がないため、嘘をつくのも人を騙すことも平気で、人を操ったり破滅させたり殺すことさえも自分のためであれば厭わないからである。しかも権力を握った後であれば自分の手は汚さず人殺しを命ずることも可能になる。

ナルシスティックなサイコパスの兆候は子ども時代にすでに認められる。暴君の伝記(Fromm, 1973; Miller, 1990; Newell, 2016)の中には、虚栄心や衝動性や新しい刺激を求める傾向が早期から見られることが記されている。そこにしばしば、自己コントロールの障害や攻撃性や残酷さや他人をいいように操作する傾向が加わる。さらには強い競争心や支配欲が、共感性と良心の欠如に伴って現れる。プラトンも同様のことを述べている。

暴君は子ども時代に虐待を受けた人間が多いとも言われているが、異論もある。たとえばヒトラーについて見ると、ミラーによる伝記(Miller, 1990)には義父からのひどい虐待が記されているが、他方、そんな事実はなかったとする伝記もある(Fromm, 1973; Newell, 2016)。伝記とは、意図的かどうかはともかく、不完全であったり偏向していたりすることがあるから、必ずしも内容がすべて事実とは限らない。しかしナルシスティックな育て方が将来の暴君を作るという可能性は否定できない。それによって子ども自身のナルシシズムに傷が刻まれ、それを「修復」するために、冷酷に、しばしばサディスティックに、権力と賞賛を追い求めることで暴君が誕生するのだ。ナルシスティックな育て方の中には虐待も含まれるが、必須ではない。

生後一年は、対象恒常性、すなわち、安定した他者のイメージが作られる期間である。この時期にナルシシズムが傷つけられると、他者を安定した存在としてとらえる能力が十分に成長しない。すると、事実というものの認識も不安定になって、事実を尊重しない人間になる。ナルシスティックなサイコパスはよく嘘をつく。自分の利になるように故意に嘘をつくこともあれば、素晴らしい自分というセルフイメージを肯定する「もう一つのファクト」[*1]を作り出すための無意識の嘘もある。対象の恒常性が損なわれていると、どちらの嘘も生まれやすくなる。

原因が育てられ方であれ、あるいは先天性のものであれ、共感性が欠如していると、良心が十分に発達しない。すると感情だけでなく認知機能にも影響が現れ、その結果、バークル(Burkle and Hanfling, 2016)の表現によれば、「利口だが賢明でない」という人間ができあがる。ダブロフスキー(Dabrowski, 1996)はこれを「一面的発達」と呼んでいる。どちらも、知的機能や認知機能はほぼ正常に発達しているが(利口だが)、情動の発達が止まっている(賢明でない)状態を指す言葉である。情動の発達は人間にとって特に重要である。人間の認知機能の中で、情動だけは生涯にわたって発達し続け、情動の発達は良心を発達させ、それによって初めて人間としての幅や深みがそなわり、人から学んで自分を変えていくことができるようになるからである。

暴君は共感性も良心も発達が停止してしまっているため、狭量で硬直した性格が形成される。知的機能は原始的な欲望（力、セックス、賞賛を求める欲望）を達成するという目的に特化している。

ダブロフスキー（Dąbrowski, 1986）は次のように述べている。

サイコパスの情動は狭く硬い。大きな野心と優れた才能を持つが、それは原始的な欲望の影響下にある狭量なものである。自分の内部で葛藤というものを経験することがない代わりに、自分の外の世界に葛藤を作り出す。人に共感する能力がなく、人を支配することに力を注ぐ。あるいは、人を支配できるようになるまでは、人に従属する。他人の問題にはまるで無感覚である。絶えず自分だけの目的を実現しようとする。サイコパスの精神年齢は原始的な欲望のレベルであり、感情は成長せずに止まっている。

サイコパスには「小」サイコパスと「大」サイコパスがある。大サイコパスの実例は、世界的に悪名高い犯罪者や、暴君や専制君主（ネロ、ヒトラーなど）である。彼らは自分の目的の達成のためには躊躇せず人々を犠牲にする。大サイコパスには人や社会に対する道徳心というものは存在しない。正義のルールも存在しない。大量殺人も強制収容所も大サイコパスにとっては道徳的な問題など一切感じられず、目的達成のための手段にすぎない。

小サイコパスは大サイコパスのミニチュア版である。普通、小サイコパスは、状況が許せば大サイコパスに仕えている。小サイコパスは自分の目的を実現する機会を求める。自分の欲求を満たす機会を求める。そして社会に被害をもたらす。サイコパスは、法律とは破るものであると考えており、自分は法律には縛られないと思っている。自分の地位や金や得になることならどんなことでも利用する。その結果、他人がどうなろうと意に介さない。倫理感など持たない。忖度などしない。人の気持ちは理解できない。共感による行動など決してしない。(E・ミカ訳)

「小」サイコパスと「大」サイコパス(＝暴君)との違いは、バークル(Burkle, 2015)が指摘しているように、主としてナルシシズムの強さのレベルにあるが、能力の違いも重要である。そこには、自分の攻撃的な衝動や行動を巧妙に隠す能力も含まれる。それから運の違いもある。自己コントロール能力が不十分だったり、運に恵まれなかったナルシスティックなサイコパスの中には、大量殺人者になって刑務所に入り、力で人々を支配するという誇大な夢が実を結ばずに終わる者も多い。

暴君にまで「昇格」できたナルシスティックなサイコパスは、人を操る能力と自己コントロール能力の両方を合わせ持っていることに加え、高い知能も持ち、長期にわたって人々の支持を得て、誇大的な夢物語であったはずの目的を達成してしまった人物である。さらにカリスマ性も合わせ持っている。特に演説技術に長けていることが多く、人々からの熱狂的な支持を獲得する。しかし非常に多くの場合において、この「カリスマ性」なるものは、単に人々が聴きたがっていること(たとえば、実現不可能な夢物語)を話す能力にすぎない。そうして人々を扇動し、そのとき限りの夢を民衆と共有するのである。良心の欠如からくるサイコパスの病的な部分に気づかない人々は、弁舌さわやかな演説に容易に欺かれる。

いったん権力の座に就いてしまえばサイコパスは、それまで隠していたサディズム性を全開し、暴君の素顔を見せる。理想的なカリスマの仮面の下の原始的な欲望を露わにする。社会から非難される犯罪者になるかわりに、社会を支配する圧政者になる。何千人、時には何百万人もの命を奪う殺人者にもなる。サイコパス本人や彼の支持者はそんな残虐行為も正当だと思っている。だからポル・ポトは躊躇なくこう言うことができた。「私を見てください。私が残酷な人間に見えますか？ 私は良心そのものの人間です」(Mydans, 1997)。これが何百万人もの同胞を殺害した人間の言葉なのである。

暴君は暴君に憧れる。他の暴君の「成功」から大いに学ぼうとするが、失敗からは何も学ぼうとしない。力を何より崇拝するが、同時に嫉妬して、力を思うままに行使する者に対して軽蔑するポーズを見せる。残酷さに憧れ、現存する人物か歴史上の人物かを問わず、残酷な暴君ほど高く評価する。道徳も法も破壊し、飽くなき攻撃性を発揮して力を手に入れた暴君の姿は、自分にもやればできると思わせる心強いモデルになるのだ。

一九三九年のポーランド侵攻前夜にヒトラーは、「慈悲も憐れみも捨てて、ポーランド人とポーランド語を話すすべての男女と子どもを絶滅させよ」という命令を下した後、モデルとしてジンギスカンを挙げて次のように演説している。

「ジンギスカンは何百万人もの女性や子どもを死に追いやった。彼は正気だったし、殺戮を楽しんでいた。そして今、歴史はジンギスカンを建国の偉人としてのみ評価している」

それからポーランドに侵攻する兵たちをこう鼓舞した。

「厳しくあれ。何も後に残すな。迅速に動け。誰よりも残酷であれ」

そして兵たちはヒトラーの言葉に忠実に従ったのである(Gellately, 2007)。

暴君は、彼がモデルとし尊敬する暴君の実績よりもできるだけ大きい夢を持ちたがる。そのモデル暴君が現存する人物であった場合には、へつらって機嫌を取る一方で、虎視眈々と殺害を画策し、暴君の世界ランキングから追い落とそうと狙っている。しかしこの目的を達成するためには、まず自分の国での絶対的支配者の地位を獲得しなければならない。

そこで、暴君による政治という獣の第二の脚である支持者たちの出番となる。

暴君の支持者たち

独裁者が人気と権力を獲得していくプロセスは、外から客観的に見ると理解し難いものがある。このプロセスの主役であるナルシシズムがどうしても見えて来ないからである。

暴君のナルシシズムこそが、彼の支持者たちにとって強い魅力になっている。支持者自身の夢や希望を暴君に投影し、自身を暴君に同一化するのである。暴君の自己像が肥大したものであればあるほど、そして支持者たちへの彼の口約束が誇大妄想的であればあるほど、暴君の魅力は高まり、熱狂的な支持を獲得するようになる。プラトンが『国家』に、「人民は常に擁護者を抱き、彼に自分たちを重ね、彼を偉大さに導く」と書いている通りである。

支持者たちは暴君への同一化を通して暴君の光輝く万能感を吸収し、人生ゲームの勝利者である暴君と同じように自分も強大であると錯覚する。この同一化によって支持者たちのナルシスティックな傷は癒されるのであるが、同時に、理性と良心もシャットダウンされ、不道徳な行為に走ることになりがちである。暴君に同一化することによって気が大きくなり、犯罪的な行為に及ぶことさえある。ナルシスティックな支持者たちは、自分の中で長い間温めていた栄光の夢を正当化する鏡として暴君を見る。こうした支持がなければ、暴君はただの凡庸な無名人にすぎない。

暴君への道を進みつつある人物は誇大的な夢を抱いている。彼に力を与え高い地位に押し上げる支持者たちも誇大的な夢を抱いている。彼らの夢は共鳴し合い、肥大化する。互いのナルシスティックなニーズが見事にかみ合うのだ。支持者たちは長く待ち望んでいた救世主を彼の中に見る。父親の代理を見る。そして暴君は、支持者から限りない忠誠と尊敬を受けることでナルシシズムを満たす。暴君にとって支持者たちは、自分の偉大さを映し出す何千もの鏡になる。

人は強い者に従い、同時に自分自身を強い者に同一化する。誰もが持っているこの心理が、暴君と支持者を結びつけ、互いのナルシシズムがこの結びつきを強くする。エーリッヒ・フロム(Fromm, 1980)はこう述べている。


ナルシシズムが強い人々は、自分と同一化できるリーダーを強く求める。そのリーダーは、人々のナルシシズムを投影されることで尊敬を勝ち取る。強力なリーダーへの服従とは、リーダーと共生し、リーダーと同一化することにほかならず、結局は自分のナルシシズムをリーダーに託しているのである。リーダーが偉大であればあるほど、支持者たちも偉大な気持ちになれる。支持者の性格がナルシスティックであればあるほどそうなる。そして自分が偉大であるという絶対の自信を持っているリーダーのナルシシズムが、支持者にとって最大の魅力になる。だからナルシシズムが強すぎて正気を失いかけたリーダーほど成功するのだが、結局彼は破滅する。客観的な判断ができず、反論されれば激怒し、常に自分が万能であるというイメージを持ち続けるうちに、大きな誤りを必ず犯すからである。しかし、いつの世にも、半ば精神病的でありながらナルシスティックな大衆の要求を満たす人物が登場するものである。

ジェロルド・ポスト(Post, 2015)も、権威的な環境で育てられた人々が暴君に惹かれるメカニズムを述べている。実例として彼はヒトラーユーゲント[*2]を挙げている。

ヒトラー支持の最前線であるヒトラーユーゲントにおいては特に、ヒトラーが叫ぶ他民族や他文化への憎悪の言葉が人気を博していた。子どもたちは、自分の家族の中には見出せない強い父親像をヒトラーの中に見て、喜んでヒトラーの権威的なリーダーシップに従った。そして、第一次世界大戦の敗北というドイツ人の屈辱が、アドルフ・ヒトラーの悪魔のような力によって、戦争という積極的な行動に転化したのである。

高望みや、憤りの気持ちや、特定のターゲットや社会全体への復讐心が、ナルシシズムの中に混合されてくすぶっている状態を、社会学者のマイケル・キンメル(Kimmel, 2013)は「傷ついた特権意識」と呼んでいる。この特権意識は、どの時代でも、暴君と彼の支持者たち、さらにはテロリストの行動の原動力になってきた。

暴君は支持者に向かって多くの耳ざわりの良い約束を述べる。それらは明らかに非現実的で、妄想に近いものである。そしてその約束のほとんどについて(または全部について)、実行する能力も意図も持っていないのが普通である。彼は心の中では支持者たちを馬鹿にしている。自分より弱いとみなす人間はすべて軽蔑しているのである。彼は支持者も、自分が世の中を支配するという目的を達するための道具であるとしか思っていない。

暴君と彼の支持者を結ぶナルシシズムを強化しているのは、支持者が抱いている復讐心である。支持者は、自分のナルシシズムを傷つけた者たちを自分の代わりに処罰してくれる人物として暴君を祭り上げるのである。

しかしこの傷は支持者の人生の中の遠い過去のものであり、しかも多くの場合、現実でさえなく、傷つけられたという記憶が存在するだけである。だから現実に基づく理由ではなく、ただ恨みを晴らす処罰の対象を作る必要性のためにスケープゴートが選ばれる。このプロセスは、暴君と支持者の結束を強めるために不可欠なものになっている。

スケープゴートにされるのは、支持者から見て「異質なる人々」である。そこにナルシスティックな復讐の矢が向けられる。異質なる人々とはいつも、マジョリティの社会から分離された人々であり、低い地位にあるとみなされている人々であり、ナルシスティックな支持者自身の心の中の抑圧された部分が投影される人々である。実際には「異質」といってもごく小さな違いがあるにすぎないのだが、そんなごく小さな違いにも優越感を見出し、ナルシシズムを満たそうとする心理が人間にはある（Freud, 1991）。この心理が異質の人々に対する軽蔑と攻撃を正当化するのである。

スケープゴートにされるのは、単に異質というだけでなく、当然ながら、弱い立場の人々である。スケープゴートを作ることで、暴君は自分の力を固め、また、自分の中の攻撃性を正当化した形で表現する。スケープゴートへの攻撃は、自分の子ども時代からのナルシスティックな傷を癒すことにもなる。暴君は支持者を保護する強い父親像を演じ、それによって強権支配的な政治を正当化する。異質な人々への攻撃もその一貫であるが、それはまさにスケープゴートであって、支持者のナルシシズムの傷とは本来何の関係もない人々である。

支持者は、自分のナルシシズムの傷が大きければ大きいほど、暴君に対して強いナルシシズムを求め、結果として誇大妄想的な傾向がより強い暴君を求めることになる。暴君の誇大妄想は、彼に賛同しない人々にとっては奇態なものであるが、彼の支持者にとっては自分の夢がそこについに花開いているように思えるため、強い魅力になる。ヒトラーの描いた世界にまたがる千年王国という奇態な夢が、ドイツ人にとっては不合理とも危険とも感じられなかったことの理由はそこにある。多くのドイツ人が第一次世界大戦の敗北による痛み・屈辱・剥奪というナルシシズムの傷に苦しんでいたためである。同じように、スターリンが主導した共産主義が労働者階級による世界支配をもたらすという思想も、当時のロシアで窮状にあえいでいた人々にとっては奇妙とも危険とも感じられなかった。ナルシシズムは自分が見えないのである。

スケープゴートとは、ナルシスト自身が自分の中に認めたくない弱い部分を他者に投影したものである。したがってごく自然に、スケープゴートの人格は否定され、あらゆる種類の残虐行為が正当化される。ナルシスティックな集団の中に残虐行為が広がるスピードは実に驚くべきものがある。ナルシスティックな怒りが残虐さにさらに油を注ぐ。この怒りは、ナルシストの内心やナルシストが住む世界における、弱く好ましくないものすべてに対する精神的追放・物理的追放に向けて燃え上がる。

この怒りは、栄光の夢とともに、暴君と支持者たちの間にとても強い絆を作り、現実を見失うレベルに達する。それもまた、暴君による支配を容易にする。人格を否定された異質なる人々への軽蔑を煽ったり、攻撃をそそのかしたりする必要がなくなるからである。もっとも、暴君が出す攻撃許可は、血と復讐に飢えた支持者にとっては暴君の大きな魅力になっているようである。

スケープゴートを非難する暴君と彼の支持者の言葉には、彼ら自身の深い病理が映し出されている。ヒトラー政権のヨーゼフ・ゲッベルス宣伝相は、ナチスが征服したポーランドのユダヤ人について「彼らはもう人ではなく、冷えた知性を持った肉食獣である」と記しているが(Gellately, 2007)、これは明らかにゲッベルスとナチス自身の描写になっている(ゲッベルスがこれを書いたとき彼が観察したユダヤ人は、ゲットーという非人道的な環境にあったことは強調されなければならない)。

異質なる人々の人格を否定し、しかも彼らには殺人の動機ありと決めつければ、彼らに対するいかなる暴力も自己防衛のため正当化できることになる。かくして、この「肉食獣」たちを大量に情け容赦なく取り除くことがナチスの大目標の一つになった。ユダヤ人、ポーランド人、ロマ……その他、アーリア人の存在を脅かすすべての異民族の絶滅である。この「肉食獣」たちに対する恐怖は、それが真の恐怖であれ演技であれ、自己の存在が脅かされるという偽りの信念から派生したものであるが、現代世界に前例のない規模の大量殺人の正当化に利用されたのである。

注目すべきことは、暴君の支持者たち、特に彼にへつらう支持者たちも、暴君と同じ性格上の欠陥を持っていることである。彼らは暴君を取り巻き暴君の病的部分に反響してそれを増幅させると同時に、覆い隠す役目も果たしている。へつらう者は、暴君の狂暴で原始的な本能を代行して、社会を破壊する暴君の計画を合理的に見せて、人々に受け入れさせる役割を果たすのが常である。

へつらう者の役割は時間とともにとても重要になっていく。いったん権力の座に就いた暴君は、その後時間とともに精神が崩れてくるのが常だからである。彼の猜疑心や誇大妄想や衝動性が悪化するにつれて、彼の側近、家族、代理人は、自分たちの地位と、それからしばしば生命にも危険を感じ、暴君が「正常」であり偉大であるというイメージを最後まで必死に維持しようとする。彼らの忠誠心は時に激烈なものになり、不死になる。暴君自身の精神が崩れても、彼らの忠誠心が暴君を支え続けるのである。

社会

暴君は無から突如として生まれるのではない。何の予告もなしに世界に躍りかかるのでもない。何年にもわたる社会の特殊な状態があってはじめて、暴君が政権を握るのである。その特殊な状態とは、例外なく、経済的社会的不平等の耐え難い増大である。この不平等は、エリート層にとってはむしろ利益があるため、少なくともある一定期間は無視される。しかし不平等が深まるにつれて、恐怖や道徳の混乱やカオスが現れてくる。社会規範が崩壊する。人口の中の多くを占める人々の人間性が尊重されなくなる。倫理観もすさんでくる。そこに暴君登場前夜の社会が立ち現れる。その社会が名目上の民主主義であれ他の政治形態であれ、そこにはナルシスティックな病理の兆候が大きくはっきりと見えている。社会は誇大妄想的な光の部分と逆に無価値とみなされる影の部分に分裂することが避けられない。社会のマジョリティの人々は自分の中の影の部分は否定して、それを異質なる人々に投影する。

抑圧的で人格否定的な(＝ナルシシズム的な)システムは、ナルシシズムそのものと同じように、そのシステムが優れているという妄想を発展させる。その基盤には、自意識が肥大した常に正しい「自分」と、無価値で劣った「異質なる人々」の間の、目に見えず語られない分裂がある。ナルシストたちの抑圧された悪徳は、すべて異質なる人々に投影される。それは、ナルシストたちの誇大妄想的信念が暴君に託されているのと同じ様相である。

そのような社会のもう一つの側面として、国内での嫉妬や攻撃の増大があるが、同時に他の国をスケープゴートにする傾向もある。ナルシスティックな怒りを外部の対象に向けて国内社会の崩壊を防ぐのである。多くの場合、こうした社会は、ナルシシズムの傷のためにぐらついている。傷とはたとえば、敗戦の屈辱、国際的制裁、不平等条約などで、第一次世界大戦後のドイツがその好例である。

これらのプロセスのどれも、その社会の人々から公然と認められることはなく、時には気づかれることさえない。ごく一部の人が警告を発しても、無視されるのが普通である。個人としてのナルシストが罪悪感というものを感じず、自分の悪行に責任を取らず、人生に必要な真の努力をしないのと同じように、ナルシスティックな社会も自分が見えない状態が持続する。カオスと不協和音が下層階級を襲っても、エリートはナルシスティックな泡に包まれたままで、仲間である国民の窮状にも、それが国全体にもたらす運命にも気づかない。

フリッツ・スターン(Stern, 2005)はこう述べている。「ドイツの中流階級とエリートはヒトラーを過小評価した。ヒトラーの不条理な二項対立論に騙される人などほとんどいないと考えていた。ヒトラーの憎悪や嘘など誰もまともに取り合わないと考えていた」。ヒトラーは大言壮語するだけの無害なピエロだと多くの人は見ていた。しかし、聖職者、知的エリート層、富裕層など多くの人々が、ドイツの栄光の未来を語るヒトラーの壮大なビジョンに魅了され、彼を熱狂的に支持したのである。

エリート層はナルシシズムのために暴君による露骨な侵略も見えなくなる。暴君を支持するのは持たざる者や無知な者だけだというのは便利な(そしてナルシスティックな)神話だ。実際には、暴君へのかぶれやすさは経済的地位や学歴とは無関係なナルシシズムによる。ドロシー・トンプソンは一九四一年に『ナチスになるのは誰だ?』でそれを鮮やかに綴っている。裕福な人の中にくすぶる尊大な自意識や憤慨や憎しみが、暴君のイデオロギーや政治活動に傾倒する要因になることを彼女は発見している。一方で、謙虚で人間的な深みのある人は、ナチズムの毒にごく自然に抵抗することも観察している。

哲学者であり物理学者であるカール・フリードリッヒ・フォン・ヴァイツゼッカーの言葉を引用して、スターン(Stern, 2005)は次のように述べている。

「彼はナチスのイデオロギーを信じたことは一度もなかったが、ナチスの政治運動には魅力を感じていた。そこには「聖なる魂のほとばしり」があると感じられたのだ。ナチスの国家社会主義は、実は国家社会主義者自身も理解していないものだったと彼は言っている。人は現実世界に幻滅すると、怒りの矛先を向ける相手を求めるようになるのが歴史の常である。ナチスもそんな歴史の中の役者にすぎないことに、ナチス自身は気づいていなかったのである」

暴君と支持者たちのナルシスティックな結託は、怒りの矛先を向ける相手を容易に見つけ出す。その過程はあたかも誇大妄想と怒りというウィルスによる精神病の感染のようなものである。このことは、たとえ時間が過ぎた後でもなかなか気づかれない。ナルシシズムが人々の目を覆うからである。そのナルシシズムの存在さえ、人はなかなか認めようとしない。人は現実を否認し、過去の歴史に刻まれている失敗を忘却し、結局は同じ過ちが繰り返されることになる。

この忘却の原因の一つに、歴史を歪曲する心理がある。暴君が引き起こした大混乱から時間的にも地理的にも遠く離れた安全な場所にいる私たちは、暴君というものは見ればすぐ邪悪な人物だとわかるものであって、かつ、遠い異国の歴史であって、自分の国に誕生するはずがないと思いがちである。しかし、歴史と経験が示すように、権力に飢えたナルシスティックなサイコパスは、見た目には健康な人と区別はつかない。頭角を現してきた時も、社会に求められる正しい人物であるように見える。社会が直面している困難な問題を解決する能力と決断力を強く感じさせるカリスマとして、人々を惹きつけるのである。

最初から大虐殺を行うことで指導者の地位を獲得する暴君などいない。もっとも、大虐殺の考えが、当初から彼の心の中に芽生えていた可能性はあるが、それは表には出されない。どの暴君も例外なく、法と秩序を社会に取り戻すことを公約する。経済を立て直して人々を豊かにし、国をまた光り輝かせると語る。

この空虚な口約束は、暴君は果たす気もなければ果たす能力もないのであるが、異質なる人々をスケープゴートにすることとセットになっているのが常である。スケープゴートはナルシスティックな怒りを外に向け、国内の結束を強めるために必要な道具なのである。しかし暴君は国内にも不協和と分裂の種をまく。彼はそうしないではいられないのだ。人々を互いにいがみ合わせることは、暴君自身のサディスティックな欲求を満たすと同時に、社会を力で支配することを正当化しやすくするからである。

暴君が生まれるのはすでに弱体化している社会である。弱体化した社会は暴君の本性が見えない。暴君による政権奪取を防ぐこともできないし、そもそも防ごうという意志も生まれにくい。ひとたび彼と彼にへつらう者たちが権力を手にすれば、国が抱えていた問題はさらに深く広くなり、社会規範や組織や法は解体し、暴君自身の病理が映し出されたものに変化する。

アンドリュー・ロバチェフスキー(Lobaczewski, 2007)は、人格的に問題ある人々、特にサイコパスやナルシストによって主導される政治のことを、「デモクラシー」をもじって「パトクラシー(pathocracy)」と名づけている(「パト(patho-)」は、病的という意味である)。彼によれば、パトクラシーは、事実を歪める「エセ推理」と、道徳的価値を歪める「エセ道徳」の導入によって社会を変化させる。暴君の支配する社会では、エセ推理とエセ道徳が、現実を否認したり複雑にしたりして混乱させる厚顔無恥な嘘の連発などによる様々な喧伝活動によって、大規模に広められる。政府にコントロールされたメディアもそれに利用される。こうした歪曲は、奇妙で不合理な理屈で固められ、白が黒になり、上が下になるという、権威主義の体制下ではよく見られる状況を生み出す。そこでは政府が認可した虚偽の「真実」だけが真実であるとみなされる。

暴君の病理は、政治だけでなく、文化、科学、技術など、社会のあらゆる部分に影響する。目にされるもの、口にされるもの、研究されるもの、あるいは逆に無視されるもの、沈黙させられるものが何であるかは、暴君の気まぐれ次第である。そしてまもなく社会そのものもイデオロギーも、権力と崇拝を病的に希求する暴君のスタイルに合った構造に変わっていく。このイデオロギーの浸透は通常は徐々に進み、最終的には反対勢力を暴力で抑圧することによって強化されることになる。

言論の自由も報道の自由も集会の自由も失われ、暴君の破壊的な「改革」が進むと、暴君のイデオロギーに一致した理想像としての「ニュー・マン」の精神が民衆に強制される。

この「ニュー・マン」は非人格化されたカリカチュアで、支配と崇拝という暴君の病的なニーズに合致するものである。ニュー・マンは(男性とは限らない。ニュー・ウーマンの場合もある)、「大義」と「指導者」に完全に身を捧げる(この二つは暴君に支配された社会では一体化している。暴君のナルシシズムの究極の表現が「大義」かつ「指導者」である)。そして生涯にわたってこの献身を実証するためのプログラムにそった行動を取る。暴君の崇拝と最高の忠誠心もニュー・マンの行動プログラムに書き込まれており、新たな法と規範がこれらを強化する。さらには、権威主義的なルールに熱烈に従う人々が、暴君のイデオロギーに従わない人々をスパイし非難することによっても強化される。

人間には、病的な権威によって確立された非人道的な規則に従う傾向があることは、いくら強調してもし過ぎることはない。歴史上にも現代にも豊富な実例がある。実験データもある(Milgram, 1974)。権威ある人物からの承認があれば、たとえそれが曖昧な承認であっても、自分は免責されていると感じ、内なる良心の声は抑えられる。人間の持っている奇妙な従順性がここに見られる。

「正常な」人々が自分の良心をいとも簡単にシャットダウンするメカニズムは、サイコパスの心理とほとんど違わない。人間の持っているこの不気味な性質を暴君は大いに利用する。暴君は信者から忠誠心を期待できることをよく知っており、社会のマジョリティに忠誠心を要求し、実際に獲得してしまう。忠誠心を持ちたがらない者や、反抗する者は、社会から除去してしまう。

「ニュー・マン」の思考も暴君にあわせて変えられていく。正常な心理と異常な心理の基準も再定義され、精神医学も心理学も他の社会科学も、暴君のイデオロギーに合致するように変えられる。統計的な平均値としての正常も、精神医学的な正常も、どちらも病的とみなされるようになり、暴君のイデオロギーに合致した精神だけが健康と定義される。

暴君のイデオロギーは常に驚くべきスピードで社会に浸透する。それでも人々は、自分のナルシシズムゆえ、そんなことが身近に起こっていると信じることができない。歴史に繰り返されてきたことは、現代社会でも十分に起こり得るのである。

暴君は社会に蠢くナルシシズムや不条理な思考をエネルギーにして成長する。だがそれとは裏腹に、暴君のイデオロギーは超合理性を装っている。この点で共産主義の成長によく似ている。暴君の政治は暴君自身のナルシスティックでサイコパス的な性格に酷似している。その性格を特徴づけるのは、唯我論的で、現実から遊離し、客観的事実を無視した誇大的・パラノイア的信念である。

暴君による統治はこのように病的で不条理に満ちているので、結局は崩壊する運命にある。暴君の内部には良心によるブレーキがなく、しかも外部からのチェックも遮断された状態で、不合理な暴力性は破滅に向けて暴走し続けるのである(Glad, 2002)。暴君の悪性さ(腐敗、攻撃、抑圧)の増大は、ついには人々からの反乱を呼び起こす。この反乱が最終的には暴君を倒すが、それは略奪的・暴力的な統治が人々に膨大な苦しみをもたらした後のことである。暴君の統治の悲劇の記憶は、暴君亡きあとに、普遍的な人間の価値(平等、正義、真実、思いやり)の大切さを強く尊重する社会を生み出す。しかしこの価値の維持への強い努力がないと、人々のナルシシズムがまた忍び寄ってきて、社会を乱し、暴君再誕生の土壌が形成される。ナルシシズムというものが人々にある限り、暴君誕生は何回でも繰り返される危険があるのだ。

結論

ナルシシズムとは、性格の問題であるとともに、人の思考の中にある誤りでもある。自分が人より上だという考えは、ナルシストに共通する姿勢であって、暴君とその支持者に共通する誤った考えである。自分が住んでいるのは発展した文明社会だという思いは、この誤った考えに傾きやすい。特に建前上は平等でも実際は不平等な社会にその危険性が高い。ナルシシズムが不平等を生み、不平等がナルシシズムに油を注ぐのである。そして苦しみと絶望が生まれ、復讐の欲求が生まれることが、暴君誕生の土壌となる。

バークル(Burkle, 2015)が指摘しているように、いま世界中で暴君が再誕生している。過去、暴君支配の悲劇的な歴史を持っている国でも同様である。人間がみな影として持っているナルシシズムについて真剣に考えなければ、悲惨な歴史がこれからも繰り返されることになるであろう。

人間が人間という種として繁栄するためには、個人のナルシシズムも、そして集団のナルシシズムも、乗り越え、そして解消することが喫緊の課題であることを理解しなければならない。

訳注

＊1　本書「病的ナルシシズムと政治」（Ⅰ-1）参照。

＊2　ナチス党青少年組織。最大時は八〇〇万人のメンバーを擁した。

THE LONELINESS OF FATEFUL DECISIONS: Social Contexts and Psychological Vulnerability
Edwin B. Fisher, Ph.D.

8 人類存亡にかかわる決断の孤独——人脈、そして脆弱な精神

エドウィン・B・フィッシャー(Ph.D.)
臨床心理学者、ノースカロライナ大学チャペルヒル校ギリングス地球公衆衛生学部教授。行動療法学会の元会長、『行動医学の原理と概念——国際的ハンドブック』(Springer, 2017)の編者。地域において、健康、医療、喘息、癌、糖尿病、禁煙、体重管理の支援活動を行うかたわら、うつ病や統合失調症などの精神病の概念や精神疾患と身体疾患の関係について執筆している。

一九六二年一〇月一六日火曜日午前九時。国家安全保障特別補佐官がホワイトハウス居住区に驚くべきニュースを届けた。「大統領閣下、ロシアがキューバに攻撃ミサイルを設置しています」(Neustadt and Allison, 1971)。それからの一三日間、世界はキューバ・ミサイル危機[1]と呼ばれる戦慄すべき恐怖に直面した。この恐怖を実体験としてはっきり記憶している年齢のアメリカ国民は現在ではもう五人に一人に満たないが、世界が破滅し得たという意味で最大級に重大な史実である。当時私は高校生で、歴史の授業で先生から話を聴きながら、世界はあと一日か二日で文字通り消滅するかもしれないと思ったものである。衛星写真は、数週間後、もしかすると数日後には、アメリカの東海岸の主要都市に到達できる距離のキューバにソビエト連邦がミサイルの設置を完了することを示していた。同じように現代では、北

朝鮮がアメリカ西海岸の都市に到達できる核兵器ロケットを保有している可能性が最大の脅威とされている。一九六二年のケネディのこの同じ言葉は、明日にも発せられるかもしれないのだ。「ホワイトハウスの軍事専門家は、このミサイルが一週間以内に発射される可能性があると言っている」(Kennedy, 1971)(2)。

キューバ・ミサイル危機への対処にあたってケネディ大統領は「最高の頭脳」を召集した(Halberstam, 1972)。メンバーは、国防長官、国連大使、上級政策顧問、合同参謀総長、そして彼がとても信頼している弟、ロバート・ケネディ司法長官である。彼らは毎日議論を重ねた。あらゆる選択肢を考えた。だがこの「最高の頭脳」集団にも、一つだけ問題があった。それは、意見が一致しないことであった。どんな意見に対しても常に鋭い反対意見が出された。決断は大統領に委ねられた。ジョージ・W・ブッシュ大統領が言ったように、ケネディ大統領は「決断者」だったのだ。

世界で最も強力な人物が人類の存亡にかかわる決断をする時、彼が孤独の中にいるという事実は、昔から繰り返されてきた問いの重要性をクローズアップする。それは、ひとりの人間がいかにして自分を取り巻く世界を形成し、その世界がいかにしてそのひとりの人間を形成するかという問いである。自分の世界の中での人との結びつきは人間にとって最重要とも言える価値があり、人との結びつきの欠如は喫煙と同じくらい人間にとって致命的であることが研究によって実証されている(Holt-Lunstad, Smith, and Layton, 2010; House, Landis, and Umberson, 1988)。ケネディが召集したメンバーは、彼の考え方の方向性と意思決定に当然大きく影響した。逆にケネディも、メンバーの様々な考え方の方向性に強く影響した。

本章には二つのテーマがある。第一は、個人の性格と周囲の人々の相互作用の分析で、キューバ・ミサイル危機におけるホワイトハウスを実例として述べる。ケネディを中心とする一三日間のドラマは、トランプ氏の大統領としての適格性を考えるうえで重要な問いを我々に投げかけている。第二のテーマとしては、個人と周囲の相互作用から生ずる行動パターンに焦点を絞る。最終的な決め手になるのは、個人の能力でもなければ周囲の能力でもなく、この行動パターンである。人類の存亡にかかわる孤独な決断をするリーダーを信頼できるか否かは、この行動パターンにかかっている。

一九六二年キューバ・ミサイル危機

合同参謀本部では、軍事力行使の必要は明白であるという意見が大勢を占めていた。ソビエトのミサイルのアメリカ本土到達を容認することはできず、ここは断固とした姿勢を行動で示さなければならないというものであった。現代にあってもおかしくない議論である。他方、軍事行動に出なければならない理由はほとんどないという意見もあった。国防長官のマクナマラも慎重派で、それがソビエトであれアメリカであれ、ひとたび核弾頭を使用すれば多くの人命が犠牲になることを訴えた。外交による解決を主張する意見もあった。事態を複雑にしていたのは、衛星写真に核ミサイル配備が写っているのにもかかわらず、ソビエト外相がケネディ大統領に対し、核ミサイルの存在を否定する明白な嘘をついていたことであった。

結局、ケネディ大統領は強硬な対応を決断した。ただしキューバを直接的に攻撃するという選択ではなかった。彼が決定したのは、キューバ海域への武器の運搬を差し止める海上封鎖であった。ソビエトの船は、海域の外に出ることはできても、戻ることはできなくなった。もしソビエトがこの海上封鎖に抵抗したら何が起きていたであろうか？　ケネディの決定に対して、ソビエトから二つのメッセージが届いた。一つは明らかにクレムリンの強硬派からのものであった。もう一つはフルシチョフ首相自身の手によって書かれたと思われるもので、非常に大きな譲歩が記されていた。ケネディ大統領は賢明にも第一のメッセージは無視し、第二のメッセージに対応した。ほぼ一一時間後の一〇月二四日水曜日午前一〇時二五分、現場から大統領に次の報告が届いた。

「大統領閣下、未確認情報ですが、ロシア船の一部は洋上で停船したようです。Uターンし始めた船もあるようです」

世界は安堵のため息をついたのだった。

ケネディ大統領の戦略

弟のロバート・ケネディによる回顧録に特に強調されているのは(Kennedy, 1971)、ケネディ大統領が、フルシチョフ首相をはじめとするソビエト指導者の立場というものを真剣に考えたことであった。モスクワの軍関係者の力が強大であることを考慮して、ケネディは、「我々はフルシチョフに性急な行動を取らせることは望まない。彼を逃げ道のないコーナーに追い込むことは望まない」という姿勢を取った。ケネディは過去にフルシチョフと会談しており、フルシチョフは戦争を望んでおらず、核戦争は地球を破滅させると考えていることを知っていた。緊張が最高度に達していた時期に、フルシチョフはケネディとの個人的な関係がありありと読み取れる次の書簡をケネディに送っている。

私は二つの戦争を経験してきました。戦争が終わるのは、都市や村が蹂躙の限りを尽くされたときだということをよく知っています。そこにあるのは死と破壊だけです。……武器は災厄しかもたらしません。……戦争は人間のエネルギーを強制的に失わせ、何より人間そのものを破壊します。人々が叡智を示さなければ、最後に現れるのは秩序のない衝突で、そして互いを完全に絶滅させようとする争いが始まります……

……大統領閣下、私たちは、戦争という名の結び目がつけられたロープを引き合うことをしてはなりません。強く引けば引くほど、結び目は固くなるからです。そしてついには、ほどくことが不可能になるほど固くなるでしょう。……ですから、大統領閣下、結び目を固くして世界を核戦争による破滅の運命に導くつもりでないのであれば、ロープを引く力を和らげるだけでなく、一緒に結び目をほどこうではありませんか。私たちにはそれができる。そう私は信じています。

ケネディ大統領は、他人の視点というものを理解していた。大統領直属補佐官の視点だけでなく、国際関係の顧問の視点も理解していた。ロシアが一〇月二八日日曜日にキューバからミサイルを撤去することに合意した後の状況が、ロバート・ケネディの回顧録に次のように記されている。

「ある軍事高官は、合意の有無とは関係なく、月曜日には軍事攻撃することを勧めた。この合意はソビエトの謀略だという意見もあった」

「戦場という限られた領域しか考えられないこうした意見にケネディ大統領は悩まされた。彼は後にこう言っている。軍人とは戦闘することのみを学んできた人間だということを我々は忘れてはならない。戦争が彼らの人生なのだ」

ケネディ大統領は同盟国にも働きかけた。単独でソビエト連邦に対峙すれば、アメリカは非常に弱い立場に追い込まれることを理解していたのだ。米州機構からはアメリカの立場の全面的な支持を獲得した。ヨーロッパの同盟国からも強い支持を獲得した。フランスの強力な国家主義者であり、第二次世界大戦の英雄であるシャルル・ド・ゴール大統領からは「まさに私がすべきだったことをしてくださいました」という賛辞を得た。

同盟国への働きかけの中でケネディ大統領は、彼自身とアメリカが信頼を得ることの重要性を強く認識していた。キューバ・ミサイル危機の一三日間を通して彼が最も注意を払ったのは、誠実さを貫くことだった。現地の状況について、アメリカとしての対処について、過大に述べることも過小に述べることもせず、あくまでも事実の報告に努めた。

最後に特筆しなければならないのは、ケネディ大統領の交渉力が実に巧みだったことである。交渉の過程でフルシチョフ首相は、アメリカがトルコに配備していたジュピター・ミサイルを撤去するという交換条件を出してきた。これを受けたケネディ大統領の気持ちは非常に複雑であった。なぜなら彼は、すでに以前から、ジュピター・ミサイルは時代遅れで軍事的価値に乏しいと認識しており、キューバ・ミサイル危機より前の時点ですでに撤去の指示を出していたからである。フルシチョフからの撤去要求に応じない理由はどこにもなかった。しかしケネディはこうした事情を公にすることはせず、また、キューバからの核ミサイル撤去と時期が重なるのは得策でないと考えた。そこで彼はキューバより一か月先にトルコのミサイルを撤去することを約束した。世界中の人々にとって幸運だったことに、このいわば無担保の約束が果たされたことによってケネディは、フルシチョフからの強い信頼を勝ち取ったのである。

ケネディ大統領は熱心な読書家で、幅広い分野の本を読んでいた。特に一九六〇年に読んだ『抑止か防衛か』から交渉力について多くを学んだ。その本に著者（イギリスの軍事アナリスト、ベイジル・リデル・ハート)はこう書いている。「強くあれ、可能な限り。しかし冷静であれ。無限の忍耐を持て。敵を追い詰めるな。敵の顔を立てよ。敵の立場に立て。敵の目で物を見よ。独善は自分を見る目を失わせる悪魔なり」。ケネディが身につけていた考え方、組織、管理能力、指導力があって初めて、一九六二年のキューバ・ミサイル危機は回避できたのである。

ケネディは民主党員だったが、政党にこだわらず幅広い範囲からアドバイスを求めた。ジョン・マックロイ(元国連大使)、ディーン・アチソン(トルーマン大統領政権での国務長官で、外交問題の権威)らの共和党員も招喚した。ケネディ政権の国防長官、ロバート・マクナマラも共和党員で、フォード・モーター・カンパニーのCEOだった。財務長官のダグラス・ディロンも招喚した。ケネディは彼の聡明さを大いに評価していたからである。ディロンはアイゼンハワー大統領政権では国務次官を務めた人物でもあった。マックロイ、アチソン、ディーン・ラスク国務長官といった錚々たる「長老」に加えて、若い力も活用した。元共和党員のマックジョージ・バンディは一九六一年に四一歳で国家安全保障特別補佐官になった時、すでにハーバード大学の学部長であった。ケネディが最も信頼していたのが弟のロバート・ケネディであることは明らかだが、この弟だけにこだわることはせず、幅広く様々な人材をアドバイザーとして起用した。三人や四人の内々のグループで事を進めるようなことは決してしなかった。ケネディ大統領の聡明さは、単にこうした様々な異なる意見を集めたことにとどまらず、集めた意見を発展させてより洗練されたものにしたことである。そのために彼は、自分が退席してアドバイザーたちだけで議論させ、自分寄りの意見に傾けたり自由な意見交換を妨げたりしないような工夫も行った。

ケネディ大統領のような優れた行動は、その人個人に傑出した資質があったからこそできたのだと解釈されることが多い。だがキューバ・ミサイル危機におけるケネディ大統領の行動を生んだのは、彼の叡智と技術だけではなく、彼の周囲の人間関係の力によるところも大きい。この人間関係を構築したのはケネディである。人は自分を取り巻く世界を形成し、その世界が人を形成する。キューバ・ミサイル危機という史実は、個人と周囲の対話の重要性を物語っている。そこでは個人の価値も周囲の価値も同等なのだ。

ネットワークとサポート

個人にとって人間関係が重要であることを証明した研究は数多い。中でも刺激的なのは、配偶者、両親、家族、同僚、団体、組織との人間的結びつきがあると風邪が予防できるというデータである(Cohen et al., 1997)。この研究で最も重要な知見は、予防のために必要なのは結びつきの数ではなく、その多様性であるという点である。友人の数が多くても少なくても予防には関係ない。数ではなく、家族、友人など、多様な人との結びつきがあることが、風邪のウィルスへの感染を予防するのだ。さらに、人との結びつきの多様性は高齢者の死亡率とも関係することが最近の研究で示されている(Steptoe et al., 2013)。

人との結びつきの多様性はなぜ重要なのだろうか? 一つの答えは、刑務所や精神科病院といった「収容施設」についての人類学者アーヴィング・ゴフマンの古典的な研究の中に見ることができる。ゴフマンは施設内の受刑者や患者が「役割」を一つしか持たないことに注目した。たとえば精神科病院の入院患者の「役割」は「精神病患者」であるとみなされる(医師や看護師からも、家族からも、知人からも、そして他の患者からさえも、そうみなされる)。その患者が元々持っていたはずの、配偶者、子ども、友人、同僚といった「役割」は消滅している(Goffman, 1961)。一つの役割に縛られることは、日々の生活のストレスを緩和するオプションを限定することである。たとえば同僚についての不満を配偶者に言ったり、配偶者や子どもや親戚についての不満を同僚や友人にこぼすことで、ストレスはある程度緩和されるものであるが、入院統合失調症患者という「役割」しか持たないと、それができない。入院施設内では、家族、友人、病院のスタッフ、医師などに対する不満を誰に言っても、すべて統合失調症の症状の表れとみなされてしまうので、不満を言うことがストレス対処法として機能しない。もはや患者という「役割」から逃れることはできないのである。

一つの役割に縛られないことが重要なのは絶大な権力を持った大統領であっても同じであることが、ホワイトハウス内の人間関係についての近刊に記されている(Whipple, 2017)。繰り返し強調されているのは、大統領にできることとできないことの区別を進言する主任スタッフを持つことの重要性である。カーター大統領が最初は主任スタッフをおかず、その後に能力不足の人物を主任スタッフに任命したことが、カーター政権の最大の問題の一つだったと言われている。トランプ大統領に目を向けると、彼が主任スタッフを信頼しないことがトランプの計画の遂行を妨げた主な要因であったことは大統領就任後の初期の段階からしばしば指摘されている。

ゴフマンの研究結果をもとにアメリカ大統領を語るのは皮肉なことである。ゴフマンが問題であると結論したのは、一つの「役割」に縛られていることだけでなく、精神科病院入院患者のように独立と自由も奪われた状態におかれることであった。ところが大統領という最高の「役割」でも、やはり同じような問題が発生するのである。トランプ大統領について懸念されるのは、彼の選択が常に「ザ・ドナルド」であることである。たとえば彼は、マル・ア・ラーゴの別荘を大統領としての役割から少しでも離れられる場所とするのではなく、第二ホワイトハウスとして使用している。大統領就任後最初の数か月間は毎週マル・ア・ラーゴに行き、「家に仕事を持ち帰る」ことを実践していた。公式訪問者である中国の習近平国家主席もこの別荘に招いたのである。

人との結びつきについては、最後に、様々な視点で物を見ることの重要性も指摘しておかなければならない。コミュニケーション論を専門とする社会学者エヴェレット・ロジャースは、新しい良いアイディアを迅速かつ効率的に取り入れ活用できるようにするためには整然とした緊密なネットワークが重要であることを示している(Rogers and Kincaid, 1981)。では、その良いアイディアはどこから来るのだろうか? 一つには、「ゆるい絆」から来ることがわかっている。人は緊密なネットワークの中にいても、外部の人間、たとえば別の村の人間や、義理の姉である弁護士や、仕事で通っている町の知り合いなど、「ゆるい絆」を持っているものである。これらは決して特に親密な関係でもなく、日常の活動では重要ではないが、普段とは違う考え方の宝庫である。新しいアイディアがあることと、それを取り入れて活用する整然としたネットワークがあることの組合せが、発想を転換させ、斬新な行動を実現させるのである。

多様性、複数の役割、ゆるい絆――これらはまさにケネディ大統領がキューバ・ミサイル危機を切り抜けることができた要因でもある。ケネディに多様な人との結びつきがあったことは明白である。しかも弟ロバートという心強い存在もいた。ロバートに対してはアドバイザーたちについての不満をこぼすこともあったかもしれないし、アドバイザーからの意見について自分以外の視点からの評価を彼から聞くこともできたであろう。幅広い読書から得たものも大きかった。ヨーロッパの指導者たちの誤算が第一次世界大戦を勃発させた経緯を詳しく分析した『八月の銃』(バーバラ・タクマン著)の教訓もケネディの頭にあった。彼が「ゆるい絆」を持ち続けることができたのは、幅広い読書、知的好奇心、広い範囲にわたる視点を受け入れる姿勢のためであった。

トランプ大統領の人との結びつきに目を向けてみよう。「ニューヨーク・タイムズ」(二〇一七年四月)にこんな記事があった。「トランプのアドバイザーは、家族、不動産関係者、メディア関係者、政治経済人、そのほか、ホワイトハウス外の人間である。こうした人々に彼は週に少なくとも一回は相談する」(Haberman and Thrush, 2017)。このアドバイザーのメンバーは、九人の億万長者(トーマス・バラック、カール・アイカーン、ロバート・クラフト、リチャード・レフラック、ルパート・マードック、アイザック・パルムッター、スティーブン・ロス、フィル・ラフィン、スティーブ・シュワルツマン)、保守系テレビのキャスターであるショーン・ハニティ、保守系の政治戦略家コリー・レヴァンドフスキーとロジャー・ストーン、共和党のクリス・クリスティ、ニュート・ギングリッジ、ポール・ライアン、財務弁護士のシェリ・ディロン、トランプ大統領自身の息子と妻などである。記事にはこう記されている。トランプ大統領は、「政策について幅広い人々の意見を求める必要がある」が、彼が選んだアドバイザーの「大部分は年配の白人男性」で、その選択は「二つの絶対的基準に基づいている。それは、成功した人物であること、トランプに忠実な人物であることである」

『ニューヨーカー』にはエヴァン・オスノスが、もっと批判的な記事を書いている。「トランプは閉じた世界の住人である。あるアドバイザーは「トランプ要塞」と表現していた。彼の空間はほぼホワイトハウスとマル・ア・ラーゴに限定されているから、自分がどう評価されているかについては、友人とスタッフと自分をスターとして扱うテレビ番組からの情報で判断している」

オスノスはこの記事の中でジェリー・タイラー(リベラルのシンクタンク「ニスカネンセンター」所長)の次の文章を引用している。「トランプの統治スタイルはあたかも第三世界の大統領のようである。自分の家族と、自分に忠実であるだけの無能な人物に権力を持たせている。トランプの人選基準は、自分にとって信頼できる人物であるということであり、専門的知識の有無とは無関係である」

憲法学者ローレンス・トライブ（Tribe, 2017）も指摘しているように「彼は忠誠心だけを求めている」のである。後にオスノスは次のように述べている。

トランプが自分の政権への脅威をどこまで理解しているかは明らかでない。これまでの共和党政権とは異なり、トランプ要塞には大統領の決定をチェックする人物が存在しない。「トランプの衝動性を抑えることのできる人物が彼の周囲には誰もいない状態になってしまった」と共和党コンサルタントとして長い経験を持つスティーブ・シュミットは述べている。

最大の懸念としてオスノス（Osnos, 2017）が指摘するのは次の点である。

トランプが自分にとって不愉快な情報から遮断される傾向は、政策課題の山積につれてますます強くなっているようである。彼の昔からの友人でニュースマックス・メディアCEOのクリストファー・ルディは、側近の一部が、トランプの機嫌を悪くする情報はトランプに伝えたがらなくなっていると指摘している。ルディはこう言っている。

「多くの人が、トランプには悪いニュースを伝えたがらなくなっていることに私は前から気づいていた。複数の人から私はこう頼まれたこともある。「これをトランプ大統領に伝えなければならないのですが、あなたから言っていただけませんか？」」

トランプの精神的な問題

直接の診察や検査なしに確定診断を下すことはできないが、トランプ大統領にはいくつもの診断名が合致することが指摘されている。たとえばナルシシズム、サイコパス傾向、ＡＤＨＤなどである。結論には至らないまでも、彼の診断についての議論は活発に行われてきた。しかし、いずれか一つの診断名に当てはめようとするのは、現代の精神医学の診断体系からいって適切とは言えない。現代の診断基準を用いると、実際の臨床でも、五〇％の患者が複数の診断名に当てはまるのである(Kessler et al., 2011)。したがって、トランプの診断名について議論が割れているのは、彼にも複数の診断名が当てはまるからだと考えるのが適切であろう。重要なのは特定の診断名ではなく、彼の行動パターンの理解である。行動パターンこそが、彼の精神状態と、それによる政策決定と国民に与える影響についての懸念に直接関連するからである。

一人の患者に複数の診断名がついてしまうことに加えて、現代の診断基準であるＤＳＭ－５(American Psychiatric Association, 2013)には、もっと根本的な欠陥があるという声も高まっている。たとえば大うつ病性障害の診断は、(ａ)抑うつ気分またはアンヘドニア(興味または喜びの消失)、(ｂ)七つの症状(たとえば、不眠、疲労感、集中力の減退など)のうち四つ、(ｃ)それらが少なくとも二週間、ほとんど一日中、ほとんど毎日続く(Ritschel et al., 2013)である。ということは、抑うつ気分があり、七つの症状のうちの一番目から四番目がある患者と、アンヘドニアがあり、七つの症状のうち四番目から七番目がある患者が、まったく同じ大うつ病性障害と診断されるのである。同様の問題は大うつ病性障害以外の診断名にも存在する。

国立精神保健研究所(ＮＩＭＨ)は最近、ＤＳＭ－５に代わる診断方法を提唱している。それは、まず精神機能をカテゴリーに分類し、患者個人のそれぞれのカテゴリー機能の強弱を数値化することで診断をつけるという手法である。ＮＩＭＨが挙げるカテゴリー機能とは、たとえば恐怖、不安、持続的な脅威(ＰＴＳＤに見られるものなど)、ワーキングメモリー、認知コントロール、所属／アタッチメント、コミュニケーション、自己と他者についての知覚／理解、覚醒度、バイオロジカルリズムなどである(Kozak and Cuthbert 2016)。この診断手法の基礎には、複数の機能の組合せによって症状が形成されるという精神医学理論がある。トランプ大統領の問題行動(それが症状にあたる)を形成していると思われるるのは、医学用語で言えば、恐怖、認知コントロール、所属／アタッチメント、コミュニケーション、自己と他者についての知覚／理解、覚醒度、バイオロジカルリズムである。これらの複数の機能障害がどのように相互作用して彼の行動パターンを生んでいるかが重要であるとするのが、ＮＩＭＨの診断方法の考え方である。したがって、「トランプの根本的な問題は自分を理解できないことか、あるいは他人を理解できないことか」などを追求してもあまり意味がない。それよりも機能障害の相互作用を解き明かすことで、彼の問題行動への注意喚起に繋げることができる。

トランプ大統領の行動パターンの分析を通して精神的な問題を論ずるにあたっては、先に一つの重大な問いを検討しなければならない。それは、そもそも「精神に問題がある」かどうかは何を基準に判断するのかという問いである。精神病理学と異常心理学は昔からこの問いと格闘し続けている。人は精神がどのような段階になったときに医療の対象になるのか。あるいは本人の法的権利を制限したり、本人の意に反してでも入院治療を行うべきなのか。その基準としては次のようなものを挙げることができる。社会規範に従えない。自分の意志で行動をコントロールできない。自傷他害。自分の行動がもたらす結果が見えない、または結果を見て自分の行動を修正できない。人間関係や仕事などの破壊。現実の頻繁な歪曲。正常範囲を逸脱した判断や知覚。こうした基準はそのまま、大統領としての適格性の判断基準にもなるであろう。

たとえば特に目立つのは、事実に反することが客観的に明らかになってからも、トランプは頑なに自分の主張を続けることである。ヒラリー・クリントンが多くの票を獲得した理由についても、彼自身の大統領就任式の参加者数についても、オバマ大統領(当時)がトランプタワーを盗聴したという訴えについても、トランプの主張はまったく事実に反するものであった。自分の行動がもたらす害についても気づいていないようである。元FBIのジェームズ・コミーの解任についての矛盾した自己破壊的なコメントがその例である。自分の行動がいかに人に対して攻撃的なものであるかについても、事実を否認しているか、または無視しているようである。たとえば「奴を徹底的に叩きのめせ」(選挙キャンペーンの集会で、彼に反対する人物に対して)という言葉や、二人の会話は録音してあるとツイッターでコミーを脅迫したことなどがその例である。何より特筆すべきことは、自分への批判がどんどん高まり、刑事訴追や弾劾の危機もあり得るにもかかわらず、彼がこうした行動を控える気配がないことである。

「精神に問題がある」とするための判断基準としては、刑法の心神喪失の規定も参考になる。多くの州において、「自分の行動が法律に合致しないことを理解する能力が失われている」ことが心神喪失による無罪認定の基準とされている。このとき、診断名が何であるかはあまり問題にはならない。あくまでも重要なのは法律に従う能力の有無である。トランプ大統領の行動の多くを見れば、自分の行動が法律や米国憲法に合致していないことを理解する能力が彼にないことは明らかである。司法の決定をまったく尊重しない発言、自分自身が被告である訴訟事件の担当裁判官への個人攻撃、解任についてのコミーとの話の中での自分への捜査についての言及、これらが示しているのは、トランプは大統領としての職責を果たすための大前提である法律や米国憲法に自分の行動が反しているのを認識できていないことは明らかだということである。

心神喪失による無罪という判断は法的なものであり、精神疾患の診断とイコールの関係にあるものではない。裁判官は精神科医の診断は参考にはしても、診断結果から直接心神喪失という結論を出すことはしない。同様に、職責への適格性の判断も、精神医学的に結論が出せるものではなく、法的・政治的判断ということになる。ジェームズ・ギリガンがイェールカンファレンスで述べたように、「トランプ大統領が精神疾患か否かが問題なのではなく、危険か否かが問題」なのである(Milligan, 2017; Osnos, 2017: 本書ギリガン「問題は危険性である。精神疾患ではない」(II-3))。精神科医は、危険性の判断をすることまではできるが、最終決定を下すのは法や政治の役割である。リンカーンは重いうつ病だったが、だからといって彼が大統領として不適格だったと言う人はほとんどいないであろう。だがとにかく、精神医学的にみて、トランプの大統領としての適格性を疑わせる問題があることまでは確かである。すると次の質問に答えなければならない。「で、それが何か?」

この最後の質問に対する一つの強力な答えが、保守系の人物から発せられている。二〇一七年五月三日の「ワシントン・ポスト」の、「トランプの能力欠如は危険」と題されたジョージ・ウィルの寄稿である。

トランプ大統領は明晰に考えることも発言することもできない。アメリカ人は今すぐこのことを明晰に考え発言しなければならない。トランプはしないのではなくできないのである。単に努力を怠っているのではなく、情報が遮断されているため精神が成長しないのである。しかもそれが天井知らずの自信と結びついてしまっている。

アメリカという国がいかにして築き上げられてきたかに彼は文字通りまったく関心を持っていない。しかもどこまでも幼稚で騙されやすい。そんなトランプは、不安定な心に糸くずのように絡みついてくる事実もどきの情報の嵐によってすぐにでも吹き飛ばされる危険に瀕している。アメリカ人は膨大な軍事力をこの精神に委ねてしまった。アメリカ大統領に対しては、独走をチェックするシステムがほとんどないのである。

二日後、二〇一七年五月五日の「ワシントン・ポスト」へのチャールズ・クラウサムマーの寄稿は、トランプの大統領職への適格性についての問題をさらに明確に述べている。

ホワイトハウスから毎日発信されているものが、狂気や支離滅裂や怪異現象であることは否定し難い。……

仰々しい大声。ペテン師。舞台裏には何もない。あるのはホワイトハウスというカオスと、彼の常に変転する心のカオスのみである。……

クラウサムマーはさらに、韓国に対して防衛ミサイルの対価を支払うよう迫ったことも、貿易協定の再交渉を迫ったことも、どちらも大失態であったと指摘する。

この大失態は、トランプに対する消えない恐怖を人の心に刻むことになった。その理由は何より、これは普通ならしなくてすんだはずの失態だからである。いま、外国からの危機が勃発したら一体何が起こるだろうか。アメリカを守るものはどこにもない。何もない。世界がもし我々に敵対してきたら、一人の人間の叡智と理解に頼る以外にないのである。トランプ政権がたとえ日に日に正常化していくとしても、危急の事態に適切に対処できる確率はほぼゼロである。午前三時に電話が鳴ったら[*1]一体どうなるのだろうか。

社会、個人、大統領

我々の文化は社会と個人を互いに対立するものと考える傾向がある。人は普通「自力で成功した男」を尊敬する。あるいはロムニー知事がキャンペーンで掲げた「雇用創出者」も賞賛される。ところがトランプについては、ビジネスでの成功は彼の実力だけによるものではないと囁かれており、彼はこれに対してとてもいら立っている。ヒラリー・クリントンの *It Takes a Village*[*2] というタイトルが批判され、対照的にナンシー・レーガンが掲げた「Just say 'no'」[*3] が賞賛されていることからも、人々が個人の力というものを尊重する傾向が見て取れる。しかし、過去数十年の社会科学や行動科学の膨大な研究によれば、個人の発達と行動は、文化、コミュニティ、家族、地域環境と切り離すことができないことが明らかになっている（たとえば Fisher, 2008）。一例を挙げると、スーパーマーケットがなく、ファーストフードの店しかない地域に住んでいる人は、収入や教育歴が同じでもスーパーマーケットがある地域に住んでいる人より肥満になる率がはるかに高い（Morland, Diez Roux, and Wing, 2006）。また、コミュニティ内での暴力の発生率と、喘息患者の数とその症状には相関がある（Wright et al., 2004; Sternthal et al., 2010）。このように、社会の状況は個人の行動や健康に強く影響するものである。しかしここで見逃してはならない重要なことは、この影響は双方向性だという点である。コミュニティは家族に影響し、家族はコミュニティに影響する。そして個人は家族とコミュニティの両方に影響する。

個人と周囲の双方向的な影響は、トランプ大統領についてよく指摘される、ナルシシズムや自分が侮辱されたと思いやすい過敏性の中にも見ることができる。トランプのこうした性質は周囲との関係を破壊する。彼はすぐプライドが傷つけられたと感じて怒りを爆発させ、その結果、人々は彼から去っていくのである。ケネディとトランプの大きな違いは、個人と周囲の人々の結びつきの有無の違いではない。ケネディはキューバ・ミサイル危機に際して多数のアドバイザーを召集したが、トランプにもとても多くの友人があり、社会との繋がりもある。二人の非常に大きな違いは、トランプが自分が受けるアドバイスを狭く多様性のないものに限定してしまっていることである。ロバート・ケネディの回顧録によるとケネディ大統領は、大勢に従わない人物がメンバーから排除されていることに気づくと、しばしば「ミーティングのメンバーを拡大して、多様な意見を取り入れるようにした。ケネディ大統領が求めたのは、質問する人物、批判的な意見を述べる人物、信頼できる判断をする人物、優れた視点を持つ人物であった。その人物の地位や立場は度外視した」という。

トランプ大統領のナルシシズムの強烈さは、様々なミーティングやインタビューの中に見られ、今や気づいていない人はいない。特に、大統領選での勝利は圧倒的だったという誇張、ヒラリー・クリントンが獲得した約三〇〇万の票は不正によるものだという主張、大統領就任式の参加者数の誇張などは、トランプのナルシシズムが現れた顕著な実例である。ナルシシズムの中心にあるのは自分を守ろうとする心理である。ロシアのラヴロフ外相とキスリャク大使に最高機密情報を漏洩したことに対して強い批判を受けたときにトランプがツイッターに最初に記したのは次の一文であった。

「大統領として私はロシアと情報を共有したかった。私にはそうするだけの絶対的権利がある」

ここで注目されるのは「大統領として」と「絶対的権利」が前面に出されていることで、権力にこだわるトランプの心性がありありと読み取れる。ロシアへの最高機密漏洩、トルコの民主主義を縮小したエルドゥアン大統領の再選を真っ先に祝福したこと、何千人ものフィリピン人を裁判もせずに殺害したことで強い非難を浴びているドゥテルテ大統領を賞賛しホワイトハウスに招いたことなどについて論評したジャーナリストのユージン・ロビンソン(Robinson, 2017)の言葉に、トランプのナルシシズムが見事に要約されている。

「彼は権力と美徳を混同している」

トランプの周囲のネットワークは、彼と双方向的に影響し合うことで破綻に向かうことが運命づけられている。最初にネットワークを構成する段階から、権力に執着するナルシストであるトランプはメンバーを自分の基準に合う人物に限定する。しかしトランプはちょっとしたことですぐ侮辱されたと感じて怒りを爆発させるので、メンバーはさらに削られていく。ネットワークは、彼に対して甘く、自分がメンバーであることによる利得をあてにする人物ばかりになる。彼らの発する意見は、自分がネットワークに残るという目的に動機づけられたものになる。そしてトランプとの間に溝ができないように言葉に気をつけ、自分の利益のために妥協した意見を述べることになりがちである。こうしてネットワークの目的は、ネットワークそのものの存続と強化になっていく。自分にへつらうメンバーばかりを起用して、反対意見の発生を回避すればするほど、また、反対したり批判したりする人を除外すればするほど、ネットワークは狭まり均一な人間ばかりになり、そこでのへつらいはさらに強くなるが、最終的には絶壁に追い込まれる。ニクソン大統領の末路がまさにそうであった。彼は泥酔して壁に掛けられた絵と対という。

話していたと伝えられている。また、退任前には執務室で毎晩ヘンリー・キッシンジャーと祈っていた

侮辱されようが利用されようがそれでも忠誠を維持するメンバーに限定された小さなネットワークに変わっていく傾向は、国内の仲間である共和党や国外の同盟国との関係の中にも認められる。伝えられるところによれば、二〇一七年五月の下院でオバマケアに賛成票を投じた共和党員は、トランプ大統領から、二〇一八年の議員選挙での不利な扱いを言い渡されたという。トランプの言葉の国際社会への深刻な影響も非常によく指摘されている。特に、コミーFBI長官解任についてのトランプの説明と補佐官の説明が矛盾していたことと、トランプがロシアの外相と大使に機密を漏洩したことに対する同盟国の不信は大きいと思われる。同盟国がトランプの言葉を信用しなくなれば、今後重大な国際危機が発生した際にトランプに同盟国をまとめる能力があるかは大いに疑問である。ロバート・ケネディの一九六七年の文章は、この疑問を予測して書かれたかのようである。

世界中から尊敬を集めていることがきわめて重要だった。同盟国や友人を持つことがまさに国家の存続を左右した。キューバ・ミサイル危機から五年が過ぎた今、私は、議会にもアメリカ全土にも孤立主義が席捲していると感じている。私たちは他の国々に干渉しすぎているのではないだろうか。ベトナムについての国際社会からの支持は遺憾ながら小さい。私たちのAIDプログラムは有効に機能しておらず、アメリカの同盟国のネットワークは破綻するのではないかという印象を持たれている。今こそ一九六二年一〇月に学んだことを再確認するべきではないだろうか。

さらにケネディは、米州機構、NATO、アフリカの重要国(ギニア、セネガル)からあらためて支持を得ることが重要であると述べている。ギニアやセネガルは、ロシアが武器をキューバに密輸する中継国になっていると考えられていた。これらのすべての同盟国からの信頼と承認が得られたことで「我々の地位は、国際法に違反した無法者から、同盟国と協調する仲間に変わった」とケネディは結んでいる。ナルシシズムは人のネットワークをどんどん小さくし、メンバーは無条件の忠誠とへつらいをする人物ばかりになる。名声と賛美に固執するのもナルシシズムの特性である。大統領選の得票数と大統領就任式の出席者数へのトランプの固執が、ケネディ大統領とは正反対の姿勢であることを、キューバ・ミサイル危機の一三日間の最終日のケネディについての記録から強く感じ取ることができる。

危機は終結した。そのとき彼は、自分に対しても自分の政権についても、何の賞賛も求めなかった。彼は国家安全保障会議執行委員会と政府の全員に、勝利声明ととられるようなインタビューや言明は一切行ってはならないと指示した。彼はフルシチョフを賛美した。フルシチョフがソビエトのために、そして人類のために、正しい決定をしたと称えた。仮にこの一三日間の勝者がいるとすれば、それは次の世代のための勝者であり、特定の政府や国民のための勝者ではなかったのである。

本章の結びにふさわしい言葉が、ロバート・ケネディの『13日間——キューバ危機回顧録』の結びにある。

第一次世界大戦が勃発したときのドイツ首相に、元首相のフォン・ビューローは、「どうしてこんなことになったのか」と尋ねた。「ああ、それがわかりさえすれば」というのが首相の答えであった。

世界の安定が保たれるか、崖に突き落とされるかは、デリケートな国際関係についての精妙な判断にかかっている。現在のアメリカを主導しているリーダーは人間的に欠陥があり、しかも彼をサポートしているのは狭いネットワーク内のアドバイザーたちである。ケネディは幅と活力ある(「活力」はケネディが好んだ言葉である)アドバイスを常に求めていた。今のトランプの状況はそれとは正反対である。彼の性格特徴から見て、今後アドバイザーはさらに少数に限定され、トランプを直接サポートする人間は非常に少なくなることが危惧される。衝動的で、悪意に満ち、ナルシスティックで、無謀で、明らかに故意に嘘をつき、脅迫し、虚勢をはることは、アメリカを傷つけるだけでなく、大統領をさらに孤立させるであろう。人類存亡にかかわる事態についての決断を、トランプが孤独の中で下すことになるかもしれないことは、まさにいま我々の目の前にある最大の恐怖である。

結　語

本章ではケネディとトランプの正反対の点を述べてきたが、二人には共通点もある。父親はいずれもビジネスで大成功を収め、かつ、時には違法すれすれの仕事もしていた。二人とも良家に生まれ、最高と言われている学校で学んだ。二人とも「女たらし」であったが、同時に家庭も非常に大切にしていた。こうして見ると、何がどう作用して正反対の大統領を作ったのかまったく説明困難である。しかし説明するよりも、いま現に問題となっている行動に焦点を絞ることが大切だということが再確認されたと考えるべきなのであろう。その行動をどう理解するかについては、心理学や精神医学の知見が力を発揮する。行動の背景にある本人と周囲の特性も見えてくる。改善の見込みについても知ることができる。しかし最終的な判断は、我々全員にかかっているのである。

謝　辞

レベッカ・ラトレッジ・フィッシャー、ルース・サルバジオ、キャスリン・スコル、バーバラ・ヴァネッコ、リチャード・ヴァネッコ、そして編集者のバンディ・リーに感謝します。

原　注

（1）「キューバ・ミサイル危機」という命名は一般的になっているが、アメリカ中心の世界観を反映しているという正当な批判もなされている。

（2）一九六二年一〇月の危機についての本章の記述の多くは、ロバート・ケネディが一九七一年に出版した回顧録 *Thirteen Days: A Memoir of the Cuban Missile Crisis*, New York: W. W. Norton, 1971（邦題『13日間――キューバ危機回顧録』）に基づいている。本文中、特に出典記載のない部分はすべて同書が出典である。

訳　注

＊1　本書「狡猾なのか、それとも単にクレイジーなのか」〔Ⅰ－7〕参照。

＊2　このタイトルは、アフリカの格言 "It takes a village to raise a child"（子育ては村中みんなでするもの）からとったもの。個人の義務を放棄するニュアンスがこのタイトルにはある。

＊3　ドラッグ問題撲滅を目指してナンシー・レーガンが行ったスピーチ。アメリカにおけるドラッグ撲滅キャンペーンの標語にもなっている。ドラッグは個人の問題と認識せよというニュアンスがこの標語にはある。

HE'S GOT THE WORLD IN HIS HANDS AND HIS FINGER ON THE TRIGGER: The Twenty-Fifth Amendment Solution
Nanette Gartrell, M.D., and Dee Mosbacher, M.D., Ph.D.

9 彼は世界を手にし、引きがねに指を掛けている
――米国憲法修正第二五条による解決を

ナネット・ガートレル(M.D.)

臨床と研究に携わる精神科医。ハーバード大学医学部、カリフォルニア大学サンフランシスコ校などで、四七年間にわたり、主として性的マイノリティ家族の研究に従事。一九八〇年代と九〇年代には医師の性的不正行為に関する画期的な調査を主導し、職業倫理規範の徹底的な見直しと、それまで合法との境界領域にあった医師不正行為を処罰の対象とする法改正に尽力した。彼女の論文集はスミス・カレッジのソフィア・スミス・コレクションに収録されている。

ディー・モスバチャー(M.D., Ph.D.)

精神科医。アカデミー賞にノミネートされたドキュメンタリー映画の製作者でもある。カリフォルニア大学サンフランシスコ校元教授。専門は重度の精神病患者の治療。サン・マテオ郡の精神保健部門の元代表。サンフランシスコのプログレス・ファウンデーションの上級精神科医。彼女の論文集はスミス・カレッジのソフィア・スミス・コレクションに収録されており、製作した映画はスミソニアン国立アメリカ歴史博物館のコレクションにも収録されている。

かつてジミー・カーター大統領は、核兵器を使用する権利を委ねられた人物について、精神・身体の

健康をチェックするシステムがないことを嘆いていた（Carter, 1994）。アメリカの歴代大統領の多くは重い精神疾患や身体疾患に罹患していたが、一般にはほとんど知られていなかった。一七七六年から一九七四年までの三七人の大統領のうち、四九％が精神障害の診断基準を満たしていた（Davidson, Connor, and Swartz, 2006）。たとえば、リンカーンとピアスはうつ病であった（Davidson, Connor, and Swartz, 2006）。ニクソンとジョンソンはパラノイアで（Glaister, 2008; Goodwin, 1988）、レーガンは認知症であった（Berisha et al., 2015）。ウィルソンは脳血管障害で脳に広汎な損傷を負い、重度の認知機能障害になった（Weinstein, 1981）。核兵器使用の指揮系統内の軍関係者は、職責を果たすうえで必要な心理的・財政的・医学的状態の評価のため厳しい精神科的診断と身体的診断を受けることが義務づけられているが（Osnos, 2017; Colón-Francia and Fortner, 2014）、最高司令官である大統領にはそのような義務づけが一切ないのだ。

二〇一六年の大統領選挙運動を通して、ドナルド・トランプの精神的な問題が次々に明らかになった。彼はフィクションと現実を区別することができないか、あるいは区別する気がない（Barbaro, 2016）。法律を無視する（Kendall, 2016）。自分とは違う考えを認めない（DelReal and Gearan, 2016）。批判されるとすぐ怒る（Sebastian, 2016）。衝動を制御できない（"Transcript", 2016）。国民すべてを完全に軽蔑している（Reilly, 2016）。これではトランプに核兵器を任せられるはずがない。彼が大統領候補になったとき、我々精神科医は、彼の精神状態と大統領の職責への適格性に深刻な懸念を抱いていた。消化器内科医のハロルド・ボーンスタイン博士はトランプが「歴代の中で最も健康な大統領になるであろう」と言っていたが（Schecter, Francescani, and Connor, 2016）、トランプが心理検査や神経心理学的検査を受けたことがあるという証拠は存在しない。そもそも歴代大統領のうちただ一人でも、就任前にそうした検査を受けたという証拠は存在しないのである。

二〇一六年一一月一〇日、我々は精神科医ジュディス・ハーマンから電話を受けた。彼女もトランプの誇大妄想的で好戦的で予測不能な行動に懸念を抱いていたのである。彼女は我々に、オバマ大統領に手紙を出して、トランプについての我々の見解を伝え、公正な精神医学的評価を受けさせるよう促すことを勧めた。それはアメリカの安全保障のために必要なことだと考えた我々は、さらに多くの仲間に声をかけることにした。

我々三人は、一九八〇年代初頭から一緒に仕事をしていた。ハーマン博士はハーバード大学医学部で、ガートレル博士と共同で、医師による性的虐待についての全国規模の調査をし、また、米国精神医学会の精神保健プロジェクトに従事していた。

一一月の終わり、我々はオバマ大統領宛に次のような内容の手紙を出した。トランプ氏について「広く知られるようになった精神状態(誇大妄想的、衝動的、軽視されたり批判されたりすることへの過敏性、ファンタジーと現実を区別する能力の欠如など)からみて、彼は大統領の職責に不適格ではないかと私たちは考えるに至りました」(Greene, 2016)。そしてその手紙の中で、「公正中立な立場の医師団によるトランプ氏の徹底的な身体的評価・精神医学的評価を行う」ことを提案した。

ホワイトハウスからの返信は得られなかった。一二月一六日、メディアからガートレルとモスバチャーに、トランプの精神状態についてコメントしてくれる精神科医か心理学者を紹介してほしいという依頼があり、我々はオバマ大統領への手紙を公表することにした。そしてこの手紙が「ハフィントン・ポスト」(Greene, 2016)に掲載され、世間から大きく注目されるところとなり(Pasha-Robinson, 2016)、トランプの行動は世界秩序を危険に陥れるのではないかという議論が沸き起こった(Pasha-Robinson, 2016; "Grave Concerns", 2016)。我々はそれ以後はコメントを断った。大部分のメディアからの依頼は、トランプの精神科的診断名を教えてほしいというものだったからである。直接の診察をしていないのに、診断名について結論を出すことなどできるはずがない。

グロリア・スタイネムは「ハフィントン・ポスト」の記事を彼女のフェイスブックのページに掲載した後、ジュディス・ハーマンにコンタクトし、我々の提言を政府の誰に託すのが適切かを相談した。ロビン・モーガンは、アメリカ統合参謀本部議長のジョセフ・ダンフォード将軍を挙げ、ニクソン政権の末期における出来事の数々を指摘してくれた。ニクソン大統領が連日大量飲酒して戦争を始めようとしていた当時(Davidson, Connor, and Swartz, 2006)、ジェームズ・シュレジンガー国防長官は軍に対し、たとえホワイトハウスから核兵器使用命令が出されても、シュレジンガーか、またはヘンリー・キッシンジャー国務長官の許可がなければ従ってはならないと命じていた(McFadden, 2014)。ロビン・モーガンは、トランプ氏が核兵器のボタンに指を掛けている以上、ダンフォード議長とアメリカ統合参謀本部にこの史実を伝えることが有意義だと考えた。我々が友人からダンフォード議長のメールアドレスを聞き出した。そして一月三日、我々はダンフォード議長にメールを送信した。件名は「国家安全保障にかかわる緊急事態」であった。

一週間後、ガートレル博士は政府の情報局員の女性に会い、我々からの提言を情報局内の専門家たちに伝えてくれるよう依頼した。その女性は、トランプ氏の精神不安定を懸念する主要なメンバーに伝えることを承諾してくれた。

大統領就任の日が近づくと、我々とハーマン博士、グロリア・スタイネム、ロビン・モーガンは、知り合いの国会議員たちに我々の手紙を送ることにした。また、機会があれば我々の提言を広く社会に発表することも決めた。モスバチャー博士は下院少数党院内総務であるナンシー・ペロシにコンタクトし、我々の手紙を送った。グロリア・スタイネムはチャック・シュマー上院議員に我々の手紙を送り、エリザベス・ウォレン上院議員と我々の提言について話し合った。ワシントンでのウィメンズ・マーチ（Women's March）では、グロリア・スタイネムがスピーチの中で我々の提言に言及した（"Voice of the Women's March", 2017）。ロビン・モーガンはウィメンズ・メディアセンター・ライブというラジオ・ショーで我々の手紙を読み上げ（Morgan, 2017a）、ブログでも引用した（Morgan, 2017b）。

そして結局トランプ氏は大統領選に勝利してしまったわけだが、大統領に就任後、彼の衝動性、好戦的な言動、軽率さ、無責任な行動は次の通りますます顕著になった。

・自分のファンタジーと事実が一致しないと、怒りを爆発させる（Wagner, 2017）。就任の翌日、報道内容が間違っていると言ってメディアに対して激怒した。自分の演説を一〇〇万人から一五〇万人が聴いていたと言い張ったのである（Zaru, 2017）。

・報道に対する彼の敵対的態度は、パラノイアすれすれである（Page, 2017）。ロシアとの関係をテレビで指摘されるとヒステリックにさえぎった（Pasha-Robinson, 2017）。メディアを「人民の敵」と呼んだ（Siddiqui, 2017）。

・自分の失敗を非難されると責任を転嫁する。たとえばイエメンで民間人三〇人と米海軍ＳＥＡＬ〔特殊部隊〕の命を奪った空爆がその例である（Schmitt and Sanger, 2017; Ware, 2017）。

・簡単に否定される根拠のない虚偽を言い張る。たとえばイエメンでの作戦は大きな成果を上げた（McFadden et al., 2017）、オバマ大統領がトランプタワーを盗聴した（Stefansky, 2017）、などがその例である。

・政府機関の信頼を傷つける。イスラム諸国からの入国禁止令を連邦裁判所が差し止めた決定は違法だと主張し、下品な言葉で司法を侮辱した（たとえばジェームズ・ロバートを「この裁判官とかいう人間」と呼んだ）（Forster and Dearden, 2017）。

・他国の専制君主を賞賛する。プーチン、金正恩、ロドリゴ・ドゥテルテを称え（*New York Times* Editorial Board, 2017; Pengelly, 2017）、アブドルファッターフ・アッ＝シシとレジェップ・タイイップ・エルドゥアンをホワイトハウスに招待した（Nakamura, 2017; DeYoung, 2017）。

・二〇一六年大統領選へのロシアの関与から注意を逸らす。この件を調査していたＦＢＩ長官を解任した後、ロシアの上級外交官と会談し、高度機密情報を漏洩した（Miller and Jaffe, 2017）。

・大統領の権限は無限だと思っている。その一方で、大統領としての責務は理解できていない。「合衆国政府の三つの主要な機能とは何か」のような単純な質問にさえ答えられなかった（Brown, 2016）。

・軍事行動に出ると軽々しく口にして北朝鮮を挑発する。「武装勢力」が「力の誇示」のために北朝鮮に向かっていると述べ、金正恩の神経を逆撫でした。北朝鮮のニュースはトランプのはったりを「無謀な侵略行為で、アジアに緊張をもたらすもの」と呼んだ(Sampathkumar, 2017)。

以上のような、敵意に満ち、衝動的で、挑発的で、猜疑心に溢れた不条理な言動は、アメリカの安全保障に重大な脅威を発生させている。

米国憲法修正第二五条には、大統領が執務不能になった場合の権限承継についての記載がある(Cornell University Law School, 2017)。この条項の第四節は、現職の大統領の職責への適格性の評価のために発動されたことはかつてない。[*1] 我々(ガートレルとモスバチャー)は議会に、この規定に基づき、トランプ氏の大統領職責への適格性を評価するための独立した中立の立場の調査委員会を作ることを求める。大統領候補と副大統領候補にはこの委員会の評価を受けさせ、就任後は年に一回の頻度で評価を継続させることを法で定めるよう強く求める。この委員会には、大統領と副大統領についてのすべての医学的・精神医学的資料を参照でき、委員が必要と認めた場合はいかなる追加評価も可能という権限を与える。

我々の具体的な提案は次の通り。

・米国憲法修正第二五条第四節に基づき、米国議会はただちに、党派性のない独立の専門家委員会を作り、トランプ氏の大統領としての職責の適格性を評価すべきである。

・同委員会は、精神科医三名(所属は病院・研究機関・軍の各一名)、臨床心理士一名、神経内科医一名、一般内科医二名で構成する。

・委員は、党派性のない非政府組織である米国医学研究所（Abrams, 1999）が指名する。
・委員の任期は六年。ただし年に一人の委員は交代する（Abrams, 1999）。
・米国議会は、この委員会に、現在及び今後の大統領と副大統領に精密な精神医学的・身体医学的評価を年一回行う権限を与えるという法を制定する。また、大統領または副大統領の精神的・身体的状況に急激な変化があった場合、緊急の評価を行う権限をこの委員会に与える。
・評価結果は最高機密とする。ただし、大統領または副大統領の精神医学的・身体医学的状態が、職責に不適格であると委員会が判断した場合はその限りではない。

米国議会はこの立法に向けてすぐに行動しなければならない。いま核兵器が、精神があまりに不安定な大統領の手に握られているのだ。これは国家安全保障の緊急課題である。我々は上院・下院の議員に対し、トランプ氏についての独立・公平な精神医学的評価を求める何千人もの精神科医・心理学者からの警告を聴くよう呼びかけている。今ここにある世界は、午前三時のトランプ氏のツイッター[*2]で消滅し得るのだ。

謝　辞

エスター・D・ロスブルム博士、メイドリン・カーン博士、ジュディス・ハーマン博士、ロビン・モーガン、グロリア・スタイネム、メアリー・アイヒバウアー博士、ネイト・ガートレル、マーニー・ホール博士、キャスリン・リー博士、パトリシア・スパイアー博士の本章作成へのご支援に感謝します。

訳　注

＊1　米国憲法修正第二五条第四節

第一項

副大統領および連邦行政府各省長官の過半数の者または連邦議会が法律で定める他の機関の長の過半数の者が、大統領が大統領職の権限と職務を遂行することができない旨の宣言書を上院臨時議長および下院議長に宛てて送付したときには直ちに、副大統領が大統領代行として大統領職の権限と職務を引き受ける。

第二項

その後、大統領自身が執務不能の事実がない旨の宣言書を上院臨時議長および下院議長に送付したときには、副大統領および連邦行政府各省長官の過半数の者または連邦議会が法律で定める他の組織の長の過半数の者が、大統領が大統領の権限と職務を遂行することができない旨の宣言書を四日以内に上院臨時議長および下院議長に宛てて送付しなければ、大統領は大統領職の権限と職務を再び取り戻す。この場合に、連邦議会が会期中でないならば、その目的のために連邦議会が四八時間以内に召集されて、この問題について議決する。連邦議会が後者の宣言書（大統領が執務不能でない旨の宣言書）を受理した後の二一日以内に、または連邦議会が会期中でないならば、連邦議会が召集された後の二一日以内に連邦議会が両議院の三分の二の多数の議員によって、大統領が大統領職の権限と職務を遂行することができないと議決すれば、副大統領が大統領代行として大統領職の権限と職務を引き続き遂行する。この逆の議決がなされたならば、大統領は大統領職の権限と職務を再び取り戻す。

（阿部竹松著『アメリカ憲法』第三版、三六二頁より）

＊2　トランプがツイッターを多用することと、「午前三時の電話」（本書「狡猾なのか、それとも単にクレイジーなのか」〔I－7〕参照）を結びつけた表現。すなわち、深夜に核戦争にかかわる緊急事態が発生したとき、トランプが衝動的なツイートを発信し核戦争を勃発させてしまうという懸念が表明されている。

エピローグ　専門の垣根を越えて

EPILOGUE: Reaching Across Professions

専門馬鹿という言葉がある。一つの分野に精通することは、視点が一つに限定される危険を伴う。だから専門家は、広く発言をするべきであるだけでなく、専門の垣根を越えて対話をするべきである。そこで私は言語学者・哲学者・歴史学者であるノーム・チョムスキー博士にコンタクトした。

チョムスキー博士も、本書の他の著者たちと同様に、トランプには深刻なリスクがあると考えているが、その結論に至る論考は我々とは違った視点からのものである。このように、別々の視点から同じ結論が得られたというのは、結論の正しさを支持する強力な証拠である。彼は共和党だけでなく民主党も批判している。彼が認知科学の権威であることは社会的にも認められている。すでに何十年間にもわたり、学者としても教育者としても第一人者の地位を保っている。したがって、本書の二七人〔日本語版では二五人〕の専門家とは別の分野の専門家として、我々はチョムスキー博士に敬意を表し、意見を求めた。以下に掲げる彼からいただいた返書を、本書のエピローグとしたい。

〔編者　バンディ・リー〕

Reaching Across Professions
Noam Chomsky, Ph.D., with Bandy X. Lee, M.D., M.Div.

エピローグ
専門の垣根を越えて

ノーム・チョムスキー(Ph.D.)

一九五五年からマサチューセッツ工科大学に勤務しており、現在は名誉教授。言語学、哲学、知の歴史、現代社会の問題、国際問題、アメリカの外交政策についての講演・著作多数。授与された名誉学位や賞は無数。近著として以下がある。*The Essential Chomsky; How the World Works; 9–11: Was There an Alternative?; On Western Terrorism: From Hiroshima to Drone Warfare*(『チョムスキーが語る戦争のからくり——ヒロシマからドローン兵器の時代まで』)(with Andre Vltchek); *What Kind of Creatures Are We?; Why Only Us: Language and Evolution*(with Robert C. Berwick); *Who Rules the World?*(『誰が世界を支配しているのか』); *Requiem for the American Dream*(『アメリカンドリームの終わり　あるいは、富と権力を集中させる一〇の原理』)。

トランプへの支持が、彼が大統領に当選するほどまでに高まった原因は明らかだ。それは誰もが認めている。経済統計をひと目見れば、トランプの支持者の大半は白人労働者階級で、新自由主義の時代に損な役回りとなった人々であることがわかる。彼らの生きた時代は閉塞と衰退の時代だった。男性の平均賃金は、一九六〇年代レベルになった。民主主義も機能不全を起こしていた。選挙で選んだ議員は彼らの利になることをほとんど何もしてくれないという不満が溢れていた。政治に対する幻滅、特に議会に対する幻滅は最高度に達していた。一方で、極端な富の偏在が生まれ、上位一%が大部分の富を握り繁栄の極に達していた。

いま、人類が直面する巨大な危機が二つある。どちらも種の存続にかかわる危機である。一つは核戦争というきわめて深刻な危機で、もう一つは環境破壊である。トランプは環境保護庁(リチャード・ニクソン時代に設立)を実質的に廃止し、環境破壊を防止する規定を大幅に緩めようとしている。破滅への道を最高速度で進もうとしているのだ。また、大統領の裁量支出の半分以上を軍事予算にあて、極度に危険な国際的対立が現実化している(Newman, 2016)。

科学雑誌『原子力科学者会報』は定期的に科学者や政治アナリストらによる世界情勢の論評を企画している。そこでの問いは「人類という種の終焉まで残された時間はどれだけあるのか?」である。その時間は「世界終末時計」に示されている。この時計が深夜零時を指した時が人類終焉の時である。それは地球という星の終焉になるかもしれない。そこで毎年議論される問いは、「深夜零時まであと何分か?」である。

この企画は一九四七年に始められた。いわゆる「核時代」の始まりであるこの年、世界終末時計の針は深夜零時七分前にセットされていた。以来、針は進められたり戻されたりしてきた。深夜零時に最も近づけられたのは一九五三年である。この年、アメリカとロシアの両方が水爆を開発したのだ。この時点までに大陸間弾道ミサイルの開発はすでに完了していた。アメリカ合衆国の安全保障に初めて深刻な脅威が迫ることになった。世界終末時計の針は深夜零時二分前にセットされた。その後、現在まで、針は戻されたり進められたりしてきている。

二〇一四年に、それまで無視されていた事実が初めて語られるようになった。それは、いわゆる核時代の始まりが、新たな地質年代として提唱された「人新世《じんしんせい》」の始まりと一致しているという事実である。人新世とは、人類の活動が地球環境に決定的な影響をおよぼす時代という意味である。人新世の始まりはいつかということについては議論があった。しかし、世界地質機関の結論は、人新世の始まりと核時代の始まりは一致しているというものであった。つまり我々の時代とは、環境と核という二つの意味で生存が重大な危機にさらされている時代なのである。それは人類だけにとっての危機ではない。生きるものすべてにとっての危機である。そしてすでに生きるものの多くは絶滅を危惧されている。そうして二〇一五年、世界終末時計の針は午前零時三分前まで進められた。

その後、針はそこから動かされていなかったが、二〇一七年にトランプが大統領に就任した約一週間後、針は深夜零時二分半前まで進められた。一九五三年以来、最も深夜零時に近づけられたのである。[*1] 人類の終焉が現実問題になってきたということである。原因が共和党だけにあると私は言いたくないし、そもそもそれは明らかに誤りである。しかし共和党が人類という種の破壊への動きを主導していることは確かである。これが無礼千万な言い方であることはよくわかっているが(Goodman and González, 2017)、複雑な政治事情が背景にあるのもまた事実であり、そして我々一人一人のすべてにその責任があるのだ。

遅かれ早かれ、白人労働者階級の有権者は(農村有権者の多くにあたる)、トランプの公約が砂上の楼閣であることに気づくであろう。そこには文字通り何もないのだ。

そこで重要になるのは、これから何が起こるかということである。トランプ大統領の人気を維持する何かを、トランプ政権は見つけようとするであろう。支持を引きとどめるための何かを。公約を軌道修正するための何かを。彼の公約は結局は建物解体用の鉄球のようなもので、破壊力はあっても建設力はないから、もともと修正は必然であった。修正にはおそらくスケープゴートを利用するであろう。「申し訳ありません、皆様に職を取り戻すことはできません、悪い人たちが妨害しているので」。そして「悪い人」とは、移民、「テロリスト」と彼が呼ぶ人々、イスラム教徒、エリート主義者など、何らかの弱味を持つ人々であれば誰でも構わない。スケープゴート戦術はどこまでも醜くなっていく。

私はトランプ政権が何らかの種類のテロリスト的な攻撃行動をすることによって、即座に国を変えてしまう可能性さえ否認してはならないと考えている(Frel, 2017)。

アメリカでは、権力がごく一部の企業や富裕層などに集中する傾向がますます顕著になっている。彼らには協力者や賛同者もいる。いま「世界を支配するのは誰か」をあらためて考えなければならない。民衆は無限の力を持つことができるし、現に持つことがある。デイヴィッド・ヒュームの初期の政治哲学論『政府の第一原則について(*On the First Principles of Government*)』に立ち返ろう。彼がそこで指摘しているのは、力は支配される側にあるということである。支配される側の人々は、その気になりさえすれば力を持っているし、その力を行使することもできる。時には現に行使することもあるのだ(Newman, 2016)。

訳　注

＊1　二〇一八年にはさらに二分前まで進められた。北朝鮮の核開発への懸念がその理由である。

大統領就任式の後のウィメンズ・マーチから始まった一連の動きは、人類に内在する力の表現だったのであろう。壊滅に抵抗し、健康と生存の手段を見つけていく力が、人類にはそなわっている。人々の啓発のためにたゆまぬ努力を続けて来たチョムスキー博士のように、我々は、精神医学・心理学の専門家として、治療者として、健康と生存に向かうあらゆる行動を歓迎し支持する。

（編者　バンディ・リー）

訳者あとがき

カナダ在住の精神科医・脳科学者である日系二世のショウ・ハヤシ博士[1]は次のように述べている。

精神科医として私は、人間社会における人と人との相互作用、特に人がリーダーに成長する過程と、そのリーダーと周囲の人々の関係に興味を持っている。現在の私の研究テーマは「マキャベリ的知性」である。

マキャベリとは、『君主論』の著者であるイタリアの政治家・戦略家、ニッコロ・マキャベリ（一四六九～一五二七）のことである。「マキャベリ的知性」は、人間が、社会すなわちたくさんの人間により構成される複雑な集団に適応していくために進化の過程で獲得した知性を指し、なかでも特に、人をいいように操作して自己の利益を得るための能力を指す。人を騙す、媚びるなどのテクニックを駆使してでも、人の心を操作し、自らの目的を達成しようとする、そうした能力に長けている人が「マキャベリ的知性が高い人」である。

マキャベリ的知性の測定は、『君主論』に見出される個々の特性を、その人がどの程度有しているかを見ることによって行うのが研究の際の定法である。国を治める君主に、民衆をいいように操作する能力が必須なのは当然であるが、君主とまではいかなくても、集団のリーダーには多かれ少なかれマキャベリ的な傾向がなければならない。マキャベリ的知性がなければ、リーダーとしての適性は不十分ということになろう。一般的に言えば、人をいいように操作することは非道徳的な行為とみなされがちだが、平均人の「道徳」は、リーダーという立場の人にそのままは適用できないのである。

では現代において最も強力で最も多くの人から注目されているリーダーである、アメリカのドナルド・トランプ氏のマキャベリ的知性はいかほどであろうか。彼は大統領の地位に就く前に、すでに億万長者の不動産王の地位を築いているという経歴を持っている以上、かなり高度なマキャベリ的知性を持っていると推定できる。トランプ氏について提出されている特性の、長いリストのうちのいくつかの項目について、私はマキャベリ的知性研究者の立場から分析を示したいと思う。

ナルシスト　マキャベリ的知性の高い人物はまず例外なくナルシストである。彼にとって第一に重要なのは自分の利益であり、他の人々は自分の利益を実現するための道具にすぎない。マキャベリ的知性を測定する尺度にも、「どう動けば自分にとって有利かを考えて行動する」「相手が聴きたいと思っていることを言ってやるのが、人を操作する最善の方法だ」などの項目がある。いわば他人をチェスの駒のように扱う能力が、マキャベリ的知性に含まれる重要な要素なのである。一般的には、ナルシストは、隣人として持った場合には不愉快で避けたい人物かもしれないが、リーダーにはナルシスティックな面がなければ力を発揮することはできないのである。トランプ氏は不動産王になるまでにたくさんの失敗をし、非道徳的であるという批判も受けてきたかもしれないが、結果として大成功したという事実は、彼がナルシスティックなリーダーとしての実力を持っていることを何より雄弁に示している証拠である。

暴言王　トランプ氏の暴言はとどまるところを知らない。だがその内容はナルシストとしての心理に起因するものが大部分である。つまり暴言はナルシシズムの強さを映し出している。マキャベリ的知性の特徴のリストの中に「暴言を吐く」は存在しない。しかし、マキャベリの時代と現代では、メディアの発達の度合いがまったく異なることに注意すべきである。ナルシストにとって、自分こそはナンバー・ワンであるという確信に反することはすべて大きな苦痛なので、自分が批判されることには耐えられないし、他の人が賞賛されることにも耐えられない。そうした不快な出来事に対して彼が暴言で反応するのは自然である。その暴言が、現代ではメディアを通して瞬時に人々に知られるから、マキャベリの時代とは違って顕在化しているということにすぎない。

見方を変えれば、暴言を過度に批判することは、優れたリーダーを殺すことだと言うこともできる。私の母の国、日本であれば、トランプ氏の数え切れないほどの暴言のうちのたった一つでも政治家が口にし、それが報道されれば、その政治家は失脚するようだが、そのような社会では優れたリーダーは育たないと私は脳科学者の立場から言うことができる。

他方、逆に日本の精神科医や心理学者は無節操に発言しすぎているように思う。大事件が発生すると、翌日には専門家と称する人物による心理分析がメディアに発表されるようだが、驚くべき軽薄さである。アメリカではゴールドウォータールールで厳しく規制されているのと対照的に、日本はあまりに野放しであるのは、言論には責任を伴うという部分が省かれて、自由のみが強調されているからであるように思われる。

共感性欠如　『君主論』には次のように記載されている。(2)

君主たる者に必要なのは……〔有徳な〕資質のすべてを現実に備えていることではなくて、それらを身につけているかのように見せかけることだ。

チェスの駒の一つ一つを慈しんでいたら肝心のゲームでは敗北するのであるから、リーダーは時には人を切り捨てることが必要なことは、現実を冷徹に見つめれば当然であるが、そんな素振りを見せれば民衆からの人気は低落する。だからリーダーは行動を演出する。メディアが発達した現代においては、災害や不幸に苦しむ人を訪問し、握手し、話に耳を傾ける映像が報道されることが、一国のリーダーにとって必要なのである。私はこんなに優しい心を持った人間なんですよという演出である。トランプ氏もこの演出をすれば、共感性があると称えられるであろう。彼はそんな演出を怠っているが、それは共感性の程度とは別物であるし、チェスのすべての駒に共感性を持つことが、強いリーダーにふさわしい資質かといえば真実は逆であろう。

認知機能障害　すなわち脳の障害で、まさに私の専門分野である。マキャベリ的知性の強度は、前頭葉のドーパミン機能に関連することを示す科学的データがある(3)。換言すれば、マキャベリ的知性が強い人は、脳の機能が「人とは違う」のであって、「脳に所見がある」のである。だが「脳に所見がある」ことがイコール「病気」ではないし、「精神病」でもないし、「脳機能障害」「認知機能障害」でもない。「人とは違う」ことを「障害」と定義するかどうかは、価値判断を伴うものであって、文化や、歴史や、社会や、そしてその人の役割や地位によっても異なるのである。

本当にクレイジー　トランプ氏の型破りの言動は、計算高い彼の狡猾な演技ではなく、彼が本当にクレイジーなことの証明なのだという指摘が数多くなされている。仮にそうだとしても、クレイジーであることを批判するのであれば、それもまた価値判断の一つに基づくものにすぎない。ここで私は読者に、一九九七年のアップル社の「シンク・ディファレント（発想を変えてみよう）」のキャンペーンをリマインドしたいと思う。

クレイジーな人たちに乾杯！　不適合者。反逆者。厄介者。四角い穴にはまった丸い杭みたいな人。物の見方が人とは違う人。ルールを嫌う人。現状を肯定しない人。彼らの言葉を聴こう。反対してもいい。賞賛してもいい。けなしてもいい。でも彼らを無視することは誰にもできない。なぜって、彼らは変えたからだ。彼らは人類を前進させた。彼らをクレイジーと呼ぶ人もいるが、私たちは、彼らの中に天才を見る。なぜって、彼らはクレイジーだからこそ自分が世界を変えられると信じているからだ。世界を本当に変えられるのはそういう人たちなんだ。

この前年、ナルシストのスティーブ・ジョブズはアップル社に復帰し、リーダーとしての能力を遺憾なく発揮してアップル帝国を築き上げたのである。

◇　◇　◇

獲得した選挙人は、トランプが三〇四人、クリントンが二二七人で、選挙はトランプの勝利。一方、総得票数で見るとトランプは四六・〇％、クリントンは四八・一％で、クリントンが約二八六万票多く獲得。

二〇一六年の大統領選は、文字通りアメリカを二分した、つまりトランプ氏の評価は賛否両論であった。

本書は「否」の立場からの論文集であると言ったら、著者たちに対して大変失礼であろう。政治的立場ではなく、あくまでも中立な科学者の立場から、たくさんの専門家がドナルド・トランプ氏の精神状態を分析したのが本書である。彼らの動機は、大統領選後に開かれたイェールカンファレンス[4]のテーマ、「警告する義務」であった。本書で指摘されているトランプ氏の数々の特徴は、ハヤシ博士の言うようにマキャベリ的知性の現れとみることができ、それは強いリーダーの必要条件であると言うこともできるが、本書の著者たちはそんなことは百も承知であろう。百も承知のうえで、トランプ氏はアメリカ大統領として「危険」であることを社会に警告しなければならないというのが、本書の著者たちの共通見解である。そして彼らは発言した。日本とは違ってアメリカには、有名人についての精神科医や心理学者の発言を厳しく禁ずるゴールドウォータールールがあるから、これはタブーを乗り越えた禁断の発言集である。だから大変な重みがある。ただし、元々は専門家向けの学会的なカンファレンスの発言集であるため、一部は専門的に傾きすぎていたり、また、日本の読者にはわかりにくい面もある。そのため翻訳書では、原書の二七の論考を二五に減ずるとともに、一部は章の順番を入れ替え、また、段落を見やすく変更した。明らかに事実誤認と思われる箇所については、訂正した。こうした変更を快く承諾された編者のバンディ・リー博士に感謝したい。

大統領選のキャンペーン期間、私はアメリカのネットのニュース[5]で、トランプ氏が公衆の面前で障害者の真似をして馬鹿にした発言をするという信じられない姿を見て、まさかこの男が大統領に当選するとは思わなかったが、結果としてアメリカ国民が彼を選んだのは、それだけ彼が強力だったということか、それともそれだけアメリカが病んでいるということだろうか。

その後、ネットのアル・ジャジーラのニュースで、バンディ・リー博士が本書について語るのをたまたま見たのが、本書翻訳のきっかけであった。アメリカでベストセラーになっていた本書は、紙版は品切れで入手することができなかったので電子書籍を購入して読み、著者たちの熱気と深く正確な分析に感銘を受けた。そして、瀬上順敬さんからご紹介いただいた岩波書店から出版していただけることになったという次第である。

トランプ氏が「人とは違う」ことは明白である。「人とは違う」ことには、良い面もあれば悪い面もあるのが常である。「精神疾患をもつ」ことも、「人とは違う」ことの一型であるから、良い面もあれば悪い面もある。悪い面を強調しすぎればそれは差別であるし、良い面を強調しすぎるのは現実から乖離したロマン主義的憧れである。

一国のリーダーが精神疾患をもっていた、ということは、アメリカに限らず歴史をひもとけば決して例外ではなく、むしろありふれたこととも言えるが、公言されにくいという事情がある。一つはリーダーに対して失礼だという感覚に基づく。一つは、そのリーダーが失政した場合、本来彼が負うべき責任が精神疾患ということで免責されることは認めがたいという感覚、あるいはまた、同じ精神疾患をもつ人の差別を助長するという感覚に基づく。

いずれも現実否認である。ドイツの偉大な精神病理学者クレッチマーは次のように述べている(6)。

天才と呼ばれる人の多くは、狂気(madness and insanity)を傑出した人の最高の特質として称えている。ところが伝記作家は天才の前に立ちはだかり、両手を挙げて彼らを守り、精神科医が天才を冒瀆しないように見張っているのである。

だがしかし、トランプ氏の精神状態について論ずる本書の著者たちが一貫して述べているのは、彼が精神疾患をもっているということではなく、彼が危険であるということである。彼は歴史上の人物ではないし、マキャベリの時代の君主とは桁違いの力を持っている。歴史上の君主は万の単位で人を殺したかもしれないが、現代のアメリカ大統領は、地球を何個も消滅させる威力のある武器を手にしているのである。著者たちの言う「警告する義務」は首肯できる。彼らは熱意を持って、しかし冷静に、正確に警告している。いま、「警告された者の義務」とは何かを考える時なのであろう。

本書の翻訳、出版にあたっては、岩波書店の上田麻里さん、そして校正者の八島文子さんに大変お世話になったことに感謝したい。二四時間いつメールしても即座にレスが来るのは、驚きであり、快感であり、どこかシュールであった。

二〇一八年九月　訳　者

注

（1）この人物は実在しない。
（2）ニッコロ・マキアヴェッリ『君主論』河島英昭訳、岩波書店、一九九八年、一三三頁。
（3）S. Moriguchi et al., Dopamine D2 Receptors in the Orbitofrontal cortex and the Machiavellian intelligence. The 10th International Symposium on Functional NeuroReceptor Mapping of the Living Brain.

May 21–24, 2014, The Netherlands.

（4） Transcript of the Duty to Warn Conference Yale School of Medicine. April 20, 2017.
https://static.macmillan.com/static/duty-to-warn-conference-transcript.pdf

（5） 本書「刹那的快楽主義者トランプ」〔Ⅰ－5〕にも紹介されている。

（6） Ernst Kretschmer, *The Psychology of Men of Genius*. Translated by R. B. Cattell. Kegan Paul, Trench, Trübner & Co. Ltd. London. 1931. p. 4.

文献一覧

プロローグ

American Medical Association. 2001. *AMA Code of Medical Ethics: AMA Principles of Medical Ethics.* www.ama-assn.org/sites/default/files/media-browser/principles-of-medical-ethics.pdf.

American Psychiatric Association. 2006. *Position Statement on Psychiatric Participation in Interrogation of Detainees.* www.psychiatry.org/File%20Library/About-APA/Organization-Documents-Policies/Policies/Position-2014-Interrogation-Detainees-Psychiatric-Participation.pdf.

——. 2013. *Principles of Medical Ethics with Annotations Especially Applicable to Psychiatry.* www.psychiatry.org/psychiatrists/practice/ethics.

——. 2017. "APA Remains Committed to Supporting Goldwater Rule." www.psychiatry.org/news-room/apa-blogs/apa-blog/2017/03/apa-remains-committed-to-supporting-goldwater-rule.

Collins, Gail. 2017. "Trump Stays Buggy." *New York Times,* March 17. www.nytimes.com/2017/03/17/opinion/trump-stays-buggy.html.

Dowd, Maureen. 2017. "Mad Trump, Happy W." *New York Times,* March 4. www.nytimes.com/2017/03/04/opinion/sunday/mad-trump-happy-w.html?_r=0.

Frances, Allen. 2017. "An Eminent Psychiatrist Demurs on Trump's Mental State." *New York Times,* February 14. www.nytimes.com/2017/02/14/opinion/an-eminent-psychiatrist-demurs-on-trumps-mental-state.html.

Hoffman, David H., Danielle J. Carter, Cara R. Viglucci Lopez, Heather L. Benzmiller, Ava X. Guo, S. Yasir Latifi, and Daniel C. Craig. 2015. *Report to the Special Committee of the Board of Directors of the American Psychological Association: Independent Review Relating to APA Ethics Guidelines, National Security Interrogations, and Torture*(revised). Chicago: Sidley Austin LLP.

Lewis, Neil A. 2005. "Guantánamo Tour Focuses on Medical Ethics." *New York Times,* Nov. 13. www.nytimes.com/2005/11/13/us/guantanamo-tour-focuses-on-medical-ethics.html.

Medvedev, Zhores, and Roy Medvedev. 1971. *A Question of Madness: Repression by Psychiatry in the Soviet Union.* New York: Vintage.（ジョレス・メドヴェーデフ，ロイ・メドヴェーデフ『告発する！　狂人は誰か——瘋狂院の内と外から』石堂清倫訳，三一書房，1977）

Risen, James. 2014. *Pay Any Price: Greed, Power, and Endless War.* New York: Houghton Mifflin.

Rubin, Jennifer. 2017. "Will Comey's Request Push Trump over the Edge?" *Washington Post,* March 6. www.washingtonpost.com/blogs/right-turn/wp/2017/03/06/will-comeys-request-push-trump-over-the-edge/?utm_term=.65aa62ca0657.

Snyder, Timothy. 2017. *On Tyranny: Twenty Lessons from the Twentieth Century*. New York: Crown/Archetype.（ティモシー・スナイダー『暴政――20世紀の歴史に学ぶ20のレッスン』池田年穂訳，慶應義塾大学出版会，2017）

Will, George F. 2017. "Trump Has a Dangerous Disability." *Washington Post*, May 3. www.washingtonpost.com/opinions/trump-has-a-dangerous-disability/2017/05/03/56ca6118-2f6b-11e7-9534-00e4656c22aa_story.html?utm_term=.90f21a74dc93.

World Medical Association. 2006. *Declaration of Geneva*. www.wma.net/policies-post/wma-declaration-of-geneva/.

序

American Psychiatric Association. 2017. "APA Remains Committed to Supporting Goldwater Rule." www.psychiatry.org/news-room/apa-blogs/apa-blog/2017/03/apa-remains-committed-to-supporting-goldwater-rule.

Bulman, May. 2017. "Donald Trump Has 'Dangerous Mental Illness,' Say Psychiatry Experts at Yale Conference." *Independent*, April 21. www.independent.co.uk/news/world/americas/donald-trump-dangerous-mental-illness-yale-psychiatrist-conference-us-president-unfit-james-gartner-a7694316.html.

DeVega, Chauncey. 2017. "Psychiatrist Bandy Lee: 'We Have an Obligation to Speak About Donald Trump's Mental Health Issues . . . Our Survival as a Species May Be at Stake.'" *Salon*, May 25. www.salon.com/2017/05/25/psychiatrist-bandy-lee-we-have-an-obligation-to-speak-about-donald-trumps-mental-health-issues-our-survival-as-a-species-may-be-at-stake/.

Dodes, Lance, and Joseph Schachter. 2017. "Mental Health Professionals Warn About Trump." *New York Times*, February 13. www.nytimes.com/2017/02/13/opinion/mental-health-professionals-warn-about-trump.html?mcubz=1.

Fisher, Edwin B. 2017. "Trump's Tweets Attacking Obama." *New York Times*, March 6. www.nytimes.com/2017/03/06/opinion/trumps-tweets-attacking-obama.html?mcubz=1.

Greene, Richard. 2016. "Is Donald Trump Mentally Ill? 3 Professors of Psychiatry Ask President Obama to Conduct 'A Full Medical and Neuropsychiatric Evaluation.'" *Huffington Post*, December 17. www.huffingtonpost.com/richard-greene/is-donald-trump-mentally_b_13693174.html.

Herman, Judith L., and Robert Jay Lifton. 2017. "'Protect Us from This Dangerous President,' 2 Psychiatrists Say." *New York Times*, March 8. www.nytimes.com/2017/03/08/opinion/protect-us-from-this-dangerous-president-2-psychiatrists-say.html?mcubz=1&_r=0.

Milligan, Susan. 2017. "An Ethical Dilemma: Donald Trump's Presidency Has Some in the Mental Health Community Re-Evaluating Their Role." *U.S. News and World Report*, April 21. www.usnews.com/news/the-report/articles/2017-04-21/mental-health-professionals-debate-ethics-in-the-age-of-trump.

第Ⅰ部　トランプ現象

Ⅰ-1

Ackerman, R. A., E. A. Witt, M. B. Donnellan, K. H. Trzesniewski, R. W. Robins, and D. A. Kashy. 2011. "What Does the Narcissistic Personality Inventory Really Measure?" *Assessment* 18(1): 67–87.

Alicke, Mark D., and Constantine Sedikides. 2011. *Handbook of Self- Enhancement and Self-Protection*. New York: Guilford Press.

Baumeister, Roy F., and Kathleen D. Vohs. 2001. "Narcissism as Addiction to Esteem." *Psychological Inquiry* 12(4): 206–10.

Brown, Jonathon D. 2010. "Across the (Not So) Great Divide: Cultural Similarities in Self-Evaluative Processes." *Social and Personality Psychology Compass* 4(5): 318–30.

——. 2012. "Understanding the Better Than Average Effect: Motives (Still) Matter." *Personality and Social Psychology Bulletin* 38(2): 209–19.

Deluga, Ronald J. 1997. "Relationship Among American Presidential Charismatic Leadership, Narcissism, and Rated Performance." *The Leadership Quarterly* 8(1): 49–65.

Drew, Elizabeth. 2007. *Richard M. Nixon: The American Presidents Series: The 37th President, 1969–1974*. New York: Macmillan.

Farrell, John A. 2017. *Richard Nixon: The Life*. New York: Doubleday.

Grijalva, E., D. A. Newman, L. Tay, M. B. Donnellan, P. D. Harms, R. W. Robins, and T. Yan. 2014. "Gender Differences in Narcissism: A Meta-Analytic Review." *Psychological Bulletin* 141(2): 261–310.

Grijalva, Emily, and Daniel A. Newman. 2014. "Narcissism and Counter-productive Work Behavior(CWB): Meta-Analysis and Consideration of Collectivist Culture, Big Five Personality, and Narcissism's Facet Structure." *Applied Psychology* 64(1): 93–126.

Grijalva, Emily, Peter D. Harms, Daniel A. Newman, Blaine H. Gaddis, and R. Chris Fraley. 2014. "Narcissism and Leadership: A Meta-Analytic Review of Linear and Nonlinear Relationships." *Personnel Psychology* 68(1): 1–47.

Hill, Patrick L., and Daniel K. Lapsley. 2011. "Adaptive and Maladaptive Narcissism in Adolescent Development."(2011): 89–105.

Hill, Robert W., and Gregory P. Yousey. 1998. "Adaptive and Maladaptive Narcissism Among University Faculty, Clergy, Politicians, and Librarians." *Current Psychology* 17(2–3): 163–69.

Isaacson, Walter. 2011. *Steve Jobs*. New York: Simon and Schuster.(ウォルター・アイザックソン『スティーブ・ジョブズ』(全2巻)井口耕二訳，講談社＋α文庫，2015)

Jakobwitz, Sharon, and Vincent Egan. 2006. "The Dark Triad and Normal Personality Traits." *Personality and Individual Differences* 40(2): 331–39.

Lapsley, D. K., and M. C. Aalsma. 2006. "An Empirical Typology of Narcissism and

Mental Health in Late Adolescence." *Journal of Adolescence* 29(1): 53–71.
Malkin, Craig. 2015. *Rethinking Narcissism: The Bad—and Surprising Good— About Feeling Special*. New York: HarperCollins.
Malkin, Craig, and Stuart Quirk. 2016. "Evidence for the Reliablity and Construct Validity of the Narcissism Spectrum Scale." *Research in progress.*
Pailing, Andrea, Julian Boon, and Vincent Egan. 2014. "Personality, the Dark Triad and Violence." *Personality and Individual Differences* 67: 81–86.
Penney, Lisa M., and Paul E. Spector. 2002. "Narcissism and Counterproductive Work Behavior: Do Bigger Egos Mean Bigger Problems?" *International Journal of Selection and Assessment* 10(1–2): 126–34.
Raskin, Robert N., and Calvin S. Hall. 1979. "A Narcissistic Personality Inventory." *Psychological Reports* 45(2): 590.
Reidy, Dennis E., Amos Zeichner, Joshua D. Foster, and Marc A. Martinez. 2008. "Effects of Narcissistic Entitlement and Exploitativeness on Human Physical Aggression." *Personality and Individual Differences* 44(4): 865–75.
Ronningstam, Elsa. 1998. *Disorders of Narcissism: Diagnostic, Clinical, and Empirical Implications*. 1st ed., Washington, DC: American Psychiatric Press.
Sosik, John J., Jae Uk Chun, and Weichun Zhu. 2014. "Hang On to Your Ego: The Moderating Role of Leader Narcissism on Relationships Between Leader Charisma and Follower Psychological Empowerment and Moral Identity." *Journal of Business Ethics* 120(1): 65–80.
Spain, Seth M., Peter Harms, and James M. LeBreton. 2014. "The Dark Side of Personality at Work." *Journal of Organizational Behavior* 35(S1): S41–S60.
Summers, Anthony, and Robbyn Swan. 2000. *The Arrogance of Power: The Secret World of Richard Nixon*. New York: Viking.
Taylor, Shelley E., Jennifer S. Lerner, David K. Sherman, Rebecca M. Sage, and Nina K. McDowell. 2003. "Portrait of the Self-Enhancer: Well Adjusted and Well Liked or Maladjusted and Friendless?" *Journal of Personality and Social Psychology* 84(1): 165.
Watts, Ashley L., Scott O. Lilienfeld, Sarah Francis Smith, Joshua D. Miller, W. Keith Campbell, Irwin D. Waldman, Steven J. Rubenzer, and Thomas J. Faschingbauer. 2013. "The Double-Edged Sword of Grandiose Narcissism." *Psychological Science* 24(12): 2379–89. doi: 10.1177/0956797613491970.
Wink, Paul. 1992. "Three Types of Narcissism in Women from College to Mid-Life." *Journal of Personality* 60(1): 7–30.
Woodworth, Michael, and Stephen Porter. 2002. "In Cold Blood: Characteristics of Criminal Homicides as a Function of Psychopathy." *Journal of Abnormal Psychology* 111(3): 436.
Young Mark S., and Drew Pinsky. 2006. "Narcissism and Celebrity." *Journal of Research in Personality* 40(5): 463–71.

Ⅰ-2

文献リストなし

Ⅰ-3

文献リストなし

Ⅰ-4

Aragno, Anna. 2014. "The Roots of Evil: A Psychoanalytic Inquiry." *Psychoanalytic Review* 101(2): 249–88.

Malancharuvil, Joseph M. 2012. "Empathy Deficit in Antisocial Personality Disorder: A Psychodynamic Formulation." *American Journal of Psychoanalysis* 72(3): 242–50.

Watt, Douglas. 2007. "Toward a Neuroscience of Empathy: Integrating Affective and Cognitive Perspectives." *Neuropsychoanalysis* 9(2): 119–40.

Ⅰ-5

Associated Press. 2017. "President Trump's Claim That Obama Wiretapped Him Basically Died This Week." *Time*, March 24. http://amp.timeinc.net/time/4713187/donald-trump-obama-wiretap-fact-check/?source=dam.

Kruse, Michael, and Noah Weiland. 2016. "Donald Trump's Greatest Self Contradictions." *Politico Magazine*, May 5. www.politico.com/magazine/story/2016/05/donald-trump-2016-contradictions-213869.

"Mental Health Experts Say Donald Trump Is Unfit to Serve." 2017. *The Last Word with Lawrence O'Donnell*. MSNBC, February 21. www.msnbc.com/the-last-word/watch/mental-health-experts-say-trump-is-unfit-to-serve-882688067737.

Psychology Today Editorial Staff. 2017. "Shrinks Battle Over Diagnosing Donald Trump." January 31. www.psychologytoday.com/blog/brainstorm/201701/shrinks-battle-over-diagnosing-donald-trump.

Schwartzman, Paul, and Michael E. Miller. 2016. "Confident. Incorrigible. Bully: Little Donny Was a Lot Like Candidate Donald Trump." *Washington Post*, June 22. www.washingtonpost.com/lifestyle/style/young-donald-trump-military-school/2016/06/22/f0b3b164-317c-11e6-8758-d58e76e11b12_story.html?utm_term=.961fefcee834.

Stetka, Bret. 2017. "As Presidents Live Longer, Doctors Debate Whether to Test for Dementia." NPR, February 17. www.npr.org/sections/health-shots/2017/02/17/514583390/as-our-leaders-live-longer-calls-for-presidential-dementia-testing-grow-louder.

Sword, Rosemary, and Philip Zimbardo. 2016a. "Bullies." *PsychologyToday.com*, January 24. www.psychologytoday.com/blog/the-time-cure/201601/bullies.

——. 2016b. "The Narcissistic Personality: A Guide to Spotting Narcissists." *PsychologyToday.com*, March 29. www.psychologytoday.com/blog/the-time-cure/201603/the-narcissistic-personality.

Winch, Guy. 2016. "Study: Half of All Presidents Suffered from Mental Illness." *PsychologyToday.com*, February 2. www.psychologytoday.com/blog/the-squeaky-wheel/201602/study-half-all-presidents-suffered-mental-illness.

Zimbardo, Philip, and John Boyd. 2009. *The Time Paradox*. New York: Atria.（フィリップ・ジンバルド，ジョン・ボイド『迷いの晴れる時間術』栗木さつき訳，ポプラ社，2009）
Zimbardo, Philip, Richard Sword, and Rosemary Sword. 2012. *The Time Cure*. San Francisco, CA: Wiley.
Ⅰ-6
Bleuler, Eugen. 1924. *Textbook of Psychiatry*. New York: Macmillan, p. 485.
Brooks, David. 2016. "Trump's Enablers Will Finally Have to Take a Stand." *New York Times*, August 5.
Cheney, Kyle, et al. 2016. "Donald Trump's Week of Misrepresentations, Exaggerations, and Half-Truths." *Politico*, September 25.
Fromm, Erich. 1964. *The Heart of Man*. New York: American Mental Health Foundation, p. 63.（エーリッヒ・フロム『悪について』渡会圭子訳，ちくま学芸文庫，2018）
Gartner, John. 2005. *The Hypomanic Edge: The Link Between (a Little) Craziness and (a Lot of) Success in America*. New York: Simon and Schuster.
——. 2008. *In Search of Bill Clinton: A Psychological Biography*. New York: St. Martin's Press.
——. 2015. "Donald Trump and Bill Clinton Have the Same Secret Weapon." *The New Republic*, August 25.
——. 2016. "What Is Trump's Psychological Problem?" *Huffington Post*, June 9.
Gass, Nick. 2016. "New York AG: Trump U 'Really a Fraud from Beginning to End.'" *Politico*, September 25.
Goode, Erica. 2003. "The World; Stalin to Saddam: So Much for the Madman Theory." *New York Times*, May 4.
Haberman, Maggie. 2016. "Even as He Rises, Donald Trump Entertains Conspiracy Theories." *New York Times*, February 29.
Holan, Angie, and Linda Qui. 2015. "2015 Lie of the Year: The Campaign Misstatements of Donald Trump." *PolitiFact*, December 21.
Kernberg, O. 1970. "Factors in the Psychoanalytic Treatment of Narcissistic Personalities." *Journal of the American Psychoanalytic Association* 18: 51–85.
Kraepelin, Emil. 1908. *Lectures on Clinical Psychiatry*. Bristol, UK: Thoemmes, pp. 129–30.
——. 1921. *Manic Depressive Insanity and Paranoia*. Edinburgh: Living- stone, pp. 125–31.
Kretschmer, Ernst. 1925. *Physique and Character*. New York: Harcourt and Brace, pp. 127–32.
Kruse, Michael. 2016. "1988: The Year Donald Lost His Mind." *Politico*, March 11.
Lange, Jeva. 2016. "Donald Trump Turned His Back on His Closest Friend When He Heard He Had AIDS." *The Week*, April 8.
Pollock, G. H. 1978. "Process and Affect." *International Journal of Psychoanalysis* 59:

255–76.
Reisner, Steven. 2017. "Stop Saying Donald Trump Is Mentally Ill." *Slate*, March 15.
Scott, Eugene. 2015. "Trump Believes in God, but Hasn't Sought Forgiveness." CNN.com, July 8.
Tansey, Michael. 2017a. "Part VIII. Delusional Disorder." *Huffington Post*, February 24.
——. 2017b. "Part X. Trump and the Codes: Why 'Crazy Like a Fox' vs. 'Crazy Like a Crazy' *Really* Matters." *Huffington Post*, March 19.
Tashman, Brian. 2016. "58 Conspiracy Theories (and Counting): The Definitive Trump Conspiracy Guide." *Right Wing Watch*, May 27.
Trump, Donald. 1987. *The Art of the Deal*. New York: Random House.
Washington Post Editorial Board. 2016. "Donald Trump's Campaign of Conspiracy Theories." *Washington Post*, February 19.
I-7
Chang, Laurence; Kornbluh, Peter, eds.(1998). "Introduction." The Cuban Missile Crisis, 1962: A National Security Archive. http://nsarchive.gwu.edu/nsa/cuba_mis_cri/declass.htm.
CNN.com video. 2017. January 21. www.youtube.com/watch?v=4v-Ot25u7Hc.
Keneally, Meghan. 2016. "5 Controversial Dictators and Leaders Donald Trump Has Praised." ABC News.com, July 6.
Maddow, Rachel. 2016. *The Rachel Maddow Show*. MSNBC, October 27.
Sagan, Scott. 2012. The National Security Archive, George Washington University, Washington, DC, March 1.
Sarlin, Benjy. 2016. NBC News, October 7.
Stephanopoulos, George. 2016. *This Week with George Stephanopoulos*. ABC News, July 31.
Wright, David. 2015. TK. Union of Concerned Scientists. November 9. http://blog.vcsusa.org/david-wright/nuclear-false-alarm-950.
I-8
Corn, David. 2011. "How Close Did Lesley Stahl Come to Reporting Reagan Had Alzheimer's While in Office? Very Close." *Mother Jones*, January 20. www.motherjones.com/politics/2011/01/reagan-alzheimers-family-feud-lesley-stahl.
Rediff.com. n.d. "Dual Presidency Theory." Rediff.com.http://pages.rediff.com/dual-presidency-theory/731558.
Lerer, Lisa. 2016. "Hillary Clinton Brings Back Talk of Dual Presidency." *Boston Globe*, May 17. www.bostonglobe.com/news/nation/2016/05/16/hillary-clinton-brings-back-talk-dual-presidency/PHde6zkoaUOnD3bFWV7PgM/story.html.
Levin, Michael C. 2016. "Memory Loss." *Merck Manual Professional Version*(online). www.merckmanuals.com/professional/neurologic-disorders/symptoms-of-neurologic-disorders/memory-loss.

Ramer, Jessica. 2013. "How Does Aging Affect Reaction Time?" LiveStrong.com. www.livestrong.com/article/442800-how-does-aging-affect-reaction-time/.
Smith, Jeff. 2015. "David Orentlicher, Two Presidents Are Better Than One: The Case for a Bipartisan Executive Branch." *European Journal of American Studies* (online), Reviews 2015-4, document 10. http://ejas.revues.org/11162.
Boston University CTE Center. 2017. "What Is CTE?" Boston University CTE Center. www.bu.edu/cte/about/what-is-cte/.

第II部　トランプ・ジレンマ

II-1

文献リストなし

II-2

文献リストなし

II-3

Burns, Sarah. 2016. "Why Trump Doubled Down on the Central Park Five." *New York Times*, October 17.
"Donald Trump's Lewd Comments About Women." 2016. Transcript and video. *New York Times*, October. 8.
Fisher, Max. 2016. "Donald Trump, Perhaps Unwittingly, Exposes Paradox of Nuclear Arms." *New York Times*, August 3.
Gilligan, James. 2001. *Preventing Violence: An Agenda for the Coming Century*. London and New York: Thames and Hudson.（ジェームズ・ギリガン『男が暴力をふるうのはなぜか——そのメカニズムと予防』佐藤和夫訳，大月書店，2011）
——. 2011. *Why Some Politicians Are More Dangerous Than Others*. Cambridge, UK: Polity Press.
Haberman, Maggie. 2016. "Donald Trump Again Alters Course on Torture." *New York Times*, March 15.
Heilpern, Will. 2017. "Trump Campaign: 11 Outrageous Quotes." CNN.com, January 19. cnn.com/2015/12/31/politics/gallery/donald-trump-campaign-quotes/index.html.
Lee, Bandy X., Bruce E. Wexler, and James Gilligan. 2014. "Political Correlates of Violent Death Rates in the U.S., 1900–2010: Longitudinal and Cross-Sectional Analyses." *Aggression and Violent Behavior* 19: 721–28.
New York Times Editorial Board. 2016. "The Trump Campaign Gives License to Violence." *New York Times*, March 15. www.nytimes.com/2016/03/15/opinion/the-trump-campaign-gives-license-to-violence.html.
Weber, Max. 1917. "Science as a Vocation." In *From Max Weber*, tr. and ed. by H. H. Gerth and C. Wright Mills. Repr. New York: Free Press, 1946.

II-4

American Association of University Professors (AAUP). 2016. "The Atmosphere on

Campus in the Wake of the Elections." AAUP.org, November 22. www.aaup.org/news/atmosphere-campus-wake-elections#.WP-oOMa1tPb.
American Psychiatric Association. 2013. *Diagnostic and Statistical Manual of Mental Disorders*. 5th ed. Arlington, VA: American Psychiatric Association, pp. 659–60, 669. (American Psychiatric Association 編『DSM-5 精神疾患の診断・統計マニュアル』染矢俊幸ほか訳，医学書院，2014)
Blistein, Jon. 2016. "Donald Trump Hints at Hillary Clinton Assassination." *Rolling Stone*, August 9. www.rollingstone.com/politics/news/donald-trump-hints-at-hillary-clinton-assassination-w433591.
Brinlee, Morgan. 2017. "27 Real Things Trump Has Actually Said Since Becoming President." Bustle, February 13. www.bustle.com/p/27-real-things-trump-has-actually-said-since-becoming-president-37189/amp.
Broad, William J., and David E. Sanger. 2016. "Debate Over Trump's Fitness Raises Issue of Checks on Nuclear Power." *New York Times*, August 04. www.nytimes.com/2016/08/05/science/donald-trump-nuclear-codes.html.
Cohen, Claire. 2016. "Donald Trump Sexism Tracker: Every Offensive Comment in One Place." *The Telegraph*, June 4. www.telegraph.co.uk/women/politics/donald-trump-sexism-tracker-every-offensive-comment-in-one-place/.
Crandall, Chris S., and Mark H. White II. 2016. "Donald Trump and the Social Psychology of Prejudice." *Undark*, November 17. https://undark.org/article/trump-social-psychology-prejudice-unleashed/.
Davidson, J. R., K. M. Connor, and M. Swartz. 2006. "Mental Illness in U.S. Presidents Between 1776 and 1974: A Review of Biographical Sources." *The Journal of Nervous and Mental Disease*, January 194(1): 47–51. http://journals.lww.com/jonmd/Abstract/2006/01000/Mental_Illness_In_U_S__Presidents_Between_1776_and.9.aspx.
Diamond, Jeremy, and Stephen Collinson. 2016. "Trump: Gun Advocates Could Deal with Clinton." CNN, August 10. www.cnn.com/2016/08/09/politics/donald-trump-hillary-clinton-second-amendment/.
"Donald Trump Nearly Casually Remarks About Incest with Daughter Ivanka." 2006. *The View*. Season 9. Episode 119. March 6. www.youtube.com/watch?v=DP7yf8-Lk80.
Elledge, John. 2017. "Here Are 23 Terrifying Things That President Trump Has Done in the Last Seven Days." January 26. www.newstatesman.com/world/2017/01/here-are-23-terrifying-things-president-trump-has-done-last-seven-days?amp.
Fahrenthold, David A. 2016. "Trump Recorded Having Extremely Lewd Conversation About Women in 2005." *Washington Post*, October 8. www.washingtonpost.com/politics/trump-recorded-having-extremely-lewd-conversation-about-women-in-2005/2016/10/07/3b9ce776-8cb4-11e6-bf8a-3d26847eeed4_story.html?utm_term=.8e1252766ffe.
Feyerick, Diane. 2016. "Donald Trump's Uncomfortable Comments About His Daugh-

ter Ivanka." CNNuTube, October 12. Accessed April 9, 2017. https://youtu.be/GcnBuE3ExWo.

Finnegan, Michael. "'It's Going to Be a Big, Fat, Beautiful Wall!': Trump's Words Make His California Climb an Even Steeper Trek." *Los Angeles Times*, June 3, 2016. Accessed April 11, 2017. www.latimes.com/politics/la-na-pol-trump-california-campaign-20160602-snap-story.html.

Friedman, Megan, Michael Sebastian, and Emma Dibdin. "11 of the Craziest Things President Trump Said at His Latest Rollercoaster of a Press Conference." *Cosmopolitan*, February 16, 2017. www.cosmopolitan.com/politics/amp8943522/trump-press-conference-crazy-moments/.

Gamboa, Suzanne. "Donald Trump Announces Presidential Bid by Trashing Mexico, Mexicans." NBCNews.com. NBCUniversal News Group, June 16, 2015. Accessed April 11, 2017. www.nbcnews.com/news/latino/donald-trump-announces-presidential-bid-trashing-mexico-mexicans-n376521.

González-Rojas, Jessica. "Trump's First 100 Days: A Blueprint to Hurt People of Color." *Rewire*, April 24, 2017. Accessed April 27, 2017. https://rewire.news/article/2017/04/24/trumps-first-100-days-blueprint-hurt-people-color/.

Graham, David A. "Which Republicans Oppose Donald Trump? A Cheat Sheet." *The Atlantic*, November 06, 2016. Accessed April 7, 2017. www.theatlantic.com/politics/archive/2016/11/where-republicans-stand-on-donald-trump-a-cheat-sheet/481449/.

Grinberg, Emanuella. "What a Trump Presidency Could Mean for LGBT Americans." CNN, November 11, 2016. Accessed April 11, 2017. https://amp.cnn.com/cnn/2016/11/11/politics/trump-victory-lgbt-concerns/index.html.

Guha, Auditi. "Campuses Wrestle with Wave of Hate-Based Incidents Since Election." *Rewire*, April 24, 2017. Accessed April 27, 2017. https://rewire.news/article/2017/04/24/campuses-wrestle-wave-hate-based-incidents-since-election/.

Hart, S. D., D. N. Cox, and R. D. Hare. *Manual for the Psychopathy Checklist: Screening Version*(PCL:SV). 1995. Toronto, ON: Multi-Health Systems.

Kaczynski, Andrew. "Donald Trump to Howard Stern: It's Okay to Call My Daughter a 'Piece of Ass.'" CNN, October 9, 2016. Accessed April 9, 2017. www.cnn.com/2016/10/08/politics/trump-on-howard-stern/.

King, Shaun. "Donald Trump Is a Pervert." *New York Daily News*, June 22, 2016. www.nydailynews.com/news/politics/king-donald-trump-pervert-article-1.2683705.

LaMotte, Sandee. "Is the 'Trump Effect' Damaging Our Psyches?" CNN, October 14, 2016. Accessed April 7, 2017. www.cnn.com/2016/10/14/health/trump-effect-damaging-american-psyche/.

"A Letter from G.O.P. National Security Officials Opposing Donald Trump." 2006. *New York Times*, August 8. www.nytimes.com/interactive/2016/08/08/us/politics/national-security-letter-trump.html.

Monahan, J. The MacArthur Violence Risk Assessment: Executive Summary. 2001.

Accessed April 6, 2017. www.macarthur.virginia.edu/risk.html.
Murkowski, Lisa. "Full Statements on Donald Trump from Alaska Sens. Lisa Murkowski and Dan Sullivan." *Alaska Dispatch News*, December 12, 2016. Accessed April 7, 2017. www.adn.com/politics/2016/10/08/full-statements-from-sens-lisa-murkowski-and-dan-sullivan-on-donald-trump/.
Pressman, Jeremy, and Erica Chenowith. "Crowd Estimates, 1.21.2017." Google, January 26, 2017. Accessed April 11, 2017. University of Connecticut and University of Denver. https://docs.google.com/spreadsheets/d/1xa0iLqYKz8x9Yc_rfhtmSOJQ2EGgeUVjvV4A8LsIaxY/htmlview?sle=true.
Rosenbaum, Ron. "How Cold War Maj. Harold Hering Asked a Forbidden Question That Cost Him His Career." *Slate Magazine*, February 28, 2011. Accessed April 11, 2017. www.slate.com/articles/life/the_spectator/2011/02/an_unsung_hero_of_the_nuclear_age.html.
Solotaroff, Paul. "Trump Seriously: On the Trail with the GOP's Tough Guy." *Rolling Stone*, September 9, 2015. Accessed April 9, 2017. www.rollingstone.com/politics/news/trump-seriously-20150909.

II-5

文献リストなし

第III部　トランプ・エフェクト

III-1

Chun, Wendy. 2016. *Updating to Remain the Same: Habitual New Media*. Cambridge, MA: MIT Press.
Crockett, Emily, and Libby Nelson. 2017. "Sexual Assault Allegations Against Donald Trump: 15 Women Say He Groped, Kissed, or Assaulted Them." *Vox*. www.vox.com/2016/10/12/13265206/trump-accusations-sexual-assault.
Davis, Jade E. 2014. "The Catholic Schoolgirl and the Wet Nurse: On the Ecology of Oppression, Trauma and Crisis." *Decolonization: Indigeneity, Education, and Society* 3(1): 143–58.
Gold, Jenny. 2017. "'Post-Election Stress Disorder' Strikes on Both Sides." CNN, February 20. www.cnn.com/2017/02/20/health/post-election-stress-partner/index.html.
Persily, Nathaniel. 2017. "Can Democracy Survive the Internet?" *Journal of Democracy* 28(2): 63–76.
Pierre, Joe. 2016. "Understanding Post-Trump Stress Disorder." *Psychology Today*, November 10. www.psychologytoday.com/blog/psych-unseen/201611/understanding-post-trump-stress-disorder.
Remnick, David. 2017. "The Presidency and the Press." *The New Yorker* weekly e-mail newsletter, May 14.
Stosny, Steven. 2017. "He Once Called It 'Election Stress Disorder.' Now the Therapist

Says We're Suffering from This." *Washington Post*, February 6. www.washington post.com/news/inspired-life/wp/2017/02/06/suffering-from-headline-stress-disorder-since-trumps-win-youre-definitely-not-alone/.

Van der Kolk, Bessel A. 2014. *The Body Keeps the Score*. New York: Penguin Books.（ベッセル・ヴァン・デア・コーク『身体はトラウマを記録する――脳・心・体のつながりと回復のための手法』柴田裕之訳，紀伊國屋書店，2016）

Whitebook, Joel. 2017. "Trump's Method, Our Madness." *New York Times*, March 20. www.nytimes.com/2017/03/20/opinion/trumps-method-our-madness.html.

III-2

American Psychiatric Association. 2013. *Diagnostic and Statistical Manual of Mental Disorders*. 5th ed. Arlington, VA: American Psychiatric Association.（前掲『DSM-5 精神疾患の診断・統計マニュアル』）

American Psychological Association. 2017. "Many Americans Stressed About Future of Our Nation, New APA Stress in American Survey Reveals." APA.org, February 15. www.apa.org/news/press/releases/2017/02/stressed-nation.aspx.

Clarridge, Christine. 2017. "Mental Health Therapists See Uptick in Patients Struggling with Postelection Anxiety." March 29. www.chicagotribune.com/lifestyles/health/ct-mental-health-postelection-anxiety-20170329-story.html.

Gibson, Caitlin. 2017. "What We Talk About When We Talk About Donald Trump' and 'Gaslighting.'" January 27. www.washingtonpost.com/lifestyle/style/what-we-talk-about-when-we-talk-about-donald-trump-and-gaslighting/2017/01/27/b02e6de4-e330-11e6-ba11-63c4b4fb5a63_story.html.

Glinton, Sonari. 2016. "Survey Says Americans Are Getting Stressed by the Elections." October 15. www.npr.org/sections/the two-way/2016/10/15/498033747/survey-says-Americans-are-getting-stressed-by-the-elections.

National Institute of Mental Health. "Any Anxiety Disorder Among Adults." www.nimh.nih.gov/health/statistics/prevalence/any-anxiety-disorder-among-adults.shtml.

Norton, Aaron. 2016. "The Political Beliefs of Mental Health Counselors." *In Thought* (blog), May 9. www.aaronlmhc.blogspot.com/2016/05/political-beliefs-of-mental-health-counselors.html.

Sheehy, Gail. 2016. "America's Therapists Are Worried About Trump's Effect on Your Mental Health." October 16. www.politico.com/magazine/story/2016/10/donald-trump-2016-therapists-214333.

Silver, Nate. 2016. "Election Update: Clinton Gains, and the Polls Magically Converge." November 7. https://fivethirtyeight.com/features/election-update-clinton-gains-and-the-polls-magically-converge/.

Stern, Robin. 2007. *The Gaslight Effect*. New York: Morgan Road Books.

III-3

American Psychiatric Association. 2013. *Diagnostic and Statistical Manual of Mental Disorders*. 5th ed. Arlington, VA: American Psychiatric Association.（前掲『DSM-5

精神疾患の診断・統計マニュアル』)
Anda, Robert F., Vincent J. Felitti, J. Douglas Bremner, John D. Walker, Charles Whitfield, Bruce D. Perry, Shanta R. Dube, and Wayne H. Giles. 2006. "The Enduring Effects of Abuse and Related Adverse Experiences in Childhood." *European Archives of Psychiatry and Clinical Neuroscience* 256: 174–86. doi: 10.1007/s00406-005-0624-4.
Bancroft, Lundy. 2002. *Why Does He Do That? Inside the Minds of Angry and Controlling Men*. New York: Berkley Books.
Caplan, P. J. 1995. *They Say You're Crazy: How the World's Most Powerful Psychiatrists Decide Who's Normal*. Boston: Da Capo Press.
Deacon, Brett, and Dean McKay. 2015. *The Behavior Therapist, Special Issue: The Biomedical Model of Psychological Problems* 38: 7.
"DSM-5: A Fatal Diagnosis?" 2013. [Editorial.] *British Medical Journal* 346, f3256.
Johnson, Jenna. 2016. "Donald Trump: They Say I Could 'Shoot Somebody' and Still Have Support." *Washington Post*. www.washingtonpost.com/news/post-politics/wp/2016/01/23/donald-trump-i-could-shoot-somebody-and-still-have-support/?utm_term=.31d27df01dc5.
Kinderman, Peter. 2014. *A Prescription for Psychiatry: Why We Need a Whole New Approach to Mental Health and Wellbeing*. London: Palgrave Macmillan.
Lenzer, Jeanne. 2017. "Do Doctors Have a 'Duty to Warn' If They Believe a Leader Is Dangerously Mentally Ill?" *The BMJ* 356(March 9): j1087. https://doi.org/10.1136/bmj.j1087.
Martin, Grace B., and Russell D. Clark. 1982. "Distress Crying in Neonates: Species and Peer Specificity." *Developmental Psychology* 18: 3–9. doi:10.1037/0012-1649.18.1.3.
Mayer, Jane. 2016. "Donald Trump's Ghostwriter Tells All." *The New Yorker*, July 25. www.newyorker.com/magazine/2016/07/25/donald-trumps-ghostwriter-tells-all.
Millbank, Dana. 2017. "Personal Irresponsibility: A Concise History of Trump's Buck-Passing." *New York Times*, April 5. www.nytimes.com.
Miller, Gregory A. 2010. "Mistreating Psychology in the Decades of the Brain." *Perspectives on Psychological Science* 5: 716. doi: 10.1177/17456916 10388774.
Pasquali, Renato. 2006. "The Biological Balance Between Psychological Well-Being and Distress: A Clinician's Point of View." *Psychotherapy and Psychosomatics* 75(2): 69–71.
Schiff, Adam. 2017. "Rep. Schiff Delivers Democratic Weekly Address on Need for an Independent Commission." March 25. www.youtube.com/watch?v=IsB5n_qVdvE.
West, Harper. 2016. *Self-Acceptance Psychology*. Rochester Hills, MI.: WingPath Media.
Whitaker, Robert, and Lisa Cosgrove. 2015. *Psychiatry Under the Influence: Institutional Corruption, Social Injury, and Prescriptions for Reform*. New York: Palgrave Macmillan.
III–4
文献リストなし

III-5
Dean, Michelle. 2016. "Making the Man: To Understand Trump, Look at His Relationship with his Dad." *The Guardian*, March 26. www.theguardian.com/us-news/2016/mar/26/donald-trump-fred-trump-father-relationship-business-real-estate-art-of-deal.
Horowitz, Jason. 2016. "Fred Trump Taught His Son the Essentials of Show-Boating Self-Promotion." *New York Times*, August 12. www.nytimes.com/2016/08/13/us/politics/fred-donald-trump-father.html?_r=0.
III-6
Epstein, Joseph. 2016. "Why Trumpkins Want Their Country Back." *Wall Street Journal*, June 10. www.wsj.com/articles/why-trumpkins-want-their-country-back-1465596987.
Fisher, Marc, and Will Hobson. 2016. "Donald Trump Masqueraded as Publicist to Brag About Himself." *Washington Post*, May 13. www.washingtonpost.com/politics/donald-trump-alter-ego-barron/2016/05/12/02ac99ec-16fe-11e6-aa55-670cabef46e0_story.html?hpid=hp_rhp-top-table-main_no-name%3Ahomepage%2Fstory.
Hedges, Chris. 2009. *Empire of Illusion: The End of Literacy and the Triumph of Spectacle*. New York: Nation Books.
Legaspi, Althea. 2016. "Woman Says Trump Groped Her on Plane: 'It Was an Assault.'" *Rolling Stone*, October 13. www.rollingstone.com/politics/news/woman-says-she-was-groped-by-trump-on-plane-it-was-an-assault-w444700.
MacWilliams, Matthew. 2016. "The One Weird Trait That Predicts Whether You're a Trump Supporter." *Politico*, January 17. www.politico.com/magazine/story/2016/01/donald-trump-2016-authoritarian-213533.
Orwell, George. 1949. *1984*. Repr. New York: Houghton Mifflin Harcourt, 1983.（ジョージ・オーウェル『1984 年』新庄哲夫訳，ハヤカワ文庫，1972）
Singer, Thomas. 2006a. "The Cultural Complex: A Statement of the Theory and Its Application." *Psychotherapy and Politics International* 4(3): 197–212. doi: 10.1002/ppi.110.
——. 2006b. "Unconscious Forces Shaping International Conflicts: Archetypal Defenses of the Group Spirit from Revolutionary America to Confrontation in the Middle East." *The San Francisco Jung Institute Library Journal* 25(4): 6–28.
Trump, Donald, with Tony Schwartz. 1987. *The Art of the Deal*. New York: Random House.
Wright, David, Tal Kopan, and Julia Winchester. 2016. "Cruz Unloads with Epic Takedown of 'Pathological Liar,' 'Narcissist' Donald Trump." CNN Politics, May 3. www.cnn.com/2016/05/03/politics/donald-trump-rafael-cruz-indiana/.
III-7
Burkle, Frederick M. 2015. "Antisocial Personality Disorder and Pathological Narcissism in Prolonged Conflicts and Wars of the 21st Century." *Disaster Medicine and Public Health Preparedness* 1(October): 1–11.

Burkle, Frederick M., and Dan Hanfling. 2016. "When Being Smart Is Not Enough: Narcissism in U.S. Polity." March 2. http://hir.harvard.edu/article/?a=12701.
Dąbrowski, Kazimierz. 1986. *Trud istnienia*. Warszawa: Wiedza Powszechna.
——. 1996. *W poszukiwaniu zdrowia psychicznego*. Warszawa: Wydawnictwo Naukowe PWN.
Dąbrowski, Kazimierz, Andrew Kawczak, and Janina Sochanska. 1973. *The Dynamics of Concepts*. London: Gryf Publications.
Freud, Sigmund. 1991. *Civilization, Society, and Religion*. Canada: Penguin Freud Library, p. 12.
Fromm, Erich. 1973. *The Anatomy of Human Destructiveness*. New York: Holt, Rinehart and Winston.
——. 1980. *The Heart of Man*. New York, Evanston, and London: Harper and Row.(前掲『悪について』)
Gellately, Robert. 2007. *Lenin, Stalin and Hitler: The Age of Social Catastrophe*. New York: Alfred A. Knopf.
Giroux, Henry A. 2014. *The Violence of Organized Forgetting: Thinking Beyond America's Disimagination Machine*. San Francisco, CA: City Lights Publishers.
Glad, Betty. 2002. "Why Tyrants Go Too Far: Malignant Narcissism and Absolute Power." *Political Psychology* 23, no. 1(March): 1–37.
Hughes, Ian. 2017. "The Solution to Democracy's Crisis Is More Democracy." DisorderedWorld.com. https://disorderedworld.com/2017/05/04/the-solution-to-democracys-crisis-is-more-democracy/.
Kimmel, Michael. 2013. *Angry White Men: American Masculinity at the End of an Era*. New York: Nation Books.
Łobaczewski, Andrew M. 2007. *Political Ponerology: A Science on the Nature of Evil Adjusted for Political Purposes*. Grande Prairie, AB, Canada: Red Pill Press.
Mika, Elizabeth, and Frederick M. Burkle. 2016. "The Unbearable Lightness of Being a Narcissist." *Medium*, May 13. https://medium.com/@Elamika/the-unbearable-lightness-of-being-a-narcissist-251ec901dae7.
Milgram, Stanley. 1974. *Obedience to Authority: An Experimental View*. New York: Harper and Row.(スタンレー・ミルグラム『服従の心理——アイヒマン実験』岸田秀訳，河出書房新社，1975)
Miller, Alice. 1990. *For Your Own Good: Hidden Cruelty in Child-Rearing and the Roots of Violence*. New York: Noonday Press.
Mydans, Seth. 1997. "In an Interview, Pol Pot Declares His Conscience Is Clear." *New York Times*, October 23. www.nytimes.com/1997/10/23/world/in-an-interview-pol-pot-declares-his-conscience-is-clear.html.
Newell, Waller R. 2016. *Tyrants: A History of Power, Injustice and Terror*. New York: Cambridge University Press.
Plato, Grube, G. M. A., and C. D. C. Reeve, eds. 1992. *Republic*. Indianapolis, IN: Hack-

ett Pub. Co.
Post, Jerrold. 2015. *Narcissism and Politics*. New York: Cambridge University Press.
Stern, Fritz. 2005. "Reflection: Lessons from German History." *Foreign Affairs*(May–June). www.foreignaffairs.com/articles/europe/2005-05-01/reflection-lessons-german-history.
Thompson, Dorothy. 1941. "Who Goes Nazi?" *Harper's Magazine*, August. https://harpers.org/archive/1941/08/who-goes-nazi/.

III−8

American Psychiatric Association. 2013. *Diagnostic and Statistical Manual of Mental Disorders*. 5th ed. Arlington, VA: American Psychiatric Association.(前掲『DSM-5 精神疾患の診断・統計マニュアル』)
Cohen, S., W. J. Doyle, D. P. Skoner, B. S. Rabin, and J. M. Gwaltney. 1997. "Social Ties and Susceptibility to the Common Cold." *Journal of the American Medical Association* 277(24): 1940–44.
Fisher, E. B. 2008. "The Importance of Context in Understanding Behavior and Promoting Health." *Annals of Behavioral Medicine* 35(1): 3–18.
Goffman, E. 1961. *Asylums*. New York: Doubleday.(E・ゴッフマン『アサイラム——施設被収容者の日常世界』(ゴッフマンの社会学 3), 石黒毅訳, 誠信書房, 1984)
Haberman, M., and G. Thrush. 2017. "Trump Reaches Beyond West Wing for Counsel." *New York Times*, April 22.
Halberstam, D. 1972. *The Best and the Brightest*. New York: Random House.
Holt-Lunstad, J., T. B. Smith, and J. B. Layton. 2010. "Social Relationships and Mortality Risk: A Meta-Analytic Review." *PLOS Medicine* 7(7): e1000316. doi: 10.1371/journal.pmed.1000316.
House, J. S., K. R. Landis, and D. Umberson. 1988. "Social Relationships and Health." *Science* 241: 540–44.
Kennedy, R. F. 1971. *Thirteen Days: A Memoir of the Cuban Missile Crisis*. New York: W. W. Norton.(ロバート・ケネディ『13 日間——キューバ危機回顧録』毎日新聞社外信部訳, 中公文庫, 2014)
Kessler, R. C., J. Ormel, M. Petukhova, K. A. McLaughlin, J. G. Green, L. J. Russo, D. J. Stein, A. M. Zaslavsky, S. Aguilar-Gaxiola, J. Alonso, L. Andrade, C. Benjet, G. de Girolamo, R. de Graaf, K. Demyttenaere, J. Fayyad, J. M. Haro, Cy Hu, A. Karam, S. Lee, J. P. Lepine, H. Matchsinger, C. Mihaescu-Pintia, J. Posada-Villa, R. Sagar, and T. B. Ustun. 2011. "Development of Lifetime Comorbidity in the World Health Organization World Mental Health Surveys." *Archives of General Psychiatry* 68(1): 90–100. doi: 10.1001/archgenpsychiatry.2010.180.
Kozak, M. J., and B. N. Cuthbert. 2016. "The NIMH Research Domain Criteria Initiative: Background, Issues, and Pragmatics." *Psychophysiology* 53(3): 286–97. doi: 10.1111/psyp.12518.
Milligan, S. 2017. "An Ethical Dilemma. Donald Trump's Presidency Has Some in the

Mental Health Community Re-evaluating Their Role." *US News & World Report*, April 21.
Morland, K., A. V. Diez Roux, and S. Wing. 2006. "Supermarkets, Other Food Stores, and Obesity: The Atherosclerosis Risk in Communities Study." *American Journal of Preventive Medicine* 30(4): 333–39.
Neustadt, R. E., and G. T. Allison. 1971. "Afterword." In Robert F. Kennedy, *Thirteen Days: A Memoir of the Cuban Missile Crisis*. New York: W. W. Norton.(前掲『13日間——キューバ危機回顧録』)
Osnos, E. 2017. "Endgames: What Would It Take to Cut Short Trump's Presidency?" *The New Yorker*, May 8, pp. 34–45.
Ritschel, L. A., C. F. Gillespie, E. O. Arnarson, and W. E. Craighead. 2013. "Major Depressive Disorder." *Psychopathology: History, Diagnosis, and Empirical Foundations*. Ed. by W. E. Craighead, D. J. Miklowitz, and L. W. Craighead. Hoboken, NJ: Wiley, pp. 285–333.
Robinson, E. 2017. *Morning Joe*. MSNBC, May 16.
Rogers, E. M., and D. L. Kincaid. 1981. *Communication Networks: Toward a New Paradigm for Research*. New York: Free Press.
Steptoe, A., A. Shankar, P. Demakakos, and J. Wardle. 2013. "Social Isolation, Loneliness, and All-Cause Mortality in Older Men and Women." *Proceedings of the National Academy of Sciences USA* 110(15): 5797–801. doi: 10.1073/pnas.1219686110.
Sternthal, M. J., H. J. Jun, F. Earls, and R. J. Wright. 2010. "Community Violence and Urban Childhood Asthma: A Multilevel Analysis." *European Respiratory Journal* 36(6): 1400–9. doi: 10.1183/09031936.00003010.
Tribe, Lawrence. 2017. On *Last Word with Lawrence O'Donnell*. MSNBC, May 11.
Whipple, Chris. 2017. *The Gatekeepers*. New York: Penguin Random House.
Wright, R. J., H. Mitchell, C. M. Visness, S. Cohen, J. Stout, R. Evans, and D. R. Gold. 2004. "Community Violence and Asthma Morbidity: The Inner-City Asthma Study." *American Journal of Public Health* 94(4): 625–32.

III-9

Abrams, Herbert L. 1999. "Can the Twenty-Fifth Amendment Deal with a Disabled President? Preventing Future White House Cover-Ups." *Presidential Studies Quarterly* 29: 115–33.
Barbaro, Michael. 2016. "Donald Trump Clung to 'Birther' Lie for Years, and Still Isn't Apologetic." *New York Times*, September 16. www.nytimes.com/2016/09/17/us/politics/donald-trump-obama-birther.html?_r=1.
Berisha, Visar, Shuai Wang, Amy LaCross, and Julie Liss. 2015. "Tracking Discourse Complexity Preceding Alzheimer's Disease Diagnosis: A Case Study Comparing the Press Conferences of Presidents Ronald Reagan and George Herbert Walker Bush." *Journal of Alzheimer's Disease* 45: 959–63.
Brown, Lara. 2016. "Government Stumps Trump." *U.S. News & World Report*, March

31. www.usnews.com/opinion/blogs/opinion-blog/articles/2016-03-31/donald-trump-doesnt-understand-the-us-political-system-or-government.

Carter, Jimmy. 1994. "Presidential Disability and the Twenty-Fifth Amendment: A President's Perspective." *JAMA* 272: 1698.

Colón-Francia, Angelita, and Joel Fortner. 2014. "Air Force Improves Its Personnel Reliability Program." *U.S. Air Force News*, February 27. www.af.mil/News/Article-Display/Article/473435/af-improves-its-personnel-reliability-program/.

Cornell University Law School. 2017. "U.S. Constitution 25th Amendment." www.law.cornell.edu/constitution/amendmentxxv.

Davidson, Jonathan R. T., Kathryn M. Connor, and Marvin Swartz. 2006. "Mental Illness in U.S. Presidents Between 1776 and 1974: A Review of Biographical Sources." *Journal of Nervous and Mental Disease* 194: 47–51.

DelReal, Joseph A., and Anne Gearan. 2016. "Trump Stirs Outrage After He Lashes Out at the Muslim Parents of a Dead U.S. Soldier." *Washington Post*, July 30. www.washingtonpost.com/politics/backlash-for-trump-after-he-lashes-out-at-the-muslim-parents-of-a-dead-us-soldier/2016/07/30/34b0aad4-5671-11e6-88eb-7dda4e2f2aec_story.html?utm_term=.b5ffdee05a40.

DeYoung, Karen. 2017. "U.S.-Turkish Relations Deeply Strained Ahead of Erdogan's Visit to White House." *Washington Post*, May 14. www.washingtonpost.com/world/national-security/us-turkish-relations-deeply-strained-ahead-of-erdogans-visit-to-white-house/2017/05/14/40797a5c-3736-11e7-b412-62beef8121f7_story.html?utm_term=.58cb9d1f490f.

Forster, Katie, and Lizzie Dearden. 2017. "Donald Trump Calls Judge's Suspension of Immigration Ban 'Ridiculous' and Says It Will Be Overturned." *Independent*, February 4. www.independent.co.uk/news/world/americas/donald-trump-muslim-ban-judge-suspended-reacts-big-trouble-tweet-immigration-bob-ferguson-a7562671.html.

Glaister, Dan. 2008. "Recordings Reveal Richard Nixon's Paranoia." *Guardian*, December 3. www.theguardian.com/world/2008/dec/03/richard-nixon-tapes.

Goodwin, Richard N. 1988. "President Lyndon Johnson: The War Within." *New York Times*, August 21. www.nytimes.com/1988/08/21/magazine/president-lyndon-johnson-the-war-within.html?pagewanted=all.

"'Grave Concerns' About Trump's Mental Stability: Top U.S. Professors." 2016. *Times of India*, December 20. http://timesofindia.indiatimes.com/world/us/grave-concerns-about-trumps-mental-stability-top-us-professors/articleshow/56076603.cms.

Greene, Richard. 2016. "Is Donald Trump Mentally Ill? 3 Professors of Psychiatry Ask President Obama to Conduct 'A Full Medical and Neuropsychiatric Evaluation.'" *Huffington Post*, December 17. www.huffingtonpost.com/richard-greene/is-donald-trump-mentally_b_13693174.html.

Kendall, Brent. 2016. "Trump Says Judge's Mexican Heritage Presents 'Absolute Conflict.'" *Wall Street Journal*, June 3. www.wsj.com/articles/donald-trump-keeps-up-

attacks-on-judge-gonzalo-curiel-1464911442.
McFadden, Cynthia, William M. Arkin, Ken Dilanian, and Robert Windrem. 2017. "Yemen SEAL Raid Has Yielded No Significant Intelligence: Officials." NBC News, February 28. www.nbcnews.com/news/investigations/yemen-seal-raid-yielded-no-significant-intelligence-say-officials-n726451.
McFadden, Robert D. 2014. "James R. Schlesinger, Willful Aide to Three Presidents, Is Dead at 85." *New York Times*, March 27. www.nytimes.com/2014/03/28/us/politics/james-r-schlesinger-cold-war-hard-liner-dies-at-85.html.
Miller, Greg, and Greg Jaffe. 2017. "Trump Revealed Highly Classified Information to Russian Foreign Minister and Ambassador." *Washington Post*, May 15. www.washingtonpost.com/world/national-security/trump-revealed-highly-classified-information-to-russian-foreign-minister-and-ambassador/2017/05/15/530c172a-3960-11e7-9e48-c4f199710b69_story.html?utm_term=.495bc0f95d9d.
Morgan, Robin. 2017a. "Women's Media Center Live with Robin Morgan. WMC Live #197: Farai Chideya." February 19. http://wmclive.com/wmc-live-197-farai-chideya-original-airdate-2192017.
——. 2017b. "20 Feb: The Real Story." *Robin Morgan*(blog). February 20. www.robinmorgan.net/blog/the-real-story/.
Nakamura, David. 2017. "Trump Welcomes Egypt's Sissi to White House in Reversal of U.S. Policy." *Washington Post*, April 3. www.washingtonpost.com/politics/trump-welcomes-egypts-sissi-to-white-house-in-reversal-of-us-policy/2017/04/03/36b5e312-188b-11e7-bcc2-7d1a0973e7b2_story.html?utm_term=.8edadf26503f.
New York Times Editorial Board. 2017. "Donald Trump Embraces Another Despot." *New York Times*, May 1. www.nytimes.com/2017/05/01/opinion/donald-trump-embraces-rodrigo-duterte.html?_r=0.
Osnos, Evan. 2017. "How Trump Could Get Fired." *The New Yorker*, May 8. www.newyorker.com/magazine/2017/05/08/how-trump-could-get-fired.
Page, Clarence. 2017. "What's Next for Trump's War Against the Free Press?" *Chicago Tribune*, February 21. www.chicagotribune.com/news/opinion/page/ct-trump-media-war-fake-news-perspec-0222-20170221-column.html.
Pasha-Robinson, Lucy. 2016. "Harvard Professor Says There Are 'Grave Concerns' About Donald Trump's Mental Stability." *Independent*, December 18. www.independent.co.uk/news/world/americas/us-elections/harvard-professors-us-president-barack-obama-grave-concern-donald-trump-mental-stability-a7482586.html.
——. 2017. "Donald Trump 'Has Been Screaming at the Television About Russia Links Investigation,' Says White House Adviser." *Independent*, May 10. www.independent.co.uk/news/world/americas/donald-trump-russia-links-scream-television-james-comey-fired-fbi-director-investigation-white-house-a7727516.html.
Pengelly, Martin. 2017. "North Korea: Trump Keeps Options Open Against 'Smart Cookie' Kim Jong-un." *Guardian*, April 30. www.theguardian.com/us-news/2017/

apr/30/trump-vague-possible-us-strike-north-korea-chess-game.
Reilly, Katie. 2016. "Here Are All the Times Donald Trump Insulted Mexico." *Time*, August 31. http://time.com/4473972/donald-trump-mexico-meeting-insult/.
Sampathkumar, Mythili. 2017. "'Armada' Trump Claimed Was Deployed to North Korea Actually Heading to Australia." *Independent*, April 19. www.independent.co.uk/news/world/americas/us-politics/donald-trump-north-korea-aircraft-carrier-sailing-opposite-direction-warning-a7689961.html.
Schecter, Anna R., Chris Francescani, and Tracy Connor. 2016. "Trump Doctor Who Wrote Whole Health Letter in Just 5 Minutes as Limo Waited." NBC News, August 26. www.nbcnews.com/news/us-news/trump-doctor-wrote-health-letter-just-5-minutes-limo-waited-n638526.
Schmitt, Eric, and David E. Sanger. 2017. "Raid in Yemen: Risky from the Start and Costly in the End." *New York Times*, February 1. www.nytimes.com/2017/02/01/world/middleeast/donald-trump-yemen-commando-raid-questions.html.
Sebastian, Michael. 2016. "Here's How Presidents and Candidates Who Aren't Donald Trump Respond to Protesters." *Esquire*, March 15. www.esquire.com/news-politics/news/a43020/heres-how-presidents-and-candidates-who-arent-donald-trump-respond-to-protesters/.
Siddiqui, Sabrina. 2017. "Trump Press Ban: BBC, CNN and Guardian Denied Access to Briefing." *Guardian*, February 25. www.theguardian.com/us-news/2017/feb/24/media-blocked-white-house-briefing-sean-spicer.
Stefansky, Emma. 2017. "Trump Refuses to Apologize, Drags Germany into Absurd Wiretapping Lie." *Vanity Fair*, March 18. Accessed May 11, 2017. www.vanityfair.com/news/2017/03/trump-refuses-to-apologize-drags-germany-into-wiretapping-lie.
"Transcript: Donald Trump's Taped Comments About Women." 2016. *New York Times*, October 8. www.nytimes.com/2016/10/08/us/donald-trump-tape-transcript.html?_r=0.
"Voices of the Women's March: Angela Davis, Gloria Steinem, Madonna, Alicia Keys, Janet Mock, and More." 2017. *Democracy Now*, January 23. www.democracynow.org/2017/1/23/voices_of_the_womens_march_angela.
Wagner, Alex. 2017. "Trump vs. the Very Fake News Media." *The Atlantic*, February 17. www.theatlantic.com/politics/archive/2017/02/trump-vs-the-very-fake-news-media/516561/.
Ware, Doug G. 2017. "Trump Deflects Blame for Yemen Raid That Killed U.S. Navy SEAL." UPI, February 28. www.upi.com/Top_News/US/2017/02/28/Trump-deflects-blame-for-Yemen-raid-that-killed-US-Navy-SEAL/3241488319168/.
Weinstein, Edwin A. 1981. *Woodrow Wilson: A Medical and Psychological Biography*. Princeton, NJ: Princeton University Press.
Zaru, Deena. 2017. "It Took FOIA for Park Service to Release Photos of Obama, Trump Inauguration Crowd Sizes." CNN Politics, March 7. www.cnn.com/2017/03/

07/politics/national-park-service-inauguration-crowd-size-photos/.

エピローグ

Frel, Jan. 2017. "Noam Chomsky: If Trump Falters with Supporters, Don't Put 'Aside the Possibility' of a 'Staged or Alleged Terrorist Attack.'" *Alternet*, March 27. www.alternet.org/right-wing/noam-chomsky-it-fair-worry-about-trump-staging-false-flag-terrorist-attack.

Goodman, Amy, and Juan González. 2017. "Full Interview: Noam Chomsky on Trump's First 75 Days & Much More." *Democracy Now*, April 4. www.democracynow.org/2017/4/4/full_interview_noam_chomsky_on_democracy.

Newman, Cathy. 2016. "Noam Chomsky Full Length Interview: Who Rules the World Now?" *Channel 4 News*, May 14. www.youtube.com/watch?v=P2lsEVlqts0&list=PLuXactkt8wQg9av3Wtu_xhZaAcTi4lF1M.

Copyright Acknowledgments

編者　バンディ・X. リー
イェール大学医学部法と精神医学講師.（略歴は，本書 xiii および 1 ページ参照）

訳者　村松太郎
東京都生まれ.
慶應義塾大学医学部卒業.
慶應義塾大学医学部精神・神経科准教授．医学博士.
日本精神神経学会精神科専門医，指導医．精神保健指定医．日本医師会認定産業医.
法と精神医療学会副理事長．日本司法精神医学会理事.
主な著書に『認知症ハンドブック』(共著，医学書院)，『統合失調症という事実(ケースファイルで知る)』(監修，保健同人社)，『認知症の医学と法学』『うつ病の医学と法学』『妄想の医学と法学』(以上，中外医学社)，『「うつ」は病気か甘えか。』(幻冬舎)，『名作マンガで精神医学』(監修，中外医学社)，『現代精神医学事典』(共著，弘文堂)，『道徳脳とは何か』『ドリームドラッグストア』『ブレインワイズ　脳に映る哲学』(以上翻訳，創造出版)，『レザック神経心理学的検査集成』(監訳，創造出版)など多数.

ドナルド・トランプの危険な兆候
精神科医たちは敢えて告発する　　バンディ・リー編

2018 年 10 月 25 日　第 1 刷発行

訳　者　村松太郎《むらまつたろう》

発行者　岡 本　厚

発行所　株式会社 岩波書店
〒101-8002 東京都千代田区一ツ橋 2-5-5
電話案内 03-5210-4000
http://www.iwanami.co.jp/

印刷・理想社　カバー・半七印刷　製本・松岳社

ISBN 978-4-00-061301-9　Printed in Japan